民办学校
合规实务问答

何顺秋 ◎ 编著

MINBAN XUEXIAO
HEGUI SHIWU WENDA

中国法制出版社
CHINA LEGAL PUBLISHING HOUSE

序　言

民办学校规范办学的"百宝书"

冬去冰须泮，春来草自生。从改革开放得以逐步恢复，到本世纪初前20年的快速增长，再到2020年之后的全面规范，我国民办教育发展已然走过了40多年的光荣岁月。应该说，各级各类民办学校的兴起，在缓解财政压力、扩大学位供给、满足多样需求、推动终身学习、促进教育消费等方面都发挥了积极作用，为中国教育的普及化和现代化作出了不可磨灭的贡献。但同时，囿于历史和现实因素，现阶段投资（出资）办学这一基本特征，导致我国民办教育具有许多不同于其他国家捐资办学的发展特质及运行特点。其中，最根本的一条，就是举办者普遍存在着营利动机及回报诉求。

顺应生产力发展要求，为破解因法人属性不清而导致的诸多政策障碍，支持和规范民办教育健康发展，根据《国家中长期教育改革和发展规划纲要（2010-2020年）》有关对民办学校实施非营利性和营利性分类管理改革的总体部署，全国人大常委会继2015年12月27日修正《中华人民共和国教育法》[①]和《中华人民共和国高等教育法》[②]删除对举办营利性民办教育（高等教育）的禁止性条款之后，又于2016年11月7日审议通过《关于修改〈中华人民共和国民办教育促进法〉的决定》，从法律层面明确了营利性与非营利性民办学校的分类标准，确立了两类学校各自适用的政策体系。这是我国民办教

[①] 编者注：2021年再次修正。
[②] 编者注：2018年再次修正。

育宏观治理制度的重大创新，既符合国际惯例，也符合中国国情，标志着我国民办教育发展进入了分类管理新时期。

然而，随着非营利性和营利性民办学校分类管理的推进，部分民办学校"趋利性过强，公益性不足"的问题也越来突出。针对民办教育发展过程中出现的新情况、新矛盾，2018年以来，国家层面相继推出并实行了一系列新的规制措施[1]，在大力压减学科类校外培训机构和适当调控民办义务教育发展规模的同时，全面强化了民办教育的办学规范和行政监管。规范及监管重点包括但不限于以下三个方面：一是健全学校法人治理。要求全面加强学校党的领导和党的建设，建立健全监督机制，明确举办者要依据章程规定的权限及程序参与学校管理，规定义务教育阶段民办学校的决策机构应有审批机关委派的代表。二是规范日常办学行为。规定民办初中小学只能在审批机关管辖的区域内招生且实施超额摇号制度，义务教育学校不得引进境外课程、使用境外教材。[2] 规范清理义务教育阶段"公参民"学校，严禁义务教育阶段民办学校、学科类培训机构以及民办园从事资本化运作。三是强化资产财务监管。要求及时足额落实民办学校法人财产权，对非营利性学校资金实施专户监管，严禁举办者通过各种方式从学费收入等办学收益中取得收益、分配办学结余或通过关联交易、关联方转移办学收益等行为。

规范为了发展，发展必须规范。客观地说，从现实情况看，为了确保正确办学方向、强化教育公益属性、维护正常教育生态，采取上述这些规范措施，是十分必要也是完全正确的。对此，广大民办学校举办者、办学者务必保持清醒认识，不断提高政治站位，自觉规范办学行为，切实做到依法、合规、诚信

---

[1] 这些规制措施包括但不限于以下几大方面：(1) 中共中央、国务院印发《关于学前教育深化改革规范发展的若干意见》，牢牢把握公益普惠基本方向，坚持公办民办并举，加大公共财政投入，着力扩大普惠性学前教育资源供给；(2) 中共中央办公厅、国务院办公厅印发《关于进一步减轻义务教育阶段学生作业负担和校外培训负担的意见》，坚持从严审批机构，严禁超标超前培训，严禁非学科类培训机构从事学科类培训；(3) 国务院修订并颁布《中华人民共和国民办教育促进法实施条例》，增加了诸多规范条款，全面强化了对民办学校办学行为的规制。

[2] 参见《关于深化教育教学改革全面提高义务教育质量的意见》，载中国政府网，https：//www.gov.cn/gongbao/content/2019/content_ 5411564.htm，最后访问时间：2023年12月30日。

办学。唯有如此，民办学校才能得以合法生存和有序发展，也才能办出让党和政府放心、符合社会公共利益、满足人民群众需要的教育。

正是在上述背景下，有着多年民办教育法律实务经验的上海中联律师事务所执业律师、同时也是注册会计师和注册税务师的何顺秋先生，基于自己长期的思考、观察和实践，凭借广博而精深的专业知识，撰写了这部堪称民办学校规范办学"百宝书"的力作——《民办学校合规实务问答》。该书在体例上分为十大部分，并按照学校开办设立、法人治理、组织运行、招生收费、权益保障、劳动用工、收益获取、财务管理、安全管理、纠纷处理的逻辑顺序，提炼并解答了涉及民办学校全生命周期的三百多道"合规"问题。这些问题构思巧妙、切中肯綮、布设合理，其依据现行法律、法规、规章及规范性文件所作的回答，可谓有理有据、要言不烦、精准到位，具有很强的针对性、实用性和可操作性。

该书不仅可为广大民办学校举办者、办学者提供行动指南和实操工具，而且可为广大民办教育管理者、研究者及其他相关者提供有益借鉴和参考。作为一名长期躬耕民办教育理论、政策和实践研究的"老兵"，本人十分乐意向全行业推荐何顺秋律师的这一新作。同时，也期待何顺秋律师在后续的研究及写作中，坚守教育初心、坚持公允立场，围绕如何建设民办学校现代学校制度、建立中国特色民办学校产权制度以及推进民办教育治理体系及治理能力现代化等方面，作出新探索、取得新成果。

教育部全国校外教育培训监管专家委员会委员
中国民办教育协会常务理事、学术委员会委员
上海市教育科学研究院民办教育研究所所长、研究员

董圣足
2024 年 4 月

前　言

"规范",一直是近年来我国发展民办教育的主题词。2022年年底,中共中央、国务院印发了《扩大内需战略规划纲要(2022—2035年)》,明确提出"支持和规范民办教育发展",进一步锚定了国家对民办教育发展的中长期战略目标。在"支持"之后特别强调"规范",这既是经济社会发展达到一定水平后对各行业规范治理的必然要求,也是促进民办教育持续健康发展的现实需求。

在这样的时代背景和政策环境下,如何做到规范发展,成为每一所民办学校都必须认真思考的时代课题,而依法合规,也成为每一所民办学校必须切实践行的紧迫任务。

合规才能生存。依法合规中的"法",包括各类法律、法规、规章等,是各级行政机关对民办学校设立举办、监督管理、奖励惩处的基本依据。依法合规,民办学校就能如期设立、顺畅运营、持续办学;而违法违规,则给学校的健康发展埋下了巨大隐患。一所民办学校如果失去了良好声誉和社会信任,或者因违反相关规定被主管行政机关责令停止招生、吊销办学许可证,或者被税务机关认定偷税处以高额的罚款,则该学校也就失去了生存发展的基础。

合规才能发展。民办学校的发展是个系统工程,需要依法做好方方面面的工作,否则就会短板众多、漏洞百出。例如,如果学校的决策机构设置不合规,就可能导致学校的重大决策因不合规而失去效力;如果学校财务会计核算不合规,就可能产生偷税漏税或多缴税款、徇私舞弊或挪用侵占等一系列问题;如果学校的安全管理不合规,则可能导致安全事故频发、责任风险激增,极大影响学校的发展建设。千里之堤,尚能毁于蚁穴,百尺之室,尚能焚于星火，何况是发展中留下的重大安全隐患。因此，合规既是"法"的要求，更是民办学校发展的现实需要。

合规才能卓越。从近三年教育部统计发布的数据看，我国民办学校的学校数量、在校生人数和占比情况如下：

分类/时间	2021年①	2022年②	2023年③
民办学校总数（万所）	18.57	17.83	16.72
民办学校数量占学校总数的比例	35.08%	34.37%	33.54%
民办学校在校生数量（万人）	5628.76	5282.72	4939.53
民办学校在校生数量占在校生总数的比例	19.34%	18.05%	16.96%

可以说，大多数民办学校的生存发展都面临着严峻的竞争环境，而合规，是优质的前提，是卓越的基础。因为，重视合规的学校会得到政府有关部门更多认可与扶持，得到更多机会和保障；重视合规的学校也能赢得更多教师、学生及家长的信赖与选择，更好地吸引人才、塑造人才；重视合规也往往更能获得社会的广泛信任和赞誉，在学校的发展建设中得到更多的关心与帮助，助力学校走向卓越。

基于这些考虑，作者在总结近年来服务民办学校实践经验的基础上，以民办教育相关的大量法律、法规、规章等为依据，撰写了本书，以期能够为民办学校的合规建设提供些许指引，为民办教育的规范发展贡献绵薄之力。

本书所列的300多个问题，有的是作者在针对民办学校管理层开展讲座授课，或者走访服务民办学校中经常遇到的热点问题，如营非选择的决策问题、关联交易的实施问题、用工风险的防范问题；有的是政策文件反复强调但容易被忽视的问题，如教职工代表大会的职责履行问题、师生权益的合规保障问题

---

① 参见《2021年全国教育事业发展统计公报》，载教育部网站，http：//www.moe.gov.cn/jyb_sjzl/sjzl_fztjgb/202209/t20220914_660850.html，最后访问时间：2024年1月30日。
② 参见《2022年全国教育事业发展基本情况》，载教育部网站，http：//www.moe.gov.cn/fbh/live/2023/55167/sfcl/202303/t20230323_1052203.html，最后访问时间：2024年1月30日。
③ 参见《2023年全国教育事业发展基本情况》，载教育部网站，http：//www.moe.gov.cn/fbh/live/2024/55831/sfcl/202403/t20240301_1117517.html，最后访问时间：2024年3月30日。

等；有的是违规后果严重，重视不足、把握不好常常会引发严重事故、恶劣影响甚至受到刑事处罚的要点问题，如向亲朋好友集资办学的问题、学校教学设施设备的安全问题、常见矛盾纠纷的处理问题；还有的是新法新政带来的新变化，举办者及民办学校不知如何应对的痛点问题，如收益获取边界与底线问题、账务处理的规范与风险问题、税费缴纳的合规与优化问题；等等。

对这些问题的解答，有几点需要说明：

第一，问题解答的主要依据是法律、行政法规和部门规章，对于各个地方的细致差异，限于篇幅无法一一列明，民办学校所在地如果有更细致的规定要求，应当从其规定。

第二，为方便阅读，书中所提到的各类法律均省去了"中华人民共和国"；而税收政策由于更新较快，为便于识别和防止误认，在文件名称后保留了发文字号。

第三，本书所列问题看似不少，但也仅仅是各类合规问题的沧海一粟，对于书中所不能穷尽的问题，欢迎广大民办学校相关从业者与作者进行探讨交流，也期望以本书为媒介，与读者朋友们建立长久联系（作者微信号码：16621690008）。

最后，由于作者能力水平所限，书中如有错漏不足之处，欢迎专家学者和读者朋友们批评指正！

何顺秋
2024年3月于上海

目 录

第一章 举办设立合规

1 举办民办学校的主体，应当符合哪些要求？ ········· 2

2 设立民办学校，需要具备哪些条件？ ············· 3

3 设立营利性民办学校，有哪些特殊规定要求？ ······· 4

4 如何区分"现有民办学校"与新设民办学校？ ······· 5

5 新设民办学校和"现有民办学校"如何进行分类登记？ ····· 6

6 营利性民办学校与非营利性民办学校有哪些不同之处？ ····· 7

7 营利性民办学校与非营利性民办学校有哪些共通之处？ ····· 9

8 举办设立民办婴幼儿托育机构应注意哪些规定要求？ ····· 10

9 举办设立民办学前教育机构应注意哪些规定要求？ ····· 11

10 举办设立民办义务教育学校应注意哪些规定要求？ ····· 12

11 举办设立民办职业教育学校应注意哪些规定要求？ ····· 14

12 举办设立民办高等院校应注意哪些规定要求？ ····· 18

13 民办学校举办者有哪些法定的权利和义务？ ····· 19

14 举办设立民办学校，举办者的房产土地要登记到学校名下吗？ ····· 20

15 举办者可以用教学设备、无形资产等出资吗？ ····· 21

16 举办者出资仅在财务报表上体现就可以吗？ ····· 21

17 民办学校开办资金/注册资本有最低标准要求吗？ ····· 22

18 民办学校的开办资金/注册资本金额可以调整吗？ ····· 23

19 学校章程、法人登记证记载的开办资金不一致怎么处理？ ····· 23

20 举办者可以向亲朋好友或学校内部教职工集资办学吗？ ····· 23

目 录

21 学校集资办学款可否用于其他主体？ ………………………………… 25

22 举办者将集资办学款用于其他用途，可能存在什么风险？ ………… 27

23 合法筹集资金、非法吸收公众存款、集资诈骗是如何界定的？ …… 28

24 举办者是否可以用 A 学校的资金举办 B 学校、C 学校？ ………… 30

25 民办学校可以进行买卖吗？ …………………………………………… 30

26 举办者转让举办权可以取得收益吗？ ………………………………… 31

27 继任举办者可以用学校办学结余或未来收益支付举办权转让费吗？ ……… 32

28 转让举办权但未经审批和变更登记，有什么风险？ ………………… 33

29 实际控制人已变更但法定代表人未变更登记，有什么风险？ ……… 33

30 举办者身份和权益可以通过继承取得吗？ …………………………… 34

31 出资人未登记为举办者，可以请求法院确认其举办者身份吗？ …… 35

32 公司作为民办学校的举办者，相对于自然人举办者有哪些优势？ ………… 37

33 举办者为公司的，股东、法定代表人变更有限制吗？ …………… 38

34 公办学校可以举办或参与举办民办学校吗？ ………………… 39

35 地方人民政府可以举办或参与举办民办学校吗？ …………… 39

36 同一举办者可以同时拥有营利性与非营利性民办学校吗？ …… 40

37 民办学校可以进行分立、合并吗？ ………………………… 40

38 租借办学许可证办学是否违法违规？ ……………………… 41

39 民办学校使用非教育规划用地办学，存在什么风险？ ……… 41

40 学校名称使用有哪些限制条件？ …………………………… 42

41 民办学校可以申请变更学校名称、办学层次和办学类别吗？ …… 43

42 哪些情况下民办学校应当终止办学？ ……………………… 44

第二章　法人治理合规

43 民办学校决策机构组成人员应当符合什么条件？ …………… 46

44 民办学校决策机构是如何产生的？ …………………………… 46

45 中外合作办学机构的决策机构设置和人员组成有什么特殊规定？ ………… 47

46 民办学校决策机构组成人员缺少教职工代表是否合法？ ………… 48

47 民办学校理事会与董事会有什么区别？ …………………………… 48

48 民办学校董事会与普通公司董事会有什么不同？ ………………… 49

49 营利性民办学校董事会和股东会可以决定哪些事项？ …………… 49

50 民办学校理事会、董事会等决策机构是如何进行决策的？ ………… 50

51 应当如何看待民办学校章程的地位作用？ ………………………… 50

52 民办学校章程通常应当包括哪些条款？ …………………………… 51

53 营利性民办学校与非营利性民办学校章程有什么不同？ ………… 53

54 高等学校章程必要记载事项有什么特殊规定要求？ ……………… 55

55 民办学校章程的制定和修改需要遵循什么程序？ ………………… 56

56 民办学校哪些事项必须经决策机构三分之二以上成员同意方可形成决议？ 56

57 举办者自行决定学校的重大事项，有法律效力吗？ 57

58 民办学校章程应当如何明确举办者的办学管理权？ 59

59 民办学校如何设立监督机构？ 60

60 监事会是用来监督教职工履职情况的吗？ 61

61 监督机构的职责一般应当包括哪些内容？ 61

62 民办学校校长有哪些法定的任职条件要求？ 62

63 民办学校校长的主要职权有哪些？ 63

64 民办学校如何处理好董事长/理事长与校长之间的职责分工？ 64

65 民办学校都需要建立教职工代表大会制度吗？ 66

66 教职工代表大会应当履行哪些职权？ 66

67 教职工代表大会代表是如何产生的？ 67

68 签订劳务合同及劳务派遣人员可以当选教职工代表大会代表吗？·············· 68

69 民办学校工会应当履行哪些职责？······························ 69

70 民办学校使用的劳务派遣人员，可以加入学校工会吗？··············· 70

71 高等学校学术委员会组成、任期、职责等有什么规定要求？·············· 71

72 民办高等学校必须设立学生代表大会制度吗？····················· 72

第三章　招生收费合规

73 民办学校招生简章和广告应当遵循哪些规定要求？··················· 75

74 民办学校招生范围是如何规定的？······························ 75

75 民办学校在筹设期间可以提前招生吗？··························· 76

76 民办学校可以自行设置招生标准和方式吗？························ 76

77 民办学校名称更改后，还可以使用曾用名进行招生吗？··············· 77

78 民办学校假借其他学校名义宣传招生，存在什么风险？··············· 77

79 民办学校实施虚假招生宣传存在什么风险？ ……………… 78

80 义务教育学校招生入学工作有什么规范要求？ ……………… 80

81 普通高中和中职学校招生入学工作有什么规范要求？ ……… 81

82 高等学校招生入学工作有什么规范要求？ …………………… 82

83 民办幼儿园、中小学校可以招收国际学生吗？ ……………… 84

84 民办学校为多招生而给予校外人员好处费，存在什么风险？ …… 85

85 民办学校收费标准是如何确定的？ …………………………… 87

86 非营利性民办学校只能低收费吗？ …………………………… 87

87 营利性民办学校可以高收费吗？ ……………………………… 88

88 民办学校应如何落实教育收费公示制度？ …………………… 89

89 民办学校收取未经公示的费用存在什么风险？ ……………… 90

90 民办学校制定收费标准的主要依据是什么？ ………………… 90

68
签订劳务合同及劳务派遣人员可以当选教职工代表大会代表吗？ ………… 68

69
民办学校工会应当履行哪些职责？ ………………………………………… 69

70
民办学校使用的劳务派遣人员，可以加入学校工会吗？ ………………… 70

71
高等学校学术委员会组成、任期、职责等有什么规定要求？ …………… 71

72
民办高等学校必须设立学生代表大会制度吗？ …………………………… 72

第三章　招生收费合规

73
民办学校招生简章和广告应当遵循哪些规定要求？ ……………………… 75

74
民办学校招生范围是如何规定的？ ………………………………………… 75

75
民办学校在筹设期间可以提前招生吗？ …………………………………… 76

76
民办学校可以自行设置招生标准和方式吗？ ……………………………… 76

77
民办学校名称更改后，还可以使用曾用名进行招生吗？ ………………… 77

78
民办学校假借其他学校名义宣传招生，存在什么风险？ ………………… 77

79 民办学校实施虚假招生宣传存在什么风险？ ……………………… 78

80 义务教育学校招生入学工作有什么规范要求？ ………………… 80

81 普通高中和中职学校招生入学工作有什么规范要求？ ………… 81

82 高等学校招生入学工作有什么规范要求？ ……………………… 82

83 民办幼儿园、中小学校可以招收国际学生吗？ ………………… 84

84 民办学校为多招生而给予校外人员好处费，存在什么风险？ … 85

85 民办学校收费标准是如何确定的？ ……………………………… 87

86 非营利性民办学校只能低收费吗？ ……………………………… 87

87 营利性民办学校可以高收费吗？ ………………………………… 88

88 民办学校应如何落实教育收费公示制度？ ……………………… 89

89 民办学校收取未经公示的费用存在什么风险？ ………………… 90

90 民办学校制定收费标准的主要依据是什么？ …………………… 90

目　录

91 民办学校办学成本核算应当遵循哪些原则？ ………………… 91

92 民办学校办学成本核算主要包括哪些项目？ ………………… 91

93 哪些费用不应当计入民办学校办学成本？ …………………… 92

94 民办学校将无关支出计入办学成本需要承担什么责任？ …… 93

95 民办学校在办学成本监审中提供虚假材料，需要承担什么责任？ …… 94

96 民办学校可以跨学期、跨学年预收学费吗？ ………………… 94

97 学生中途退学，学校退费金额如何计算？ …………………… 95

98 民办学校收取费用的银行账户有什么要求？ ………………… 95

99 用个人账户收取学费、住宿费等费用存在什么风险？ ……… 95

100 民办学校收取服务性收费和代收费有什么规范要求？ ……… 96

101 民办学校合规的服务性收费和代收费项目有哪些？ ………… 97

102 中小学课后服务收费有具体的标准要求吗？ ………………… 97

9

第四章　权益保障合规

103 民办学校拒绝招收测试不合格的学生入学违法吗？ ………… 100

104 学生不认真学习，民办学校可以劝其退学吗？ ………… 100

105 民办学校可以用长期停课的方式处罚学生吗？ ………… 100

106 学生学习成绩太差，民办学校可以不让其参加考试吗？ ………… 101

107 学生多次违规违纪，民办学校可以对其进行开除处理吗？ ………… 101

108 对于有严重不良行为的未成年学生，民办学校应当如何处理？ ………… 102

109 对于从专门学校转回的学生，民办学校可以拒绝接收吗？ ………… 103

110 民办学校可以公开公布学生的成绩和排名吗？ ………… 103

111 民办中小学可以利用节假日时间组织学校集体补课吗？ ………… 104

112 民办学校可以没收、毁坏学生违规带入学校的财物吗？ ………… 104

113 民办学校可以根据学校需要发布学生的作品、肖像吗？ ………… 104

114
受过处分的学生，是否不再享有接受表彰奖励的权利？ ………… 105

115
民办学校可以组织学生参加抢险救灾等社会公益活动吗？ ………… 105

116
民办学校应当着重防范管理教职工哪些违规牟利行为？ ………… 105

117
民办学校对教职工管理不力导致严重侵害学生权益，需要承担什么责任？ ………… 106

118
民办学校发现学生遭受家庭暴力、被遗弃等情况，需要履行什么义务？ ………… 107

119
民办学校制定校规校纪，需要征求教职工和学生的意见吗？ ………… 107

120
对于未成年学生，出现哪些情形可以进行惩戒？ ………… 108

121
对于未成年学生，合规惩戒方式主要有哪些？ ………… 108

122
对于扰乱教学秩序或可能对他人造成伤害的学生，学校应当如何处理？ ………… 109

123
哪些惩戒学生的行为是学校应当严格禁止的？ ………… 110

124
教师合规惩戒学生受到家长威胁的，学校应当如何维护教师权益？ ………… 110

125
民办学校教师与公办学校教师是否具有同等的法律地位？ ………… 111

126
教职工有哪些权利受到法律保护？ ………………………………… 111

127
教师有哪些特殊的法定权利应当得到民办学校的重视和维护？ ………… 112

128
民办学校应当如何理解和保障教师的教育教学权？ ……………… 113

129
民办学校应当如何理解和保障教师的科学研究权？ ……………… 113

130
民办学校应当如何理解和保障教师的学生评价权？ ……………… 114

131
民办学校应当如何理解和保障教师的报酬待遇权？ ……………… 114

132
民办学校应当如何理解和保障教师的民主管理权？ ……………… 115

133
民办学校应当如何理解和保障教师的进修培训权？ ……………… 116

第五章　劳动用工合规

134
民办学校聘用的教师应当具备什么条件？ ………………………… 118

135
民办学校如何落实相关岗位的从业禁止制度？ …………………… 119

136
如何认定民办学校与教职工是否构成劳动关系？ ………………… 120

137
聘用没有教师资格证的人员担任教师，是否只能签订劳务合同？ ……… 123

138
劳动关系与劳务关系有什么区别？ ………………………………… 124

139
民办学校教职工劳动合同应当包含哪些条款？ …………………… 125

140
劳动合同中的劳动报酬，是否可以不约定具体金额？ …………… 125

141
教职工试用期工资可以低于当地最低工资标准吗？ ……………… 126

142
劳动合同期限一年，试用期最长可以约定多久？ ………………… 126

143
教职工离职后再次入职，还可以再次约定试用期吗？ …………… 126

144
试用期内民办学校可以随意辞退教职工吗？ ……………………… 127

145
试用期内和试用期过后，教职工辞职有什么规定要求？ ………… 127

146
过了试用期才发现教职工不符合录用条件，还能解除劳动合同吗？ …… 128

147
学校不签或教职工不签劳动合同，分别需要承担什么责任？ …… 129

148
劳动合同到期后没有续签，学校继续用工有什么风险？ …………… 129

149
学校在劳动合同到期后计划不与教职工续签，需要提前一个月通知该教职工吗？ ……………………………………………………………… 130

150
什么是固定期限劳动合同和无固定期限劳动合同？ ………………… 130

151
已经连续签订两次固定期限劳动合同，第三次还可以签订固定期限劳动合同吗？ ………………………………………………………… 130

152
工作多年没有签订劳动合同，教职工还可以要求民办学校双倍工资赔偿吗？ ………………………………………………………………… 131

153
民办学校应当为教职工缴纳的是"五险"还是"三险"？ …………… 131

154
民办学校聘用退休教职工，还用缴纳五险一金吗？ ………………… 132

155
民办学校聘用没有享受养老保险但已达退休年龄的人员，构成劳动关系吗？ ………………………………………………………………… 132

156
哪些情形下解除劳动合同，民办学校需要向教职工支付经济补偿？ …… 133

157
解除劳动合同的经济补偿标准是如何计算的？ ……………………… 133

158
经济补偿最多就是给教职工本人 12 个月的工资吗？ ……………… 134

159 经济赔偿金与经济补偿金有什么不同？ ………………………… 134

160 民办学校应当向教职工承担赔偿责任的情形有哪些？ ………… 134

161 劳动合同中可以约定教职工违约需要承担违约金吗？ ………… 136

162 民办学校要求教职工履行竞业限制义务，有什么规范要求？ ………… 136

163 教职工从举办者举办的 A 学校调到 B 学校，需要在 A 学校办理离职后，再到 B 学校办理入职吗？ ………………………………… 137

164 民办学校发生合并、分立等情形，与教职工的劳动关系应当如何处理？ …………………………………………………………… 137

165 民办学校发生名称变更、举办权转让等情形，会影响与教职工的劳动关系吗？ ………………………………………………………… 138

166 学校由非营利性民办学校变更为营利性民办学校，与教职工的劳动关系怎么处理？ …………………………………………………… 138

167 学校由民办学校转为公办学校，与教职工的劳动关系怎么处理？ ………… 138

168 民办学校将部分后勤业务剥离到新成立的公司，需要给相关员工经济补偿吗？ ………………………………………………………… 139

169
民办学校因教职工过错而拟对其降职降薪，还需要教职工本人同意吗？ ······ 139

170
教职工工作态度不端正、不配合学校安排的工作，可以辞退吗？ ······ 140

171
教职工不能胜任工作与不符合录用条件，有什么区别？ ······ 140

172
对于绩效较差的教职工，民办学校可以实施末位淘汰吗？ ······ 140

173
教职工拒绝续签劳动合同，学校与其解除劳动关系还需要支付经济补偿吗？ ······ 142

174
教职工体罚学生造成恶劣影响，学校是否可以直接辞退而不支付经济补偿？ ······ 142

175
教职工被追究刑事责任，学校是否可以直接开除而不支付经济补偿？ ······ 143

176
教职工受到伤害和患病的，如何认定是否构成工伤？ ······ 143

177
民办学校没有为教职工缴纳社保，出现工伤将如何承担责任？ ······ 145

178
教职工因工致残的，享受何种工伤保险待遇？ ······ 146

179
教职工患病或非因工负伤，可以享受多久的医疗期？ ······ 147

180 教职工体检发现患有重病，医疗期满后不能治愈也不能从事工作，应当如何处理？ ……… 148

181 教职工医疗期的病假工资有最低标准规定吗？ ……… 148

182 教职工劳动合同到期但医疗期未满，劳动合同是自动延续吗？ ……… 149

183 哺乳期女教师绩效不达标，可以降低其工资吗？ ……… 149

184 女性教职工的生育津贴和产假工资是一回事吗？ ……… 149

185 民办学校在寒暑假期间可以停发教职工工资吗？ ……… 150

186 民办学校在寒暑假期间能否减发教职工工资？ ……… 150

187 加班工资、津贴补贴等可以包含在最低工资标准内吗？ ……… 151

188 最低工资标准是否包含个人缴纳部分的社保费？ ……… 152

189 社保缴费基数低于合同约定的工资标准，有什么风险？ ……… 152

190 民办学校设计工资薪酬制度应当考虑哪些方面的因素？ ……… 152

191 民办学校制定和修改工资薪酬制度应当遵循什么程序？ ……… 155

192 民办学校能够通过劳务派遣方式使用教师吗？ ······ 156

193 民办学校能够通过劳务派遣方式使用后勤服务人员吗？ ······ 158

194 民办学校作为用工单位，需要对被派遣劳务人员承担哪些责任？ ······ 158

195 劳务派遣人员出现工伤，用工单位与劳务派遣单位如何承担责任？ ······ 159

第六章　收益获取合规

196 非营利性民办学校的举办者还可以取得办学收益吗？ ······ 161

197 营利性民办学校如何合规取得办学收益？ ······ 161

198 举办者投入学校的资金还可以取回吗？ ······ 163

199 如何认定有关人员与民办学校是投资关系还是借贷关系？ ······ 163

200 举办者出资不实、抽逃出资存在什么风险？ ······ 165

201 非营利性民办学校还存在股东和股东会吗？ ······ 166

202 民办学校举办者与公司股东权利有哪些不同？ ······ 166

203 哪些主体属于民办学校的利益关联方？ …………………………… 167

204 民办学校与关联方进行交易是违法违规行为吗？ ……………… 169

205 非营利性民办学校举办者通过关联交易获取收益，应当符合哪些要求？ ………………………………………………………………… 170

206 民办学校的哪些行为属于关联交易？ …………………………… 171

207 民办学校常见的关联交易形态有哪些？ ………………………… 173

208 民办义务教育学校关键管理人员领取薪酬违规吗？ …………… 174

209 民办学校举办者可以从学校领取工资薪金吗？ ………………… 175

210 举办者是公办大学在职教师，还可以从民办学校领取工资薪金吗？ …… 175

211 民办学校法定代表人可以从学校领取工资薪金吗？ …………… 176

212 民办学校举办者为公司的，其高管和员工可以在学校领取工资薪金吗？ ……………………………………………………………… 176

213 举办者从学校领取过高工资薪金，存在什么风险？ …………… 177

19

214 如何判断举办者领取的工资薪金是否过高？ ······ 177

215 管理者安排不在学校工作的亲友从学校领取工资，存在什么风险？ ······ 178

216 民办义务教育学校所使用的房产土地在举办者名下，如何处理？ ······ 180

217 民办学校向关联方借款并支付利息，算是变相分配办学结余吗？ ······ 180

218 民办学校对外借款支付利息，利率标准应限定在什么范围内？ ······ 181

219 民办学校关联交易应当遵循哪些原则要求？ ······ 181

220 民办学校应当如何对关联方交易进行信息披露？ ······ 182

221 营利性与非营利性民办学校在关联交易的监管上有何不同？ ······ 184

222 不同类型的关联企业在法律规范上有什么区别？ ······ 184

223 不同类型的关联企业如何纳税？ ······ 186

224 关联企业没有实际提供产品、服务而从学校收费，存在什么风险？ ······ 187

225 关联企业与学校没有实际交易而提供发票，存在什么风险？ ······ 187

226 关联企业欠学校一些债务，但已经注销了，学校还需要追回相关款项吗？ ········ 189

227 民办学校及其关联主体通过实施虚假破产逃避债务，将承担什么责任？ ········ 189

228 开展合作办学，学校提供办学资质并收取租金可以吗？ ········ 190

229 学校向学生和家长收取代收代付费用，可以取得差价吗？ ········ 191

230 学校实际控制人或管理者从学校代收费中取得差价，存在什么风险？ ··· 191

231 学校实际控制人或管理者收受学校供应商、服务商回扣，存在什么风险？ ········ 192

232 学校食堂可以赚取利润和取得收益吗？ ········ 193

233 学校食堂可以对外承包和委托经营吗？ ········ 193

234 举办者可以以自身名义对外租赁学校资产并取得收益吗？ ········ 194

235 民办学校所使用的房产土地对外抵押、担保，有法律效力吗？ ········ 194

236 民办学校终止办学时，举办者可以取得补偿或奖励吗？ ········ 196

237
民办学校终止办学时，举办者的补偿和奖励可以同时获得吗？·············· 196

第七章　财务管理合规

238
民办学校应当建立怎样的财务管理体制？······························· 198

239
民办学校会计人员应当符合哪些要求？······························· 198

240
民办学校会计制度应当如何适用？··································· 199

241
民办学校以前适用会计制度错误，应当怎么进行调整？·············· 200

242
民办学校应当如何按照权责发生制进行会计核算？·················· 200

243
民办学校未设置会计账簿，应当怎么处理？··························· 201

244
刚接手的学校，发现以前财务管理混乱，如何整改规范？·············· 201

245
民办学校应当如何管理所属的资产？································· 202

246
什么是限定性资产和非限定性资产？································· 202

247
民办学校应如何区分固定资产与存货？······························· 203

248
民办学校可以进行对外投资吗？ ··· 203

249
民办学校现金使用的范围是什么？ ··· 204

250
民办学校银行账户管理使用有什么规定要求？ ····························· 204

251
教育集团可以将举办的多所学校的资金进行归集使用吗？ ············ 205

252
举办者及其关联公司可以借用学校资金开展投资经营活动吗？ ······ 205

253
教职工向学校借款 10 万元，借期一年，有挪用资金的风险吗？ ····· 206

254
民办学校应收账款长期未能收回的，可以作坏账处理吗？ ············ 207

255
民办学校在哪些情形下需要进行财务清算？ ································· 207

256
民办学校财务清算的程序是怎样的？ ··· 208

257
在学校财务清算中弄虚作假存在什么风险？ ································· 210

258
不属于学校的固定资产、不动产，在学校账上计提折旧有什么风险？ ··· 211

259
有真实交易但无法取得发票，可以让第三方代开吗？ ··················· 211

23

260
学校无法取得发票的成本支出，是否可以入账？ ················ 213

261
学校食堂采购物资常常无法取得发票，应当如何处理？ ········ 214

262
学校的一些零星业务收费，可以由财务部门以外的其他业务部门
收取吗？ ·· 214

263
学校自营的食堂、超市账目单独核算，没有并入学校账目可以吗？ ····· 215

264
非营利性民办学校应当如何履行财务会计报告制度？ ············ 215

265
营利性民办学校应当如何履行财务会计报告制度？ ··············· 216

266
民办学校计提奖助学金和发展基金有什么区别？ ··················· 217

267
民办学校计提的奖助学金和发展基金必须当年用完吗？ ········ 217

268
哪些会计资料应当进行归档保存，需要保存多长时间？ ········ 218

269
隐匿销毁会计凭证、会计账簿要承担什么责任？ ··················· 219

270
民办学校代收费应当如何入账与开具发票？ ·························· 221

271
关于教职工工资的发放日期，有什么规定要求？ ··················· 222

272

教职工因过失造成学校财产损失，是否可以从其工资中进行扣除赔偿？ 222

273

教职工加班工资的计算基数，可以用当地最低工资标准来确定吗？ 223

274

教职工在个人报销中弄虚作假、虚列开支，达到多少金额算是情节严重？ 224

275

许多业务用学校公共账户办理不太方便，出纳使用单独的个人卡供学校使用可以吗？ 224

第八章　税款缴纳合规

276

民办学校增值税基本是免的，还用进行申报吗？ 226

277

民办托儿所、幼儿园可以享受什么增值税优惠政策？ 226

278

从事学历教育的民办学校可以享受什么增值税优惠政策？ 227

279

外国人子女学校可以享受学历教育的增值税优惠政策吗？ 227

280

中外合作办学的教育服务收入可以享受什么增值税优惠政策？ 228

281

民办学校提供培训服务可以享受什么增值税优惠政策？ 229

25

282
提供教育辅助服务可以享受什么增值税优惠政策？ ………… 229

283
小规模纳税人是小微企业吗？ ………………………………… 230

284
小规模纳税人当前有什么税收优惠政策？ …………………… 230

285
民办学校年度收入超过 500 万元，还可以保持小规模纳税人身份吗？ … 231

286
民办学校申请免税资格认定需要符合哪些条件？ …………… 231

287
民办学校应当如何进行免税资格认定？ ……………………… 232

288
民办学校取得免税资格认定是否就不用纳税了？ …………… 232

289
在计算企业所得税应纳税所得额时，哪些支出是要进行调增的？ ……… 233

290
民办学校以前年度发生的亏损可以结转以后年度抵扣吗？ ………… 234

291
民办学校可以享受小微企业税收优惠吗？ …………………… 234

292
民办学校可以享受高新技术企业税收优惠吗？ ……………… 235

293
企业所得税税前扣除凭证有哪些？ …………………………… 236

目　录

294 学校因销售方被税务机关认定为非正常户而无法补开发票，相关支出如何税前扣除？ ………………………………………………… 236

295 民办学校用私卡发一部分工资来降低个税，风险大吗？ ………… 237

296 对于工资薪金较高的教职工，有什么合规的降低税负的方法？ ………… 237

297 计算个人所得税时的专项扣除、专项附加扣除指的是什么？ …………… 239

298 个人所得税专项附加扣除的项目应当如何适用？ ………………… 239

299 计算个人所得税时，"依法确定的其他扣除"指的是什么？ …………… 241

300 计算个人所得税时，"符合条件的公益慈善事业捐赠"指的是什么？ … 242

301 学校向债权人支付利息不代扣代缴个人所得税，承担什么风险？ ……… 242

302 教职工的个人所得税是按照应发工资计算，还是按照实发工资计算？ … 243

303 如何界定工资、薪金所得和劳务报酬所得？ ……………………… 243

304 民办学校支付劳务报酬如何扣缴个人所得税？ …………………… 244

305 教职工离职时的经济补偿金是否也需要代扣代缴个人所得税？ ………… 245

27

306

教职工从民办学校取得赔偿，学校需要代扣代缴个人所得税吗？ ········ 245

307

营利性民办学校举办者为个人，取得办学收益应当如何缴纳个人所得税？ ··· 245

308

向兼职教师和退休返聘教师发放的工资，个人所得税如何计算扣缴？ ··· 246

309

举办者将所属的房屋出租或免租金提供给学校使用，需要缴纳房产税吗？ ··· 247

310

民办学校房产由举办者公司和学校同时使用的，房产税要怎么交？ ······ 247

311

民办学校对外承包商铺收取承包费，或者自行经营超市，需要缴纳房产税吗？ ··· 248

312

民办学校占用耕地建房、办学，需要缴纳耕地占用税吗？ ············ 248

313

民办学校需要缴纳城镇土地使用税吗？ ·· 249

314

民办学校取得土地、房屋权属，需要缴纳契税吗？ ······················· 249

315

民办学校需要缴纳印花税吗？ ·· 250

316

民办学校需要缴纳车船税吗？ ·· 252

317
偷税行为是如何认定的？ ·································· 253

318
偷税的处罚标准和税务机关的自由裁量权是怎么规定的？ ······· 254

319
逃避缴纳税款什么情况下会构成逃税罪？ ····················· 255

第九章 安全管理合规

320
民办学校安全管理工作主要包含哪些内容？ ··················· 259

321
举办者对民办学校安全工作需要履行哪些职责？ ··············· 260

322
谁是民办学校安全管理工作的第一责任人？ ··················· 260

323
对于学生的安全保护，民办学校应当履行哪些职责？ ··········· 261

324
民办学校如何做好校园安全保卫工作？ ······················· 262

325
民办学校安全保卫机构和保卫人员的职责主要有哪些？ ········· 263

326
民办学校如何抓好校园消防安全工作？ ······················· 264

327
民办学校如何防范教学设施使用和水电气火使用等安全风险？ ··· 265

328
民办学校使用存在安全隐患的教育设施办学可能承担什么责任？ ········· 266

329 民办学校如何落实教育教学设施的安全管理工作？ …………… 267

330 民办学校如何做好寄宿生的安全管理工作？ ………………… 268

331 民办学校组织安全检查应当着重检查哪些内容？ …………… 269

332 如何防范和降低实验课的安全风险？ ………………………… 270

333 如何防范和降低体育课的安全风险？ ………………………… 271

334 如何防范和降低劳动实践课的安全风险？ …………………… 272

335 民办学校如何做好学生的医疗保健工作？ …………………… 273

336 民办学校如何抓好自营食堂的食品安全工作？ ……………… 273

337 民办学校对外承包或委托经营食堂，如何防范食品安全风险？ ………… 274

338 民办学校从校外供餐单位订餐，如何防范食品安全风险？ ………… 275

339 如果发生食品安全事故，应当如何进行应急处置？ ………… 276

340 使用校车的民办学校，应当如何落实校车安全管理责任？ ………… 276

341
违反校车安全管理规定可能引发哪些法律风险？ ………………… 278

342
民办学校如何抓好对学生和教职工的安全教育培训工作？ ………… 279

343
对于特异体质学生，学校应当尽到哪些安全管理责任？ ………… 280

344
组织开展学生集体外出活动或大型集体活动，应当如何履行安全
管理职责？ ……………………………………………………………… 281

345
在防范传染病方面，学校应当履行哪些义务？ ……………………… 282

346
民办学校如何防范和治理校园欺凌和暴力事件？ …………………… 284

347
校内发生安全事故后学校应当如何履行救助义务？ ………………… 285

第十章 纠纷处理合规

348
对于学生伤害事故，学校承担责任的原则是什么？ ………………… 288

349
在学生伤害事故中，如何判断学校是否尽到了教育、管理职责？ ……… 289

350
在学生伤害事故中，哪些情形通常需要学校承担责任？ …………… 290

351
在学生伤害事故中，哪些情形通常需要学生或未成年学生监护人
承担责任？ ……………………………………………………………… 291

352 在学生伤害事故中，哪些情形通常无须学校承担责任？ …………… 292

353 如何通过协商的方式解决学生伤害事故纠纷？ …………………… 293

354 如何通过申请调解的方式解决学生伤害事故纠纷？ ……………… 294

355 面临民事诉讼，民办学校应当如何有效应对？ …………………… 295

356 哪些行为属于"校闹"行为？ ……………………………………… 297

357 面对"校闹"行为，学校如何维护自身合法权益？ ……………… 298

358 民办学校与教职工发生劳动争议如何申请调解？ ………………… 299

359 民办学校与教职工发生劳动争议如何申请仲裁？ ………………… 300

360 民办学校如何运用民事诉讼维护自身权益？ ……………………… 301

361 人民法院对于受理的民事案件是怎么处理的？ …………………… 302

362 相关企业营业执照已经被吊销，民办学校还可以起诉维权吗？ ……… 303

363 民办学校对于行政机关的哪些行政行为可以申请行政复议？ ………… 304

364 民办学校如何申请行政复议？ ………………………………………… 305

365 行政复议机关对于受理的复议申请是如何处理的？ ………………… 306

366 认为行政行为侵犯自身合法权益，可以直接提起行政诉讼吗？ ………… 306

367 认为行政机关不履行法定职责，民办学校可以起诉维权吗？ ………… 308

368 认为教育局招生计划不合理，民办学校可以起诉维权吗？ …………… 310

369 认为行政机关的行政处罚违反程序，民办学校可以起诉维权吗？ ……… 312

370 民办学校如何处理个别教职工的敲诈勒索行为？ ……………………… 314

第一章　举办设立合规

"设立民办学校应当符合当地教育发展的需求，具备教育法和其他有关法律、法规规定的条件。"

"举办实施学历教育、学前教育、自学考试助学及其他文化教育的民办学校，由县级以上人民政府教育行政部门按照国家规定的权限审批；举办实施以职业技能为主的职业资格培训、职业技能培训的民办学校，由县级以上人民政府人力资源社会保障行政部门按照国家规定的权限审批，并抄送同级教育行政部门备案。"

——《民办教育促进法》

1 举办民办学校的主体，应当符合哪些要求？

举办民办学校的主体，如果是社会组织的，应当具有法人资格；如果是个人，应当具有政治权利和完全民事行为能力。

民办学校的举办者还应当遵守法律、法规、规章和相关规定，有良好的信用状况，贯彻国家的教育方针，坚持社会主义办学方向，无论举办的是营利性民办学校还是非营利性民办学校，都应当坚持教育的公益性原则，保证教育质量。

如果举办的是营利性民办学校，应当具备与举办学校的层次、类型、规模相适应的经济实力，其净资产或者货币资金能够满足学校建设和发展的需要。如果举办者是社会组织的，还应当符合：①有中华人民共和国法人资格。②信用状况良好，未被列入企业经营异常名录或严重违法失信企业名单，无不良记录。③法定代表人有中华人民共和国国籍，在中国境内定居，信用状况良好，无犯罪记录，有政治权利和完全民事行为能力。如果举办者是个人的，则应当符合：①有中华人民共和国国籍，在中国境内定居。②信用状况良好，无犯罪记录。③有政治权利和完全民事行为能力[1]。

此外，在中国境内设立的外商投资企业以及外方为实际控制人的社会组织不得举办、参与举办或实际控制实施义务教育的民办学校；申请设立中外合作办学机构的中外合作办学者应当具有相应的办学资格和较高的办学质量，中外合作办学机构不得举办实施义务教育和实施军事、警察、政治等特殊性质教育的机构，也不得设立分支机构、不得举办其他中外合作办学机构[2]。

---

[1] 《营利性民办学校监督管理实施细则》第八条、第九条、第十条。
[2] 《民办教育促进法实施条例》第五条，《中外合作办学条例》第六条，《中外合作办学条例实施办法》第六条、第七条。

2 设立民办学校，需要具备哪些条件？

申请筹设民办学校，应当符合以下基本条件：①符合国家和当地教育发展需求；②有举办者、培养目标、办学规模、办学层次、办学形式、办学条件、内部管理体制、经费筹措与管理使用等内容明确具体的申办报告；③有证明资产来源、资金数额的有效证明文件，产权清晰；④如果为捐赠性质的校产，应当有捐赠协议及有关证明文件；⑤联合举办的民办学校，应当签订联合办学协议，明确合作方式、各方权利义务和争议解决方式等①。

具备办学条件，达到设置标准的，举办者可以直接申请正式设立民办学校，并提交下列材料：①学校章程、学校首届理事会/董事会或其他决策机构组成人员名单；②学校资产的有效证明文件；③校长、教师、财会人员的资格证明文件；④学校党组织建设有关材料②。

根据《高等教育法》的规定，设立大学或者独立设置的学院还应当具有较强的教学、科学研究力量，较高的教学、科学研究水平和相应规模，能够实施本科及本科以上教育。大学还必须设有三个以上国家规定的学科门类为主要学科。民办高等学校的资产必须于批准设立之日起1年内完成过户工作③。

根据《职业教育法》的规定，设立职业学校，还必须有合格的管理人员，有与所实施职业教育相适应、符合规定标准和安全要求的教学及实习实训场所、设施、设备以及课程体系、教育教学资源，有与办学规模相适应的稳定的经费来源；设立职业培训机构，还必须有与培训任务相适应的课程体系、教师或其他授课人员、管理人员，有与培训任务相适应、符合安全要求的场所、设施、设备，以及相应的经费。

---

① 《民办教育促进法》第十一条、第十三条。
② 《民办教育促进法》第十五条、第十六条，《民办学校分类登记实施细则》第五条。
③ 《民办高等学校办学管理若干规定》第七条。

3 设立营利性民办学校，有哪些特殊规定要求？

根据《营利性民办学校监督管理实施细则》的有关规定，对营利性民办学校的申请筹设和正式设立都提出了更加细致严格的规定要求。

申请筹设营利性民办学校，需要提交的材料包括：①筹设申请报告。内容主要包括：举办者的名称、地址或者姓名、住址及其资质，筹设学校的名称、地址、办学层次、办学规模、办学条件、培养目标、办学形式、内部管理机制、党组织设置、经费筹措与管理使用等。②设立学校论证报告。③举办者资质证明文件。举办者是社会组织的，应当包括社会组织的许可证、登记证或者营业执照、法定代表人有效身份证件复印件，决策机构、权力机构负责人及组成人员名单和有效身份证件复印件，有资质的会计师事务所出具的该社会组织近两年的年度财务会计报告审计结果，决策机构、权力机构同意投资举办学校的决议。举办者是个人的，应当包括有效身份证件复印件、个人存款、有本人签名的投资举办学校的决定等证明文件。④资产来源、资金数额及有效证明文件，并载明产权。⑤民办学校举办者再申请举办营利性民办学校的，还应当提交其举办或者参与举办的现有民办学校的办学许可证、登记证或者营业执照、组织机构代码证、校园土地使用权证、校舍房屋产权证明复印件，近两年年度检查的证明材料，有资质的会计师事务所出具的学校上年度财务会计报告审计结果。⑥有两个以上举办者的，应当提交合作办学协议，明确各举办者的出资数额、出资方式、权利义务，举办者的排序、争议解决办法等内容。出资计入学校注册资本的，应当明确各举办者计入注册资本的出资数额、出资方式、占注册资本的比例。

申请正式设立营利性民办学校，举办者应当提交下列材料：①正式设立申请报告。②筹设批准书。③举办者资质证明文件（与筹设材料相同）。④学校章程。⑤学校首届董事会、监事（会）、行政机构负责人及组成人员名单和有效身份证件复印件。⑥学校党组织负责人及组成人员名单和有效身份证件复印件，教职工党员名单。⑦学校资产及其来源的有效证明文件。⑧学校教师、财会人员名单及资格证明文件。

4 如何区分"现有民办学校"与新设民办学校？

2016年11月7日，全国人民代表大会常务委员会发布了《关于修改〈中华人民共和国民办教育促进法〉的决定》，提出了民办学校分类登记为营利性民办学校与非营利性民办学校的概念，为了区分已有的民办学校和新设的民办学校，故将2016年11月7日前设立的民办学校称为"现有民办学校"。《民办教育促进法实施条例》第六十六条也明确说明："本条例所称现有民办学校，是指2016年11月7日《全国人民代表大会常务委员会关于修改〈中华人民共和国民办教育促进法〉的决定》公布前设立的民办学校。"

为了保护"现有民办学校"举办者的合法权益，遵循法律不溯及既往的原则，法律法规对"现有民办学校"作出了一些特殊的规定，如《国务院关于鼓励社会力量兴办教育促进民办教育健康发展的若干意见》规定，2016年11月7日《全国人民代表大会常务委员会关于修改〈中华人民共和国民办教育促进法〉的决定》公布前设立的民办学校，选择登记为非营利性民办学校的，终止时，民办学校的财产依法清偿后有剩余的，按照有关规定给予出资者相应的补偿或者奖励。再如，《民办教育促进法实施条例》第十二条规定，现有民办学校的举办者变更的，可以根据其依法享有的合法权益与继任举办者协议约定变更收益。

需要注意的是，2016年11月7日发布的修订后的《民办教育促进法》，其生效时间为2017年9月1日，因此，对于2016年11月7日至2017年9月1日设立的民办学校，在一些政策的执行上也会参照"现有民办学校"的政策规定。

5 新设民办学校和"现有民办学校"如何进行分类登记?

2016年12月30日,教育部等五部门印发了《民办学校分类登记实施细则》,对民办学校分类登记作出了明确规定,各省在此基础上也制订了本地区的分类登记实施办法。根据相关规定[①],新设的民办学校应当直接进行营非选择,经教育行政部门批准设立的非营利性民办学校,符合《民办非企业单位登记管理暂行条例》等民办非企业单位登记管理有关规定的到民政部门登记为民办非企业单位,符合《事业单位登记管理暂行条例》等事业单位登记管理有关规定的到事业单位登记管理机关登记为事业单位;实施本科以上层次教育的非营利性民办高等学校,由省级人民政府相关部门办理登记;实施专科以下层次教育的非营利性民办学校,由省级人民政府确定的县级以上人民政府相关部门办理登记。正式批准设立的营利性民办学校,依据法律法规规定的管辖权限到工商行政管理部门办理登记。

对于2016年11月7日《全国人民代表大会常务委员会关于修改〈中华人民共和国民办教育促进法〉的决定》公布前经批准设立的"现有民办学校",选择登记为非营利性民办学校的,依法修改学校章程,继续办学,履行新的登记手续;登记为营利性民办学校的,应当进行财务清算,经省级以下人民政府有关部门和相关机构依法明确土地、校舍、办学积累等财产的权属并缴纳相关税费,办理新的办学许可证,重新登记,继续办学。

时至今日,大多数省份自行确定的"现有民办学校"分类登记时间已经截止,但仍有不少地区由于各种原因尚未完成分类登记工作。对此,2021年9月1日实施的《民办教育促进法实施条例》第六十一条第二款也明确指出:"各级人民政府及有关部门在对现有民办学校实施分类管理改革时,应当充分

---

① 《民办学校分类登记实施细则》第七条、第八条、第九条。

考虑有关历史和现实情况，保障受教育者、教职工和举办者的合法权益，确保民办学校分类管理改革平稳有序推进。"

6 营利性民办学校与非营利性民办学校有哪些不同之处？

营利性与非营利性民办学校，主要在以下方面存在明显差异：

①办学限制不同。只要是能够依法设立的民办学校，都可以选择登记为非营利性民办学校；但如果要登记为营利性民办学校，则需要把含有义务教育阶段办学层次的学校排除在外。此外，如果是公办学校举办或参与举办的民办学校，也不得选择登记为营利性民办学校（实施职业教育的公办学校举办或参与举办实施职业教育的民办学校除外）。

②收益权利不同。《民办教育促进法》明确规定，非营利性民办学校的举办者不得取得办学收益，学校的办学结余全部用于办学；营利性民办学校的举办者可以取得办学收益，学校的办学结余依照《公司法》[①] 等有关法律、行政法规的规定处理。自2017年9月1日"分类管理"法条生效之后，非营利性民办学校举办者再取得办学收益的，已经构成违法。

③财产分配不同。在民办学校终止时，非营利性民办学校清偿学校债务后的剩余财产继续用于其他非营利性学校办学；营利性民办学校清偿学校债务后的剩余财产，则依照《公司法》的有关规定处理。也就是说，营利性民小学校的剩余财产可以依照《公司法》的有关规定向股东进行分配，而非营利性民办学校的剩余财产则不行。

④交易监管不同。对于营利性民办学校的关联交易，更多是采取社会监督的方式进行；而对于非营利性民办学校，既需要社会监督，更强调政府有关部门的监管责任，要求有关部门主动作为、保障非营利性民办学校利益不被关联

---

① 本法已由第十四届全国人民代表大会常务委员会第七次会议于2023年12月29日修订通过，自2024年7月1日起施行。

交易所损害。

⑤用地政策不同。《民办教育促进法》第五十一条第一款规定："新建、扩建非营利性民办学校，人民政府应当按照与公办学校同等原则，以划拨等方式给予用地优惠。新建、扩建营利性民办学校，人民政府应当按照国家规定供给土地。"该规定明确了营利性与非营利性民办学校不同的用地成本，营利性民办学校应以出让、转让等方式有偿取得土地使用权，非营利性民办学校则可以通过划拨方式取得土地使用权，办学成本将远低于营利性民办学校。

⑥扶持力度不同。《民办教育促进法》《民办教育促进法实施条例》规定，县级以上各级人民政府可以采取购买服务、助学贷款、奖助学金和出租或转让闲置的国有资产等措施对民办学校予以扶持；对非营利性民办学校还可以采取政府补贴、基金奖励、捐资激励等扶持措施。县级以上地方人民政府可以参照同级同类公办学校生均经费等相关经费标准和支持政策，对非营利性民办学校给予适当补助。地方人民政府出租、转让闲置的国有资产应当优先扶持非营利性民办学校。

⑦税收优惠不同。《民办教育促进法》虽然规定了"非营利性民办学校享受与公办学校同等的税收优惠政策"，但从目前的税收政策来看，并没有针对公办学校的特殊优惠政策。营利性与非营利性民办学校当前的税收差异，主要在于非营利性民办学校可以根据《财政部、国家税务总局关于非营利组织免税资格认定管理有关问题的通知》进行免税资格认定，从而对符合条件的部分收入免缴企业所得税。

⑧登记机关不同。正式批准设立的非营利性民办学校，符合《民办非企业单位登记管理暂行条例》等民办非企业单位登记管理有关规定的到民政部门登记为民办非企业单位，符合《事业单位登记管理暂行条例》等事业单位登记管理有关规定的到事业单位登记管理机关登记为事业单位。正式批准设立的营利性民办学校，依据法律法规规定的管辖权限到工商行政管理部门办理登记。

除上述主要差异外，营利性与非营利性民办学校还存在担保制度、收费制度、会计制度、账户监管、信息公示等方面的具体差异，在本书其他部分中有详细阐述。

7 营利性民办学校与非营利性民办学校有哪些共通之处？

营利性与非营利性民办学校除了差异之外，更多的是相通相似之处，有的共通之处十分重要，但容易被营利性民办学校的举办者、实际控制人、管理者所忽视：

①公益属性相同。《民办教育促进法》第三条第一款规定："民办教育事业属于公益性事业，是社会主义教育事业的组成部分。"也就是说，民办学校无论营利性还是非营利性，都具有公益属性，即使是营利性民办学校，也不能因为资本逐利而背离教育的公益性原则。更需要注意的是，《民办教育促进法》第三十八条第三款明确规定："民办学校收取的费用应当主要用于教育教学活动、改善办学条件和保障教职工待遇。"这里也并没有区分营利性与非营利性，适用于所有民办学校。由此可知，营利性民办学校的举办者若是从学校获取过高比例的利润，或是为了获得高额回报而有损国家利益、学校利益与师生权益，这必然与民办教育公益性要求背道而驰，是法律法规所不容许的。

②治理架构相同。《民办教育促进法》第二十条规定："民办学校应当设立学校理事会、董事会或者其他形式的决策机构并建立相应的监督机制。民办学校的举办者根据学校章程规定的权限和程序参与学校的办学和管理。"而无论是营利性还是非营利性民办学校，理事会或董事会才是学校的最高权力机构，才能够依法决定学校的重大事项；举办者则只能依据章程的规定行使职权，若章程没有明确举办者的职权，则举办者单纯以举办者身份参与学校管理就失去了依据。由此可见，章程的制定、学校决策机构成员的构成，这些对于举办者而言都十分重要。

③法人权益相同。以法人形式存在的民办学校具有独立的法人权益，《民

法典》第五十九条规定："法人的民事权利能力和民事行为能力，从法人成立时产生，到法人终止时消灭。"《民办教育促进法》也明确规定，民办学校对举办者投入民办学校的资产、国有资产、受赠的财产以及办学积累，享有法人财产权。民办学校存续期间，所有资产由民办学校依法管理和使用，任何组织和个人不得侵占。因此，无论是营利性还是非营利性民办学校，其独立的法人权益均受到法律保护，学校从成立开始至终止，法人财产不容侵犯，举办者或实际控制人若违法转让、挪用、抽逃、侵占学校法人财产，将会被追究相应的法律责任。

8 举办设立民办婴幼儿托育机构应注意哪些规定要求？

2019年4月17日，国务院办公厅发布了《关于促进3岁以下婴幼儿照护服务发展的指导意见》，从政策层面鼓励和支持托育机构的发展，要求到2025年，婴幼儿照护服务的政策法规体系和标准规范基本健全，多元化、多样化、覆盖城乡的婴幼儿照护服务体系基本建成，婴幼儿照护服务水平明显提升。而在2022年5月1日正式生效的《职业教育法》中，更明确提到了"国家采取措施，加快培养托育、护理、康养、家政等方面技术技能人才"的具体要求。进一步表明了国家对托育机构设置的鼓励和支持。

截至目前，虽然国家尚未出台关于托育机构设置的标准规范，但部分地区和城市已经出台了较为详细和成熟的规定。例如，《上海市3岁以下幼儿托育机构设置标准（试行）》《上海市学前教育与托育服务条例》就在举办资格、举办规模、举办经费、举办场所、人员配置、供餐用房、设施设备、保健管理、营养工作、托幼衔接、监督管理等方面均作出了细致的规定要求。比如，在托育机构的建筑面积上，要求不低于360平方米，幼儿人均建筑面积不低于8平方米，户外场地人均建筑面积不低于6平方米等。

9 举办设立民办学前教育机构应注意哪些规定要求?

《中共中央、国务院关于学前教育深化改革规范发展的若干意见》提出了学前教育 2035 年发展目标：全面普及学前三年教育，建成覆盖城乡、布局合理的学前教育公共服务体系，形成完善的学前教育管理体制、办园体制和政策保障体系，为幼儿提供更加充裕、更加普惠、更加优质的学前教育。

需要民办学校举办者着重关注的政策要求主要是：

①明确提出普惠要求。要求大力发展公办园，充分发挥公办园保基本、兜底线、引领方向、平抑收费的主渠道作用，按照实现普惠目标的要求，公办园在园幼儿占比偏低的省份，逐步提高公办园在园幼儿占比，各地可从实际出发确定具体发展目标。积极扶持民办园提供普惠性服务，规范营利性民办园发展，满足家长不同选择性需求。小区配套幼儿园由当地政府统筹安排，办成公办园或委托办成普惠性民办园，不得办成营利性幼儿园。

②鼓励社会力量办园。各省（自治区、直辖市）要进一步完善普惠性民办园认定标准、补助标准及扶持政策。通过购买服务、综合奖补、减免租金、派驻公办教师、培训教师、教研指导等方式，支持普惠性民办园发展，并将提供普惠性学位数量和办园质量作为奖补和支持的重要依据。民办园收费项目和标准根据办园成本、市场需求等因素合理确定，向社会公示，并接受有关主管部门的监督。非营利性民办园（包括普惠性民办园）收费具体办法由省级政府制定。营利性民办园收费标准实行市场调节，由幼儿园自主决定。地方政府依法加强对民办园收费的价格监管，坚决抑制过高收费。

③遏制过度逐利行为。民办园收取的费用应主要用于幼儿保教活动、改善办园条件和保障教职工待遇，社会资本不得通过兼并收购、受托经营、加盟连锁、利用可变利益实体、协议控制等方式控制国有资产或集体资产举办的幼儿园、非营利性幼儿园；参与并购、加盟、连锁经营的营利性幼儿园，应将与相

关利益企业签订的协议报县级以上教育部门备案并向社会公布；当地教育部门应对相关利益企业和幼儿园的资质、办园方向、课程资源、数量规模及管理能力等进行严格审核，实施加盟、连锁行为的营利性幼儿园原则上应取得省级示范园资质。民办园一律不准单独或作为一部分资产打包上市。上市公司不得通过股票市场融资投资营利性幼儿园，不得通过发行股份或支付现金等方式购买营利性幼儿园资产。

从教育部发布的数据看，近三年我国民办幼儿园数量、在园幼儿人数和比例情况如下。

分类/时间	2021年[①]	2022年[②]	2023年[③]
民办幼儿园数量（万所）	16.67	16.05	14.95
民办幼儿园数量占幼儿园总数的比例	56.54%	55.50%	54.48%
民办幼儿园在园幼儿数量（万人）	2312.03	2126.78	1791.62
占全部幼儿园在园幼儿总数的比例	48.11%	45.96%	43.77%

10 举办设立民办义务教育学校应注意哪些规定要求？

2016年11月7日，第二次修正的《民办教育促进法》第十九条第一款规定："民办学校的举办者可以自主选择设立非营利性或者营利性民办学校。[④]但是，不得设立实施义务教育的营利性民办学校。"2016年12月30日，教育部、人社部、工商总局颁布实施的《营利性民办学校监督管理实施细则》第二条第一款规定："社会组织或者个人可以举办营利性民办高等学校和其他高

[①] 参见《2021年全国教育事业发展统计公报》，载教育部网站，http://www.moe.gov.cn/jyb_sjzl/sjzl_fztjgb/202209/t20220914_660850.html，最后访问时间：2024年1月30日。

[②] 参见《2022年全国教育事业发展基本情况》，载教育部网站，http://www.moe.gov.cn/fbh/live/2023/55167/sfcl/202303/t20230323_1052203.html，最后访问时间：2024年1月30日。

[③] 参见《2023年全国教育事业发展基本情况》，载教育部网站，http://www.moe.gov.cn/fbh/live/2024/55831/sfcl/202403/t20240301_1117517.html，最后访问时间：2024年3月30日。

[④] 现行《民办教育促进法》为2018年第三次修正，该条款内容未作改变。

等教育机构、高中阶段教育学校和幼儿园，不得设立实施义务教育的营利性民办学校。"2020年8月17日，教育部、发改委等五部门出台了《关于进一步加强和规范教育收费管理的意见》第五项规定，"……落实义务教育阶段民办学校生均公用经费补助，加强收费标准调控，坚决防止过高收费……"。2021年4月7日，新修订的《民办教育促进法实施条例》颁布，第四十五条规定："实施义务教育的民办学校不得与利益关联方进行交易……" 2021年7月8日，教育部等八部门联合印发《关于规范公办学校举办或者参与举办民办义务教育学校的通知》，要求：公办学校不得举办或参与举办民办义务教育学校，现有的"公参民"学校要么转公办要么终止办学，符合"六独立"[①] 要求的可以继续举办民办学校，但公办学校资源要逐步退出。2021年7月24日，中共中央办公厅、国务院办公厅共同印发《关于进一步减轻义务教育阶段学生作业负担和校外培训负担的意见》，要求：坚持从严审批机构，各地不再审批新的面向义务教育阶段学生的学科类校外培训机构，现有学科类培训机构统一登记为非营利性机构。

从教育部发布的数据看，近三年我国民办义务教育学校数量、在校生人数和比例情况如下。

分类/时间	2021年[②]	2022年[③]	2023年[④]
民办义务教育学校数量（万所）	1.22	1.05	1.01
民办义务教育学校占义务教育学校总数的比例	5.87%	5.21%	5.16%

---

① 指独立的法人资格、校园校舍及设备、专任教师队伍、财会核算、招生、毕业证发放。以下不再标注。

② 参见《2021年全国教育事业发展统计公报》，载教育部网站，http://www.moe.gov.cn/jyb_sjzl/sjzl_fztjgb/202209/t20220914_660850.html，最后访问时间：2024年1月30日。

③ 参见《2022年全国教育事业发展基本情况》，载教育部网站，http://www.moe.gov.cn/fbh/live/2023/55167/sfcl/202303/t20230323_1052203.html，最后访问时间：2024年1月30日。

④ 参见《2023年全国教育事业发展基本情况》，载教育部网站，http://www.moe.gov.cn/fbh/live/2024/55831/sfcl/202403/t20240301_1117517.html，最后访问时间：2024年3月30日。

续表

分类/时间	2021 年	2022 年	2023 年
民办义务教育学校在校生数量（万人）	1674.10	1356.85	1221.99
占全部义务教育学校在校生总数的比例	10.60%	8.58%	7.62%

11 举办设立民办职业教育学校应注意哪些规定要求？

2016 年 12 月 29 日，《国务院关于鼓励社会力量兴办教育促进民办教育健康发展的若干意见》第九项规定，探索举办混合所有制职业院校，允许以资本、知识、技术、管理等要素参与办学并享有相应权利。2019 年 1 月 24 日，国务院印发《国家职业教育改革实施方案》提出，经过 5—10 年时间，职业教育基本完成由政府举办为主向政府统筹管理、社会多元办学的格局转变，由追求规模扩张向提高质量转变，由参照普通教育办学模式向企业社会参与、专业特色鲜明的类型教育转变，大幅提升新时代职业教育现代化水平，为促进经济社会发展和提高国家竞争力提供优质人才资源支撑。2021 年 4 月 12 日至 13 日，全国职业教育大会召开，进一步提出，完善产教融合办学体制、创新校企合作办学机制，构建政府统筹管理、行业企业积极举办、社会力量深度参与的多元办学格局。2021 年 10 月 12 日，中共中央办公厅、国务院办公厅共同印发《关于推动现代职业教育高质量发展的意见》，提出："鼓励上市公司、行业龙头企业举办职业教育，鼓励各类企业依法参与举办职业教育。鼓励职业学校与社会资本合作共建职业教育基础设施、实训基地，共建共享公共实训基地……鼓励行业龙头企业主导建立全国性、行业性职教集团，推进实体化运作……各地要把促进企业参与校企合作、培养技术技能人才作为产业发展规划、产业激励政策、乡村振兴规划制定的重要内容，对产教融合型企业给予'金融+财政+土地+信用'组合式激励，按规定落实相关税费政策。工业和信息化部门要把企业参与校企合作的情况，作为各类示范企业评选的重要参考。教育、人力资源社会保障部门要把校企合作成效作为评价职业学校办学质量的重要内容。国有资产监督管理机构要支持企业参与和举办职业教育。鼓励金融机构依法依规为校企合作提供相关信贷和融资支持。"

2022年5月1日，修订后的《职业教育法》正式实施。原《职业教育法》共五章四十条，新《职业教育法》共八章六十九条，新增大量内容，而且除第五条"公民有依法接受职业教育的权利"被完整保留外，其他条款都进行了重大修改。逐条研读新法，可以感受到新法对于社会力量进入职业教育领域的大力支持，很多好政策、好做法都用法律的形式固定了下来，不遗余力地引导全社会广泛参与到职业教育的发展建设之中。与此同时，各地也在陆续出台推进方案，如北京市委办公厅和市政府办公厅印发的《关于推动职业教育高质量发展的实施方案》，从优化产教融合校企合作环境、打通高技能人才职称评价通道、拓宽职业学校毕业生就业渠道等十个方面推出了众多务实举措。又如，甘肃省委办公厅、省政府办公厅印发的《关于推动现代职业教育高质量发展加快"技能甘肃"建设的若干措施》，从建设一体化现代职业教育体系，深化产教融合、校企合作，提升职业教育办学质量，推动职业教育体制机制创新，强化组织保障等五大方面提出了具体举措。

需要注意的是，国家对职业教育在积极鼓励的同时，也在努力改善质量，职业教育的办学门槛也在不断提高。2022年11月，教育部等五部门印发了《职业学校办学条件达标工程实施方案》，要求各地要统筹区域职业教育资源，结合区域经济社会发展需求，采取合并、集团化办学、终止办学等形式，优化职业学校布局，合理确定招生规模，对于办学质量重点监测指标到2023年年底达80%以上，2025年年底达90%以上。

中等职业学校办学条件重点监测指标		
学校类别	监测指标	具体要求
一般类中职学校	校园建设	校园占地面积不低于40000平方米，生均用地面积不少于33平方米，校舍建筑面积不少于24000平方米，生均校舍建筑面积不少于20平方米。
	教师配备	专任教师不低于60人，师生比达到1：20。
	仪器设备	仪器设备总值不低于300万元，生均仪器设备值不低于2500元。
	图书配备	生均图书不少于30册。
技工学校	校园建设	技工学校校园占地面积不少于30000平方米，校舍建筑面积不少于18000平方米，生均校舍建筑面积不少于20平方米；高级技工学校校园占地面积不少于66000平方米，校舍建筑面积不少于50000平方米；技师学院校园占地面积不少于100000平方米，校舍建筑面积不少于80000平方米。
	教师配备	技工学校、高级技工学校学制教育师生比不低于1：20，技师学院学制教育师生比不低于1：18。各类技工学校兼职教师人数不超过教师总数的1/3。
	仪器设备	技工学校实习、实验设备总值不少于300万元；高级技工学校不少于1500万元；技师学院不少于4000万元。
体育类中职学校	校园建设	校园占地面积不少于30000平方米，生均用地面积不少于45平方米。教学、训练用房建筑面积不少于25000平方米，生均建筑面积（教学、训练及学生生活用房）不少于24平方米。
	教师配备	专职教师应按班级1：2.5—1：3的比例配备。
	仪器设备	生均仪器设备值不低于2500元。
	图书配备	生均图书不少于30册。

续表

中等职业学校办学条件重点监测指标		
学校类别	监测指标	具体要求
艺术类中职学校	\multicolumn{2}{l	}{以中职国家标准主要监测指标为基础,由省级教育行政部门制定具体标准。}
特殊教育类中职学校	校园建设	校园占地面积不少于20000平方米,生均用地面积不少于80平方米。校舍建筑面积不少于10000平方米,生均校舍建筑面积不少于35平方米。
	教师配备	教学班与教职工比例不低于1:5。
	图书配备	生均图书不少于30册。
边远脱贫地区中职学校	\multicolumn{2}{l	}{以中职国家标准主要监测指标为基础,相应的办学条件标准可适当放宽,具体标准由省级教育行政部门制定。}

高等职业学校办学条件重点监测指标					
学校类别	生师比	具有研究生学位教师占专任教师的比例(%)	生均教学行政用房(平方米/生)	生均教学科研仪器设备值(元/生)	生均图书(册/生)
综合、师范、民族院校	18	15	14	4000	80
工科、农、林院校	18	15	16	4000	60
医学院校	16	15	16	4000	60
语文、财经、政法院校	18	15	9	3000	80
体育院校	13	15	22	3000	50
艺术院校	13	15	18	3000	60

从教育部发布的数据看,近三年我国民办中等职业学校数量、在校生人数和比例情况如下。

分类/时间	2021 年①	2022 年②	2023 年③
民办中等职业学校数量（所）	1978	2073	2128
民办中等职业学校占中等职业学校总数的比例	27.12%	28.79%	30.04%
民办中等职业学校在校生数量（万人）	267.63	276.24	266.44
占全部中等职业学校在校生总数的比例	20.40%	20.63%	20.52%

近三年我国民办普通高中学校数量、在校生人数和比例情况如下。

分类/时间	2021 年④	2022 年⑤	2023 年⑥
民办普通高中学校数量（所）	4008	4300	4567
民办普通高中数量占普通高中总数的比例	27.48%	28.67%	29.66%
民办普通高中学校在校生数量（万人）	450.34	497.79	547.76
占全部普通高中学校在校生总数的比例	17.29%	18.34%	19.54%

12 举办设立民办高等院校应注意哪些规定要求？

《民办高等学校办学管理若干规定》第三条明确指出："教育行政部门应当将民办高等教育纳入教育事业发展规划。按照积极鼓励、大力支持、正确引导、依法管理的方针，引导民办高等教育健康发展。教育行政部门对民办高等教育事业做出突出贡献的集体和个人予以表彰奖励。"由此可见，国家对社会

---

① 参见《2021 年全国教育事业发展统计公报》，载教育部网站，http://www.moe.gov.cn/jyb_sjzl/sjzl_fztjgb/202209/t20220914_660850.html，最后访问时间：2024 年 1 月 30 日。
② 参见《2022 年全国教育事业发展基本情况》，载教育部网站，http://www.moe.gov.cn/fbh/live/2023/55167/sfcl/202303/t20230323_1052203.html，最后访问时间：2024 年 1 月 30 日。
③ 参见《2023 年全国教育事业发展基本情况》，载教育部网站，http://www.moe.gov.cn/fbh/live/2024/55831/sfcl/202403/t20240301_1117517.html，最后访问时间：2024 年 3 月 30 日。
④ 参见《2021 年全国教育事业发展统计公报》，载教育部网站，http://www.moe.gov.cn/jyb_sjzl/sjzl_fztjgb/202209/t20220914_660850.html，最后访问时间：2024 年 1 月 30 日。
⑤ 参见《2022 年全国教育事业发展基本情况》，载教育部网站，http://www.moe.gov.cn/fbh/live/2023/55167/sfcl/202303/t20230323_1052203.html，最后访问时间：2024 年 1 月 30 日。
⑥ 参见《2023 年全国教育事业发展基本情况》，载教育部网站，http://www.moe.gov.cn/fbh/live/2024/55831/sfcl/202403/t20240301_1117517.html，最后访问时间：2024 年 3 月 30 日。

力量参与举办高等学校是遵循支持和鼓励方针的。但由于高等学校的办学门槛较高，民办高等学校在全国高等学校中的占比并不高。举办设立民办高等学校，除需要遵循《民办教育促进法》《民办教育促进法实施条例》《民办高等学校办学管理若干规定》等民办教育法律法规外，还需要遵循《高等教育法》《普通高等学校设置暂行条例》《普通高等学校基本办学条件指标（试行）》《普通本科学校设置暂行规定》《高等职业学校办学条件重点监测指标》《职业学校办学条件达标工程实施方案》等一系列高等教育相关规定。

从教育部发布的数据看，近三年我国民办高等学校数量、在校生人数和比例情况如下。

分类/时间	2021 年[①]	2022 年[②]	2023 年[③]
民办高等学校数量（所）	764	764	789
民办高等学校占高等学校总数的比例	25.37%	25.36%	25.67%
民办普通、职业本专科在校生数量（万人）	845.74	924.89	994.38
占全部高等学校在学人数总数的比例	19.09%	19.87%	20.88%

13 民办学校举办者有哪些法定的权利和义务？

民办学校举办者的法定权利可以归纳为二类：

①选择权。除了义务教育学校必须登记为非营利，举办者可以自主选择设立非营利性或者营利性民办学校。

②收益权。主要体现在营利性民办学校的举办者可以取得办学收益；非营利

[①] 参见《2021 年全国教育事业发展统计公报》，载教育部网站，http://www.moe.gov.cn/jyb_sjzl/sjzl_fztjgb/202209/t20220914_660850.html，最后访问时间：2024 年 1 月 30 日。

[②] 参见《2022 年全国教育事业发展基本情况》，载教育部网站，http://www.moe.gov.cn/fbh/live/2023/55167/sfcl/202303/t20230323_1052203.html，最后访问时间：2024 年 1 月 30 日。

[③] 参见《2023 年全国教育事业发展基本情况》，载教育部网站，http://www.moe.gov.cn/fbh/live/2024/55831/sfcl/202403/t20240301_1117517.html，最后访问时间：2024 年 3 月 30 日。

性民办学校符合政策条件的，在终止时或转让举办权时举办者也有可能取得收益。

③管理权。民办学校的举办者既可以依据章程规定的权限和程序参与学校的办学管理，也可以参加或委派代表参加学校的决策机构，参与民办学校的决策和管理。

民办学校举办者的法定义务也可大致归纳为三类：

①公益办学义务。民办教育事业属于公益性事业，即使是营利性民办学校，举办者也不能赚取高比例利润，违背教育的公益属性。

②出资办学义务。民办学校的举办者应当根据学校的开办资金/注册资本数额，按时、足额、切实履行出资义务。

③依法办学义务。要遵守法律法规关于办学及学校运营管理的强制性规定，不得损害国家利益、社会利益、学校利益和师生权益。

14 举办设立民办学校，举办者的房产土地[①]要登记到学校名下吗？

法律法规并没有要求设立民办学校的举办者要将房产土地投入学校名下，举办者只需按照开办资金/注册资本的数额按时、足额履行出资义务即可。《民办教育促进法实施条例》也规定，实施学前教育、学历教育的民办学校使用土地，地方人民政府可以依法以协议、招标、拍卖等方式供应土地，也可以采取长期租赁、先租后让、租让结合的方式供应土地，土地出让价款和租金可以在规定期限内按合同约定分期缴纳。

《民办高等学校办学管理若干规定》第七条第一款规定："民办高校的资产必须于批准设立之日起 1 年内过户到学校名下。"这里要求 1 年内必须过户的，是指承诺投入的、本应当属于民办高校的资产。如果相关房产土地是属于

---

① 注：此处指土地使用权。

举办者的，举办者也并未承诺投入学校，即使学校实际使用举办者的房产土地，也只是租借关系，并不需要将房产土地过户到学校。

15 举办者可以用教学设备、无形资产等出资吗？

可以的。民办学校举办者可以用货币出资，也可以用实物、建设用地使用权、知识产权等可以用货币估价并可以依法转让的非货币财产作价出资[①]。

教学设备是可以用货币估价并可以依法转让的动产，依法可以作为举办者的出资。而建设用地使用权、知识产权等可以用货币估价并可以依法转让的无形资产，也均能够用于出资举办民办学校。对此，《职业教育法》则作出了更加宽泛的规定，明确企业可以利用技术、知识、管理等要素举办或者联合举办职业学校、职业培训机构。

需要注意的是，出资方式、比例还应当符合其他法律、行政法规的规定要求。例如，《市场主体登记管理条例》第十三条规定："……公司股东、非公司企业法人出资人、农民专业合作社（联合社）成员不得以劳务、信用、自然人姓名、商誉、特许经营权或者设定担保的财产等作价出资。"《中外合作办学条例》第十条第二款规定："中外合作办学者的知识产权投入不得超过各自投入的1/3。但是，接受国务院教育行政部门、劳动行政部门或者省、自治区、直辖市人民政府邀请前来中国合作办学的外国教育机构的知识产权投入可以超过其投入的1/3。"

16 举办者出资仅在财务报表上体现就可以吗？

举办者对于民办学校的出资必须实际投入。如果举办者未按照登记的金

[①] 《民办教育促进法实施条例》第六条。

额、时间对民办学校投入开办资金/注册资本，除需要足额履行出资义务外，还可能面临相应的行政处罚；如果举办者并未实际出资，而在财务报表上虚构出资金额，则可能被认定为虚假出资，除具有行政处罚风险外，还可能承担刑事责任。因此，民办学校举办者应当依法履行自身的出资义务。

举办者如果以货币进行出资，应当依法进行验资，取得会计师事务所出具的验资报告；如果以不动产进行出资，不仅要将不动产实际提供给学校使用，而且应当依法转让，将不动产过户到学校名下；如果是以动产、无形资产等进行出资，应当签订相关协议进行转让，将动产、无形资产实际投入学校使用，并在学校账目上反映，作为学校的资产进行登记管理。

17 民办学校开办资金/注册资本有最低标准要求吗？

法律法规并未统一对举办各类民办学校设定最低开办资金/注册资本要求，只有总体上的规范要求。《民办教育促进法实施条例》第二十一条规定："民办学校开办资金、注册资本应当与学校类型、层次、办学规模相适应。民办学校正式设立时，开办资金、注册资本应当缴足。"但各地为保证举办者投入与办学相适应的资金，也可能会根据本地实际出台相关规定要求，特别是对民办培训机构往往有此类要求。例如，北京市规定，民办教育培训机构应当有与办学项目和办学规模相适应的稳定的办学经费来源，注册资金不少于50万元[1]。例如，广东省规定，文化艺术类校外培训机构开办资金、注册资本一般不少于10万元，以到账实有货币资金为准[2]。

对于营利性民办学校，《营利性民办学校监督管理实施细则》也有明确规定：营利性民办学校注册资本数额要与学校类别、层次、办学规模相适应；举办营利性民办学校的社会组织或者个人应当具备与举办学校的层次、类型、规模相

---

[1] 《北京市民办教育培训机构办学标准（暂行）》第十一条。
[2] 《广东省文化艺术类校外培训机构设置标准（试行）》第七条。

适应的经济实力，其净资产或者货币资金能够满足学校建设和发展的需要。

18 民办学校的开办资金/注册资本金额可以调整吗？

法律法规并没有明确禁止民办学校调整开办资金/注册资本金额，但在实践中，民办学校的开办资金/注册资本金额调整往往只可以调增，而不能调减。

这是因为，一方面《民办教育促进法》规定，对于举办者的投入，民办学校具有独立的法人财产权，民办学校存续期间任何人不得侵占，调减开办资金/注册资本，则意味着举办者从学校取回了部分投入。另一方面，对于非营利性民办学校而言，举办者并没有财产权，投入学校的开办资金已经等同于向社会捐赠，如果举办者以减资的方式取回投入，将侵犯社会利益、学校利益和师生权益，属于获取非法利益。

19 学校章程、法人登记证记载的开办资金不一致怎么处理？

有的民办学校因为改制等历史原因，或者因为自身填报错误、登记机关登记失误等原因，致使学校章程与法人登记证所记载的开办资金不一致。对此，民办学校应当按照实质重于形式的原则，还原学校改制之初或举办之初开办资金的真实情况，向相关部门提供情况说明及相关证据材料，通过修改章程或变更登记法人登记证等方式，使开办资金登记数额真实有效、保持一致。避免举办者承担出资不到位的责任，或进行非必要的增资。

20 举办者可以向亲朋好友或学校内部教职工集资办学吗？

如果举办者只是向特定亲友或学校内部教职工集资借款用于办学，并不存在非法集资风险；但如果是向社会不特定对象公开吸收资金，或通过亲友、内部教职工"口口相传"等方式扩大吸收资金范围,轻则可能被依据《民办教育促进法实施条例》第六十二条的相关规定进行行政处罚,重则可能构成非法吸收公众存款罪,具有被追究刑事责任的风险。

《刑法》第一百七十六条第一款规定:"非法吸收公众存款或者变相吸收公众存款,扰乱金融秩序的,处三年以下有期徒刑或者拘役,并处或者单处罚金;数额巨大或者有其他严重情节的,处三年以上十年以下有期徒刑,并处罚金;数额特别巨大或者有其他特别严重情节的,处十年以上有期徒刑,并处罚金。"

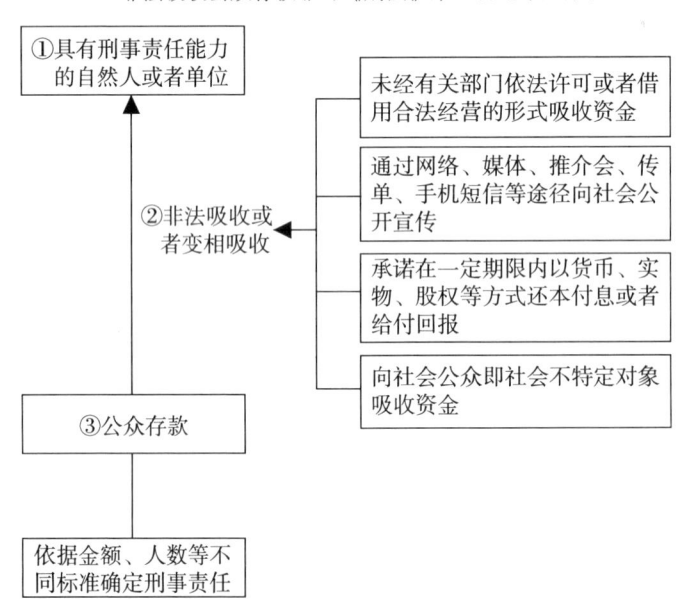

非法吸收公众存款罪(《刑法》第一百七十六条)

① 具有刑事责任能力的自然人或者单位

② 非法吸收或者变相吸收
- 未经有关部门依法许可或者借用合法经营的形式吸收资金
- 通过网络、媒体、推介会、传单、手机短信等途径向社会公开宣传
- 承诺在一定期限内以货币、实物、股权等方式还本付息或者给付回报
- 向社会公众即社会不特定对象吸收资金

③ 公众存款

依据金额、人数等不同标准确定刑事责任

《最高人民法院、最高人民检察院、公安部关于办理非法集资刑事案件适用法律若干问题的意见》也明确规定,在向亲友或者单位内部人员吸收资金的过程中,明知亲友或者单位内部人员向不特定对象吸收资金而予以放任的;或者以吸收资金为目的,将社会人员吸收为单位内部人员,并向其吸收资金的,均应当认定为向社会公众吸收资金。

在民办学校举办和建设中,举办者涉及非法吸收公众存款罪的案例屡见不鲜,需要高度警惕。

相关案例[①]：

2013年至2017年，谢某以举办和建设幼儿园校园设施等为由向社会人员郭某、谭某1等人借款。为偿还借款本金和支付高于银行的利息，谢某继续采取亲戚拉亲戚、朋友拉朋友的方式，向谭某2、陈某、杨某等人借款，然后又通过"口口相传"的高利息回报方式介绍他人借款给其用于支付幼儿园高额利息及借款，借款金额达到1720.338万元。2018年11月23日，谢某因非法吸收公众存款罪，被判处有期徒刑六年六个月，并处罚金人民币20万元，同时责令其赔偿各被害人损失。2019年1月18日，检察院又对谢某的丈夫罗某提起公诉，因为罗某曾在谢某吸收存款的部分借条上签字，成为共同犯罪中的从犯，被判处有期徒刑一年六个月，并处罚金人民币5万元。

21 学校集资办学款可否用于其他主体？

如果集资款是以学校名义筹集，或者集资款项已经作为出资投入学校之中，则相关集资款属于学校的借款，或已经属于学校的自有资金，举办者再将相关款项挪用于其他主体的，将可能构成挪用资金罪。

《刑法》第二百七十二条第一款规定："公司、企业或者其他单位的工作人员，利用职务上的便利，挪用本单位资金归个人使用或者借贷给他人，数额较大、超过三个月未还的，或者虽未超过三个月，但数额较大、进行营利活动的，或者进行非法活动的，处三年以下有期徒刑或者拘役；挪用本单位资金数额巨大的，处三年以上七年以下有期徒刑；数额特别巨大的，处七年以上有期徒刑。"分析这一法条，挪用资金罪具体可以分三种情形：

①挪用本单位资金归个人使用或者借贷给他人，数额较大、超过三个月未还的。这是挪用资金的一般情形，只要不涉及营利活动和非法活动，构成犯罪

[①] 本书所载相关案例为作者根据工作、研究经验，为具体说明相关法律问题，以真实案例为参考编辑加工而得。

既需要时间标准也需要金额标准，时间上要求已经超过三个月未归还，金额上按照《最高人民法院、最高人民检察院关于办理贪污贿赂刑事案件适用法律若干问题的解释》之规定，达到十万元以上即为此处的"数额较大"。

②挪用本单位资金归个人使用或者借贷给他人，虽未超过三个月，但数额较大、进行营利活动的。这一情形去除了时间上的限制条件，即只要是挪用资金进行营利活动的，不再要求"超过三个月未归还"的构成要件，而此处的"数额较大"标准同样是十万元以上。

③挪用本单位资金归个人使用或者借贷给他人，进行非法活动的。仅从《刑法》法条上看，挪用资金进行非法活动即构成挪用资金罪，既没有时间上的限制，也没有金额上的标准。但《最高人民法院、最高人民检察院关于办理贪污贿赂刑事案件适用法律若干问题的解释》依然对金额进行了明确，挪用资金六万元以上进行非法活动的，应当依照挪用资金罪追究刑事责任。而这里的"非法活动"，既包括一般违法行为，如赌博、嫖娼，也包括犯罪行为，如走私、行贿等。

挪用资金罪（《刑法》第二百七十二条第一款）

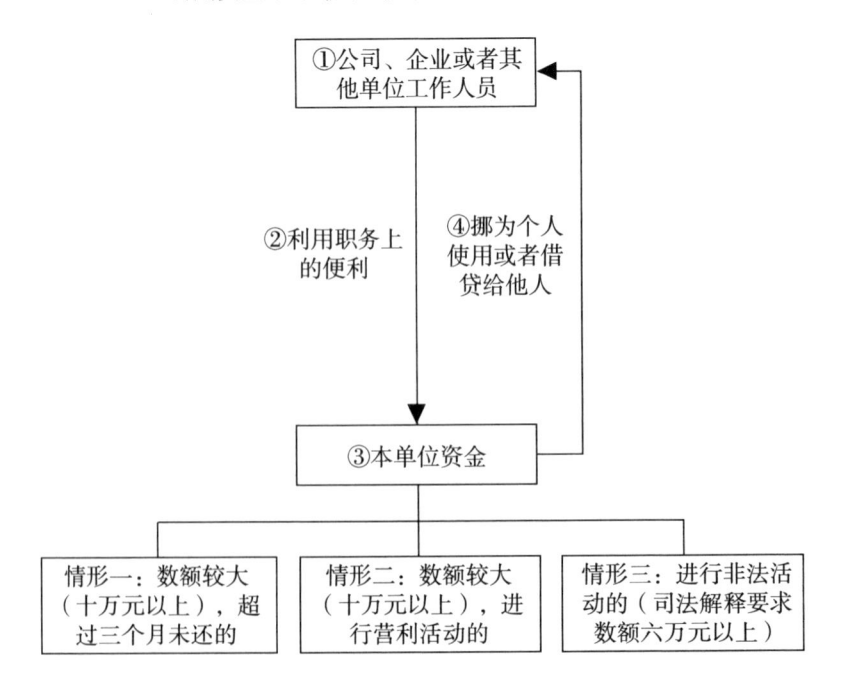

```
              ①公司、企业或者其
              他单位工作人员
                    │
          ②利用职务上       ④挪为个人
            的便利          使用或者借
                           贷给他人
                    ↓
              ③本单位资金
        ┌───────────┼───────────┐
   情形一：数额较大   情形二：数额较大   情形三：进行非法活
   （十万元以上），超  （十万元以上），进  动的（司法解释要求
   过三个月未还的    行营利活动的      数额六万元以上）
```

相关案例：

沈某为某中学董事长，自 2007 年 9 月开始，沈某为了筹措资金实施房地产开发，利用自身职务便利，采取自批自借方式，指使学校财务人员将学校公账上的资金 6825365.59 元，学校公账上的教职工集资互助款 2285000 元，分多次转到其个人账户或指定账户。同时，自 2010 年 10 月开始，沈某擅自以学校名义向学校教职工集资互助款，截至 2017 年 9 月，转到其个人账户或指定账户的集资互助款又有 6671000 元。综上，沈某将学校资金合计 15781365.59 元，全部挪用于经营房地产开发项目相关支出及偿还个人债务和利息。2019 年 11 月，法院一审判决被告人沈某犯挪用资金罪，判处有期徒刑八年，继续追缴挪用资金 15781365.59 元，发还被害单位某中学。沈某不服，提起上诉，认为借学校公账的教职工集资互助款属于债务转移，不是挪用资金的犯罪金额。法院二审认为沈某的观点不能成立，裁定驳回上诉，维持原判。

22 举办者将集资办学款用于其他用途，可能存在什么风险？

如果举办者以办学名义筹集资金，却将集资款作为或大部分作为其他用途，一旦不能如期、如数归还，将有可能被认定为集资诈骗罪，被追究刑事责任。

《刑法》第一百九十二条第一款规定："以非法占有为目的，使用诈骗方法非法集资，数额较大的，处三年以上七年以下有期徒刑，并处罚金；数额巨大或者有其他严重情节的，处七年以上有期徒刑或者无期徒刑，并处罚金或者没收财产。"

《最高人民法院关于审理非法集资刑事案件具体应用法律若干问题的解释》第八条第一款规定："集资诈骗数额在 10 万元以上的，应当认定为'数额较大'；数额在 100 万元以上的，应当认定为'数额巨大'。"

相关案例：

2010年5月起，王某自筹资金在山西省创办某小学，2013年又实际经营奶牛养殖场内的农场。办学伊始，由于资金短缺，王某在未经相关部门的批准下，以月息1.5%—3.5%，通过"口口相传"的方式，以办学名义开始向社会公众非法集资，至2016年年底，向高某等416名集资参与人非法集资2.28552190亿元。其中用于学校建设的资金只占很少一部分，大部分集资款用于购买房产、土地、轿车及支付集资参与人本息。2016年12月，王某在学校被公安机关控制归案。一审法院判决：王某犯集资诈骗罪，判处无期徒刑，剥夺政治权利终身，并处没收个人全部财产；犯罪所得依法予以追缴，按比例返还各集资参与人。王某对一审判决不服，提起上诉，认为应定为非法吸收公众存款罪，而不应当定为集资诈骗罪。2019年9月，二审法院裁定驳回上诉，维持原判。

23 合法筹集资金、非法吸收公众存款、集资诈骗是如何界定的？

合法集资是经过相关部门批准、通过法定程序实施的筹集资金行为。对于针对特定对象的借款，也不能认定为非法集资，《最高人民法院关于审理非法集资刑事案件具体应用法律若干问题的解释》第一条第二款就规定："未向社会公开宣传，在亲友或者单位内部针对特定对象吸收资金的，不属于非法吸收或者变相吸收公众存款。"

认定非法吸收公众存款，则需要同时具备四个条件：①未经有关部门依法许可或者借用合法经营的形式吸收资金；②通过网络、媒体、推介会、传单、手机短信等途径向社会公开宣传；③承诺在一定期限内以货币、实物、股权等方式还本付息或者给付回报；④向社会公众即社会不特定对象吸收资金。因此，区分合法筹集资金与非法吸收公众存款，最为关键的就是两点，是经过批准的集资还是未经批准的集资？是向特定对象吸收资金还是向社会公众吸收资金？这往往是区分罪与非罪的核心。

而区分非法吸收公众存款和集资诈骗，关键要看是否"以非法占有为目的，使用诈骗方法非法集资"。在司法实践中，使用诈骗方法非法集资，具有以下情形之一的可以认定为"以非法占有为目的"：①集资后不用于生产经营活动或者用于生产经营活动与筹集资金规模明显不成比例，致使集资款不能返还的；②肆意挥霍集资款，致使集资款不能返还的；③携带集资款逃匿的；④将集资款用于违法犯罪活动的；⑤抽逃、转移资金、隐匿财产，逃避返还资金的；⑥隐匿、销毁账目，或者搞假破产、假倒闭，逃避返还资金的；⑦拒不交代资金去向，逃避返还资金的；⑧其他可以认定非法占有目的的情形[①]。

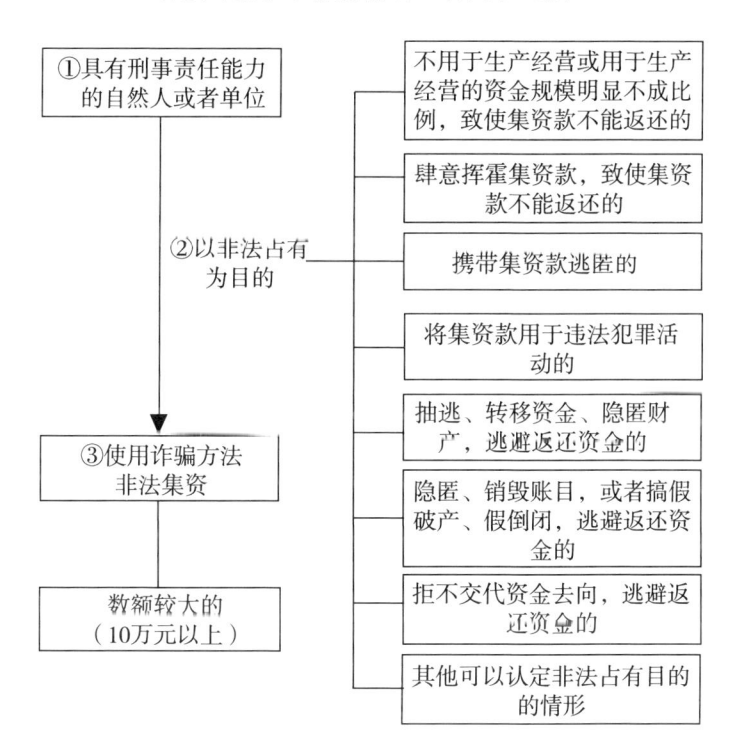

集资诈骗罪（《刑法》第一百九十二条）

```
①具有刑事责任能力         ┌─ 不用于生产经营或用于生产
  的自然人或者单位          │  经营的资金规模明显不成比
         │                 │  例，致使集资款不能返还的
         │                 │
         │                 ├─ 肆意挥霍集资款，致使集资
         │                 │  款不能返还的
         │                 │
  ②以非法占有 ─────────────┼─ 携带集资款逃匿的
    为目的                  │
         │                 ├─ 将集资款用于违法犯罪活
         │                 │  动的
         ▼                 │
  ③使用诈骗方法            ├─ 抽逃、转移资金、隐匿财
    非法集资                │  产，逃避返还资金的
         │                 │
         │                 ├─ 隐匿、销毁账目，或者搞假
         │                 │  破产、假倒闭，逃避返还资
         │                 │  金的
         │                 │
    数额较大的             ├─ 拒不交代资金去向，逃避返
  （10万元以上）            │  还资金的
                           │
                           └─ 其他可以认定非法占有目的
                              的情形
```

[①] 《最高人民法院关于审理非法集资刑事案件具体应用法律若干问题的解释》第七条。

24 举办者是否可以用 A 学校的资金举办 B 学校、C 学校？

实务中不乏民办学校的举办者在举办 A 学校取得成功后，又利用 A 学校的资金、以自身名义再举办设立 B 学校、C 学校等其他学校的情形。然而，A 学校虽然是举办者举办的，甚至也是举办者所实际运营、管理的，但 A 学校依法享有独立的法人权益，对举办者投入的资产、国有资产、受赠财产及办学积累均享有法人财产权，学校存续期间，所有资产由民办学校依法管理和使用，任何组织和个人不得侵占。举办者使用 A 学校资金举办其他学校，此种做法损害了 A 学校的法人权益，举办者也将承担较高的行政处罚和刑事责任风险。

《民办教育促进法实施条例》第六十二条对挪用学校资金、侵占学校法人财产作出了处罚规定，轻则责令改正、没收违法所得；情节严重的，责任人 1 至 5 年内不得新成为民办学校举办者或实际控制人、决策机构或者监督机构组成人员；情节特别严重、社会影响恶劣的，永久不得再成为民办学校举办者或实际控制人、决策机构或者监督机构组成人员；构成违反治安管理行为的，由公安机关依法给予治安管理处罚；构成犯罪的，依法追究刑事责任。

因此，如果举办者要另行举办新学校的，一定要弄清楚所用资金来源是合法还是非法的。例如，A 学校是一所营利性民办学校，举办者从 A 学校合法取得收益后用于举办 B 学校、C 学校的，则并不存在违法问题。

25 民办学校可以进行买卖吗？

无论是营利性民办学校还是非营利性民办学校，都具有公益属性。对于营利性民办学校而言，它不是完全属于举办者的，它同时也是属于教职工、学生、社会的。对于非营利性民办学校而言，它是完全不属于举办者的，举办者只有依据法律法规和学校章程管理学校的权利，没有取得办学收益和剩余财产的权利，更没有卖出整个学校的权利。因此，对于举办者而言，民办学校是不能用"买卖交易"的思维来进行转手的。

然而，民办学校虽然不能买卖，但民办学校的举办权却是可以依法转让的。根据《民办教育促进法》的规定，民办学校举办者的变更，须由举办者提出，在进行财务清算后，经学校理事会或者董事会同意，报审批机关核准。

26 举办者转让举办权可以取得收益吗？

根据《民办教育促进法实施条例》的规定，民办学校举办者变更的，应当签订变更协议，但不得涉及学校的法人财产，也不得影响学校发展，不得损害师生权益；现有民办学校的举办者变更的，可以根据其依法享有的合法权益与继任举办者协议约定变更收益。

根据上述规定，我们可以分三种情况来探讨：

第一种情况，转让的是营利性民办学校的举办权。作为营利性民办学校的举办者，本身就对学校享有财产权，依法转让举办权，当然也可以依法取得相应的收益。

第二种情况，转让的是 2016 年 11 月 7 日之前成立的非营利性民办学校。该类学校依据法规政策[①]是有可能在学校终止时获得补偿或奖励的，也就是说举办者仍然可能对学校享有一定的财产权益，那么，举办者转让其举办权时，也可以取得相应的合理收益。

第三种情况，转让的是 2016 年 11 月 7 日之后成立的非营利性民办学校。该类学校是在营非选择规定公布之后设立的非营利性学校，学校自设立之始，举办者就对该学校不存在任何财产权，因此，举办者转让其举办权的，也没有取得转让收益的合法依据。

---

① 《国务院关于鼓励社会力量兴办教育促进民办教育健康发展的若干意见》第十项。

27 继任举办者可以用学校办学结余或未来收益支付举办权转让费吗？

继任举办者不可以用学校的办学结余等法人财产向原举办者支付转让费，因为举办权转让是继任举办者与原举办者之间的交易行为，如果涉及支付转让费，付款的义务人也是继任举办者，而不能是学校。用学校的财产支付本应由继任举办者承担的费用，相关责任人员涉嫌构成职务侵占罪或挪用资金罪。

继任举办者也不能用学校的未来收益来支付本应由自身支付的费用。我们可以对比来看下列两种情形。

情形一：甲向乙购买了一只母鸡，但并未支付现金，而是承诺用今后养鸡的收益支付乙购鸡款，不能如期支付将承担违约责任。此后甲用心饲养母鸡，母鸡生了许多蛋，甲用卖鸡蛋的钱结清了应当给乙的购鸡款。在这一情形下，甲的做法合法合规，他通过承担经营风险和付出劳动的方式结清了购鸡款，获得了一只会下蛋的母鸡。

情形二：甲受让乙对于某民办学校的举办权，但甲并没有支付款项，甲与乙签订协议，约定甲接手运营民办学校后，用学校今后三年的收益支付乙转让费，不能如期支付将承担违约责任。此后甲用心运营管理学校，用学校的办学收益结清了举办权转让费。在此情形下，甲、乙涉嫌违法犯罪。

为什么会有这种区别呢？因为学校是一个独立法人，具有独立的法人财产权，任何人不得侵占。如果继任举办者所接手的学校是营利性民办学校，举办者只有合法从学校取得收益后，才可以用这些属于自己的收益去偿还自身的债务；如果该学校是非营利性民办学校，则原举办者和继任举办者都没有取得办学收益的权利，举办者串通套取学校办学收益，属于非法侵占学校利益的行为。

28 转让举办权但未经审批和变更登记，有什么风险？

根据法律规定，民办学校举办者转让举办权，须由举办者提出，在进行财务清算之后，经学校理事会或者董事会同意，最后还需要报审批机关核准。也就是说，举办权的变更是需要由审批机关审核批准后才能生效的。

如果举办者只是与其他主体签订了举办权转让协议，约定了举办权的转让，该协议实则为一份已成立但未生效的协议。因此，对于举办权转让与受让的双方而言，举办权变更未经审批和变更登记，法律并不承认"原举办者"已经转让了举办权，"原举办者"仍然需要承担作为举办者的法定义务；法律也不支持"继任举办者"已经取得了举办权，"继任举办者"并不能合法取得作为举办者的权利。

29 实际控制人已变更但法定代表人未变更登记，有什么风险？

民办学校的法定代表人在法律法规以及学校章程规定的职权范围内行使职权、履行义务，代表学校法人参加民事活动，对学校的运营管理全面负责。

如果因为举办权转让等原因，学校的实际控制人已经发生了变更，则法定代表人也应当做相应的变更登记。否则，对于民办学校而言还要承担法定代表人不当作为产生的责任，对于已经不实际参与学校运营管理的法定代表人，则还需要承担学校运营管理可能存在的风险。

法定代表人的身份对于民办学校而言十分重要，应当变更而未进行变更，本身也是一种违法行为。因为《民办教育促进法》第二十三条明确规定："民办学校的法定代表人由理事长、董事长或者校长担任。"

30 举办者身份和权益可以通过继承取得吗？

举办者的身份是无法继承的，因为举办权的变更需要经过法定程序，并需要行政主管部门的许可，不可能自然继承，也不能通过诉讼等方式取得。而对于举办者的出资份额，如果是非营利性民办学校，该出资并不是举办者的财产，举办者目前也不能再取得办学收益，继承人也就无法继承到办学收益和财产权益；对于营利性民办学校而言，继承人应当可以取得举办者出资份额对应的办学收益，但只要是民办学校存续期间，民办学校的资产都是由民办学校依法管理和使用的，继承人也无法通过学校减资等方式取回举办者的出资。

相关案例：

2000年3月18日，市教育委员会向X学校颁发了《办学许可证》。经登记管理机关市民政局核准登记的《民办非企业单位（法人）登记申请表》记载的举办者为洪某秋、洪某忠，开办资金来源：洪某秋450万元，洪某忠50万元。2000年9月，X学校开始招收第一批学生，后成为小学、初中、高中十二年一贯制学校。学校开办后，洪某秋历任学校校长、董事长，也是学校法定代表人。

2007年1月17日，洪某秋因车祸死亡。洪某琴与洪某秋为夫妻关系，两人生育一子洪某轩。2007年2月4日，县教育局组织召开X学校董事长人选协调会，决定在新董事长确定前由洪某琴代理董事长。2008年2月3日，市民政局发文同意变更X学校法定代表人为洪某忠。于是，洪某琴、洪某轩与洪某忠为变更学校法定代表人等事项产生纠纷，遂诉至法院，请求：1. 依法确认洪某琴、洪某轩是X学校举办者，确认洪某琴、洪某轩在X学校举办出资数额260万元，占学校52%的股权（其余部分为洪某秋之父母所有）；2. 依法确认洪某忠不是X学校的举办者。

法院经审理判决确认洪某琴、洪某轩享有学校出资260万元、52%的出资份额。X 学校、洪某忠不服，以原审判决适用法律错误为由，提起上诉。

法院二审认为：依据《民办教育促进法》有关规定，举办者是身份权，确认或否定（变更）民办学校举办者身份（资格），是我国法律赋予有关行政主管部门的特有的权力，属行政许可内容，不能通过民事诉讼程序予以解决。洪某琴、洪某轩就举办者身份（资格）确认提起本案民事诉讼不妥，应裁定驳回起诉，原审判决以驳回（其他）诉讼请求方式处理该纠纷不当，应予以纠正。依据《民办教育促进法》有关规定，洪某秋举办 X 学校时投入的资产在学校成立后，该出资投入款由学校享有法人财产权，不再属于洪某秋个人或家庭所有，洪某秋死亡后，该出资份额不得作为遗产进行继承。最终法院判决撤销原判，驳回洪某琴、洪某轩诉讼请求。

31 出资人未登记为举办者，可以请求法院确认其举办者身份吗？

不能。对于该问题可以从以下三个方面进行解释：

①举办者变更不属于法院民事诉讼受案范围。根据《民办教育促进法》及《民办教育促进法实施条例》的规定，民办学校举办者变更属于行政许可范围，不属于民事诉讼受案范围。

②出资人对非营利性学校没有财产权。非营利性民办学校是非营利组织、公益性组织，对该类学校的出资本质上属于向社会的捐赠，出资人对学校财产不具有财产权益，当事人以其系学校实际出资人为由请求法院确认出资份额的，相关请求没有法律上的依据。

③法院不受理没有法律权利基础的请求。当事人诉请要求确认没有法律权利基础的某项事实的，人民法院应裁定不予受理或驳回起诉。也就是说，对于出资人要求确认其举办者身份，或要求确认其对非营利性学校出资份额的请求，法院不予立案，即使立案也会驳回诉讼请求。

相关案例：

2011年，原告李某与陶某、乐某共同筹建被告H美术进修学校，三人达成协议，出资比例分别为35%、40%、25%，同时把Y艺术设计有限公司定为名义出资人，作为学校举办者。7月12日，由陶某、乐某及原告李某等五人签署形成被告H学校第一届董事会第一次会议，内容为：通过学校章程，通过举办者代表陶某、乐某、李某和校长周某、教职工代表金某为第一届董事会成员等。经该次董事会通过的《章程》载明：学校由举办者Y艺术设计有限公司利用非国家财政性经费出资50万元举办，学校注册资金50万元，举办者不要求回报。11月25日，H学校经区教育局和区民政局批准成立，为民办非企业单位，法定代表人由陶某担任，原告李某担任董事兼副校长。2014年7月8日，H学校法定代表人陶某解除了李某在学校的董事和副校长职务，导致李某无法行使董事和实际出资人的权利。故李某诉至法院，要求法院确认原告李某为被告H学校的出资人暨举办者，出资比例为35%。

一审法院经审理认为，对于确认或否定民办学校举办者身份的问题，属于政府教育行政部门权限范畴，不属于人民法院民事诉讼受理范围，应当由政府教育行政主管部门解决。裁定驳回李某起诉。

李某不服一审裁定，提起上诉称：虽然H学校是民办非企业单位，无法适用《公司法》，但李某与陶某、乐某等达成的股份份额协议系各方真实意思表示，其仅诉请要求确认其对学校拥有35%的出资份额，与举办者身份无关。二审法院经审理认为：民办学校的出资人仅仅诉请确认其对学校的出资份额是否属于民事诉讼范围，应以出资人对其出资份额是否拥有法律上的权利为前提。民办学校的决策机构系董事会（或理事会），根据《民办教育促进法》的规定，校董事会由举办者（或其代表）、校长、教职工代表组成。可见，出资人若基于出资享有对学校的决策管理权，该出资人身份必须与举办者身份合为一体，无法分割。而举办者身份的确认或变更属于行政许可范围，不属于人民法院民事诉讼受理范围。而且民办非企业法人具有公益性和非营利性，非企业法人的民办学校对投入学校的资产和积累享有独立的法人财产权，出资人并不享有类似于公司股东的财产权利。裁定驳回上诉，维持原裁定。

32 公司作为民办学校的举办者，相对于自然人举办者有哪些优势？

从出资人的角度看，用公司作为举办者比自然人作为举办者有明显优势：

①公司股权可以继承。自然人举办者的身份是无法继承的。但如果是由公司作为民办学校的举办者，公司股东出资后享有公司股权，根据《公司法》第九十条规定："自然人股东死亡后，其合法继承人可以继承股东资格；但是，公司章程另有规定的除外。"因此，只要公司章程不做限制，公司股东的身份和财产权益都可以被依法继承。继承人如果获得了举办者公司的控制权、管理权，也就间接获得了该民办学校的举办权、管理权。

②股权转让便于办理变更手续。如果举办者是自然人，当民办学校有新的投资者加入或者需要变更实际控制人时，则只能变更举办者。《民办教育促进法》规定，举办者变更，需要经过财务清算、理事会或董事会同意、审批机关核准等流程，操作起来比较烦琐。而且从实践来看，行政主管部门不会轻易批准民办学校变更举办者，举办者变更必须有充分的、合理的理由才行。对于营利性民办学校而言，烦琐的变更手续流程不仅不利于及时调整内部的治理结构，而且也不利于吸引外部的投资者。但如果举办者是公司，则举办者的原股东可以通过股权转让方式将举办者的股权全部或部分转给新的股东，达到改变举办者的实际控制人或加入新股东但不改变学校举办者的效果。

③公司承担的法律责任范围清晰。《公司法》规定有限责任公司的股东以其认缴的出资额为限对公司承担责任，股份有限公司的股东以其认购的股份为限对公司承担责任，但是法律没有规定举办者对学校的债务承担何种责任。在此情形下，如果举办者为自然人，就有可能要以个人全部财产为学校债务承担

责任，甚至包括其配偶及未成年子女名下的财产。如果民办学校的举办者是公司，由于公司是独立的法人，其财产独立于学校的财产，也独立于个人的财产，就建立了一个很好的防火墙。无论举办者公司是否要对学校债务承担连带责任，公司股东都只需要以其对公司的出资额为限对外承担有限责任。

④学校财务管理更易规范。当举办者为自然人时，个人资产在实践中很容易与学校资产发生混同，导致财务管理较为混乱，对举办者及学校均可能造成诸多不利影响、带来较多处罚风险。相较于自然人，当举办者是公司时，现代公司的经营模式和管理制度已较成熟，不易发生财产混同，便于民办学校规范财务管理，维护、保障民办学校与举办者的合法权益。

⑤提升学校管理效率。当民办学校的出资人人数众多时，如果均登记为民办学校的举办者，举办者均有参与学校办学管理的权利、均有进入学校董事会或理事会参与决策的权利，这势必会使得学校运营管理权高度分散、决策机构过于臃肿，大大降低民办学校的管理决策效率。而如果以公司作为举办者，出资人作为举办者公司的股东，则只需要选派代表参加学校的办学管理即可，学校有了主心骨，运营管理效率才能得到保障。

33 举办者为公司的，股东、法定代表人变更有限制吗？

举办者为公司的，其股东变更比起学校举办权转让要简便很多，但仍然不是没有限制条件的。《民办教育促进法实施条例》规定，举办者公司的控股股东和实际控制人应当符合法律、行政法规规定的举办民办学校的条件，控股股东和实际控制人变更的，应当报主管部门备案并公示。

举办者为公司的，法定代表人则需要符合一定的规定要求，并不能随意变更。如营利性民办学校的举办者公司，法定代表人就需要具有中华人民共和国国籍，在中国境内定居，信用状况良好，无犯罪记录，具有政治权利和完全民事行为能力等。此外，各地也会出台一些更加细化的规定要求，举办者公司法定代表人变更的，也应当符合地方政策的相关限制要求。

34 公办学校可以举办或参与举办民办学校吗？

根据法规政策的规定，公办学校举办或参与举办民办学校并没有完全禁止，只是有六个方面的限制和要求：

第一，公办学校不能举办或参与举办民办义务教育学校。

第二，实施义务教育的公办学校不得举办或者参与举办民办学校，也不得转为民办学校。

第三，其他公办学校不得举办或者参与举办营利性民办学校。但为大力鼓励职业教育发展，该条有例外性规定，即实施职业教育的公办学校可以吸引企业的资本、技术、管理等要素，举办或者参与举办实施职业教育的营利性民办学校。

第四，公办学校举办或参与举办民办学校，不得利用财政性经费，不得影响公办学校教育教学活动，不得仅以品牌输出方式参与办学，并需经其主管部门批准。

第五，公办学校举办或参与举办非营利性民办学校，不得以管理费等方式取得或者变相取得办学收益。

第六，公办学校举办或者参与举办的民办学校应当符合"六独立"要求（独立法人资格、校园校舍及设备、专任教师队伍、财会核算、招生、毕业证发放）。

35 地方人民政府可以举办或参与举办民办学校吗？

可以。根据《民办教育促进法实施条例》第八条的规定，地方人民政府及相关机构举办或参与举办民办学校主要存在以下限制条件：

第一，不得举办或参与举办实施义务教育的民办学校。

第二，以国有资产参与举办民办学校的，应当依法对国有资产进行评估，合理确定出资额并报该国有资产监管机构备案。

36 同一举办者可以同时拥有营利性与非营利性民办学校吗？

法律法规并未禁止同一举办者既举办营利性民办学校，又举办非营利性民办学校。只是根据《民办教育促进法实施条例》的规定，同时举办或者实际控制多所民办学校的举办者、实际控制人，应当保障所举办或者实际控制的民办学校依法独立开展办学活动，存续期间所有资产由学校依法管理和使用；不得改变所举办或者实际控制的非营利性民办学校的性质，直接或者间接取得办学收益；也不得滥用市场支配地位，排除、限制竞争；不得通过兼并收购、协议控制等方式控制实施义务教育的民办学校、实施学前教育的非营利性民办学校。

37 民办学校可以进行分立、合并吗？

民办学校可以进行分立、合并，其程序为学校决策机构作出民办学校分立、合并的决议，进行财务清算，然后由学校决策机构报审批机关批准。

但需要注意的是，学校分立、合并需要解决好一系列现实问题，否则就可能遇到不少现实阻碍。比如学校分立，分立后的学校是否能够符合"六独立"条件，资产与债权债务等如何分配，教师劳动关系如何确定、师生比是否符合要求，等等；再如学校合并，学校所使用的土地是否符合规划要求，是否存在未解决的历史遗留问题，是否存在营利非营利等不同性质学校合并，管理层和组织架构是否能有效融合，等等。

38 租借办学许可证办学是否违法违规?

租借办学许可证办学属于违法行为。根据《民办教育促进法》第六十二条的规定，伪造、变造、买卖、出租、出借办学许可证的，由县级以上人民政府教育行政部门、人力资源社会保障行政部门或者其他有关部门责令限期改正，并予以警告；有违法所得的，退还所收费用后没收违法所得；情节严重的，责令停止招生、吊销办学许可证；构成犯罪的，依法追究刑事责任。在实务中，一些办学者为规避处罚风险，而采取形式上合作办学，实质上租借办学许可证。对于此种做法，其实并不能免除处罚风险，有的地区已经专门对此作出了明确规定。如《上海市浦东新区教育局关于规范民办学校合作办学和委托管理的若干规定（试行）》规定，以合作办学或委托管理的名义变相买卖、出租、出借办学许可证的，依照《民办教育促进法》第六十二条规定予以处罚。

39 民办学校使用非教育规划用地办学，存在什么风险?

我国实行土地用途管制制度，国家编制土地利用总体规划，将土地用途分为农用地、建设用地和未利用地，严格限制农用地转为建设用地，控制建设用地总量，对耕地实行特殊保护；地方各级人民政府依据上一级土地利用总体规划来编制本级土地总体规划；使用土地的单位和个人必须严格按照土地利用总体规划确定的用途使用土地[①]。

因此，民办学校使用非教育规划用地办学，或者只是使用中小学的规划用地来举办高等学校，这都属于不合规的行为。如果是违反规定使用农用地，轻

[①] 《土地管理法》第四条、第十六条。

则由县级以上人民政府自然资源主管部门责令改正、恢复土地原状、处以罚款，重则可能构成《刑法》第三百四十二条规定[①]的非法占用农用地罪，依法追究相关责任人员刑事责任。

40 学校名称使用有哪些限制条件？

一般情况而言，根据《民法典》《反不正当竞争法》《民办教育促进法实施条例》等法律法规的相关规定，学校名称使用应当遵循下列规定：

第一，不得侵犯其他主体的名称权，自然人、法人、非法人组织的名称权均受到法律保护，学校在取名时不得存在盗用、假冒其他主体名称的情形。

第二，不得存在不正当竞争行为，擅自使用他人有一定影响的企业名称（包括简称、字号等）、社会组织名称（包括简称等），否则可能会被追究相关法律责任。

第三，不能在名称使用中存在损害社会公共利益的情形，也不得含有可能引发歧义的文字或者含有可能误导公众的其他法人名称。

营利性民办学校还应当遵循《关于营利性民办学校名称登记管理有关工作的通知》规定：学校名称的行政区划、行业表述应当与学校办学所在地、类别、层次等相符合，达到规定条件的，可以不含行政区划；民办幼儿园、高中、特殊教育学校的行业表述应当符合教育规律和儿童身心发展规律，不得含有片面强调办学特色等误导家长或者引发歧义的内容和文字；民办学校一般不得以个人姓名作字号，不得冠以"中国""中华""全国""国际""世界""全球"等字样。实施学历教育的民办学校和幼儿园可以在申请设立时向审批机关申请使用学校简称，并由审批机关在办学许可证或者批准筹设文件中予以注明，简称仅可省略学校的公司组织形式，并限用于学校牌匾、成绩单、学位

[①]《刑法》第三百四十二条："违反土地管理法规，非法占用耕地、林地等农用地，改变被占用土地用途，数量较大，造成耕地、林地等农用地大量毁坏的，处五年以下有期徒刑或者拘役，并处或者单处罚金。"

证书、学历证书、招生广告和简章；在招生广告和简章中使用办学简称的，应当在显著位置标明学校营利性属性，并在学校介绍中标注学校全称。

对于高等学校，还应当遵循《高等学校命名暂行办法》的有关规定，本科层次的高等学校称为"××大学"或"××学院"，专科层次的高等学校称为"××职业技术学院/职业学院"或"××高等专科学校"，本科层次职业学校称为"××职业技术大学/职业大学"；可以根据学校所在地域、行业、学科等特点，冠以适当的限定词。同时需要注意以下禁止性规定：

①原则上不得冠以"中华""中国""国家""国际"等代表中国及世界的惯用字样，也不得冠以"华北""华东""东北""西南"等大区及大区变体字样。

②原则上不得冠以学校所在城市以外的地域名；民办高等学校确需使用省域命名的，由省级人民政府统筹把关，但须在名称中明确学校所在地。

③未经授权，不得使用其他组织或个人拥有的商标、字号、名称等，不得使用国外高校的中文译名和简称。

④原则上不得以个人姓名命名，但经国务院教育行政部门按照规定的条件批准，可以在学校名称中使用对学校发展作出特殊贡献的捐赠者姓名或名称。

⑤未经授权，不得使用其他高等学校曾使用过的名称。

⑥应当避免与其他学校名称相近，引起混淆。

⑦字数原则上控制在12字以内。

41 民办学校可以申请变更学校名称、办学层次和办学类别吗？

民办学校名称、办学层次和办学类别都是可以依法变更的，程序为理事会或董事会作出决议后，报审批机关批准。

但在变更中，需要符合法律法规的有关规定，否则不会得到有关部门的审批同意。比如，《高等学校命名暂行办法》规定，高等学校应严格管理、合理使用、依法保护承载学校历史与声誉的校名无形资产，保持名称稳定，原则上同层次更名间隔期至少 10 年。再如，《民办教育促进法》规定，不得设立实施义务教育的营利性民办学校；《民办教育促进法实施条例》规定，民办学校开办资金、注册资本应当与学校类型、层次、办学规模相适应；等等。

42 哪些情况下民办学校应当终止办学？

民办学校应当终止的情形主要有三种：①根据学校章程规定要求终止，并经审批机关批准的；②被吊销办学许可证的；③因资不抵债无法继续办学的[①]。

根据《民办教育促进法实施条例》第五十条的规定，民办学校终止的，应当向主管机关交回办学许可证，向登记机关办理注销登记，并向社会公告。民办学校自己要求终止的，应当提前 6 个月发布拟终止公告，依法依章程制定终止方案。民办学校无实际招生、办学行为的，办学许可证到期后自然废止，由审批机关予以公告。民办学校自行组织清算后，向登记机关办理注销登记。对于因资不抵债无法继续办学而被终止的民办学校，应当向人民法院申请破产清算。

---

① 《民办教育促进法》第五十六条。

第二章　法人治理合规

"完善学校法人治理。民办学校要依法制定章程,按照章程管理学校。健全董事会(理事会)和监事(会)制度,董事会(理事会)和监事(会)成员依据学校章程规定的权限和程序共同参与学校的办学和管理。"

"学校关键管理岗位实行亲属回避制度。完善教职工代表大会和学生代表大会制度。"

——《国务院关于鼓励社会力量兴办教育促进民办教育健康发展的若干意见》

43 民办学校决策机构组成人员应当符合什么条件？

民办学校理事会、董事会或者其他形式决策机构应当由举办者或者其代表、校长、党组织负责人、教职工代表等共同组成，其中三分之一以上的理事或者董事应当具有五年以上教育教学经验。

学校理事会或者董事会由五人以上组成，设理事长或者董事长一人。理事长、理事或者董事长、董事名单报审批机关备案。其中理事长或董事长应当具有中华人民共和国国籍，具有政治权利和完全民事行为能力，在中国境内定居，品行良好，无故意犯罪记录或者教育领域不良从业记录。实施义务教育的民办学校理事会、董事会或者其他形式决策机构组成人员应当具有中华人民共和国国籍，且应当有审批机关委派的代表①。

为防止决策出现支持与反对票数相同等无法决策的情况，在实务中决策机构成员一般为五人以上的单数。如有离职、退出等原因导致决策机构成员减少的，应当及时召开会议进行增补，保证决策机构组成人员始终符合法律法规要求和学校的实际需要。

44 民办学校决策机构是如何产生的？

根据《民办教育促进法》的规定，举办者在申请正式设立民办学校时，应当向审批机关提交首届学校理事会、董事会或者其他决策机构组成人员名单。因此，民办学校的首届决策机构是由举办者选任产生的。但举办者选任的决策机构成员必须符合法律法规的有关要求。

民办学校决策机构任期届满的，应当进行换届。根据《民办教育促进法

---

① 《民办教育促进法》第二十一条，《民办教育促进法实施条例》第二十五条、第二十六条。

实施条例》的规定，理事会、董事会或者其他形式决策机构的产生方法、人员构成等由学校章程进行规定。因此，决策机构如何换届选举，方式方法主要由学校章程规定。但需要把握的问题是，不应与法律法规的有关规定相违背。比如，人员构成上一定需要包含举办者或其代表、校长、党组织负责人、教职工代表，如果是义务教育学校，依照规定还应当包含有审批机关委派的代表；再如，决策机构换届肯定属于民办学校的重大事项，应当召开理事会、董事会或其他形式的决策机构会议，经 2/3 以上组成人员同意方可通过。

而对于民办学校每届决策机构的任期，同样是由学校章程自行规定的，但学校举办者或决策机构在制定章程、考虑决策机构任期时，应当一并考虑其他规定要求，使任期的确定更加科学和便于实际操作。

例如，决策机构中必须有校长，而校长也是实行任期制的，《民办高等学校办学管理若干规定》就明确规定，校长任期原则上为 4 年。如果校长因任期届满或其他原因更换的，决策机构成员也应相应调整。

又如，决策机构中必须有教职工代表，而教职工代表大会代表也是实行任期制，任期 3 年或 5 年，可以连选连任[①]。如果教职工代表更换的，决策机构成员也应当相应更换。

45 中外合作办学机构的决策机构设置和人员组成有什么特殊规定？

中外合作办学机构需要区分不同情况设置决策机构，具有法人资格的中外合作办学机构应当设立理事会或者董事会，不具有法人资格的中外合作办学机构则应当设立联合管理委员会。而无论是理事会、董事会还是联合管理委员会，组成人员中，中方人员均不得少于 1/2。

---

① 《学校教职工代表大会规定》第十二条。

理事会、董事会或者联合管理委员会由5人以上组成，设理事长、副理事长，董事长、副董事长或者主任、副主任各1人。中外合作办学者一方担任理事长、董事长或者主任的，则由另一方担任副理事长、副董事长或者副主任。

中外合作办学机构的理事会、董事会或者联合管理委员会由中外合作办学者的代表、校长或者主要行政负责人、教职工代表等组成，其中1/3以上组成人员应当具有5年以上教育、教学经验。中外合作办学机构的理事会、董事会或者联合管理委员会成员应当遵守中国法律、法规，热爱教育事业，品行良好，具有完全民事行为能力[①]。

46 民办学校决策机构组成人员缺少教职工代表是否合法？

民办学校决策机构组成人员中应当包含教职工代表，这是《民办教育促进法》《民办教育促进法实施条例》等法律法规的明文规定，而违反法律、行政法规强制性规定的民事法律行为无效[②]。因此，如果民办学校决策机构成员不符合规定要求，很可能导致决策机构的组成无效，进而导致决策机构所作出的决策存在效力不被认可的风险。

此外，教职工作为民办学校提供教育教学服务的主体人员和距离学生最近的人员，让其代表参与民办学校重大事项的决策，具有天然的合理性和必要性。

47 民办学校理事会与董事会有什么区别？

就民办学校而言，理事会与董事会只是称呼不同，它们都是民办学校的最高决策机构，其人员组成、职责权限等并没有区别性的规定要求。但在实践

---

① 《中外合作办学条例》第二十一条、第二十二条，《中外合作办学条例实施办法》第二十一条。
② 《民法典》第一百五十三条。

中,非营利性民办学校作为非营利组织,决策机构多称为理事会,而营利性民办学校登记为公司形式,决策机构多称为董事会,各地教育行政部门在提供营利性与非营利性民办学校章程模板时,或者在审查学校章程时,往往也会作出这样的规定要求。

48 民办学校董事会与普通公司董事会有什么不同?

虽然营利性民办学校也是登记为有限责任公司或股份有限公司形式,但民办学校董事会与普通公司董事会有很大区别,因为营利性民办学校应当适用的是《民办教育促进法》的特殊规定,对于《民办教育促进法》未作要求或直接要求适用《公司法》的,才适用《公司法》的相关规定。

普通公司的最高决策机构是股东会,董事会主要是对股东会负责,负责召集股东会会议,并向股东会报告工作,执行股东会的决议等;但民办学校的董事会则是民办学校的最高决策机构,依据《民办教育促进法》《民办教育促进法实施条例》和学校章程的有关规定,负责决定学校的重大事项。

49 营利性民办学校董事会和股东会可以决定哪些事项?

营利性民办学校应当首先适用《民办教育促进法》《民办教育促进法实施条例》的有关规定,即其最高决策机构为学校的董事会,由董事会负责决定学校的重大事项。

但《民办教育促进法》第十九条第二款规定:"营利性民办学校的举办者可以取得办学收益,学校的办学结余依照公司法等有关法律、行政法规的规定处理。"第五十九条第二款规定:"……营利性民办学校清偿上述债务后的剩余财产,依照公司法的有关规定处理。"也就是说,对于营利性民办学校的办学结余、清偿有关债务后的剩余财产,应当按照《公司法》的有关规定处理,在董事会进行决策后，还应当提交股东会进行表决通过。

50 民办学校理事会、董事会等决策机构是如何进行决策的？

民办学校理事会、董事会或者其他形式的决策机构通常以召开会议的方式作出决策。根据规定，民办学校理事会、董事会或者其他形式的决策机构每年至少召开2次会议，经三分之一以上组成人员提议，可以召开理事会、董事会或者其他形式决策机构的临时会议。理事会、董事会的决策应当按照一人一票的方法进行表决，少数服从多数，一般事项过半数成员同意可以通过，但重大事项则需三分之二以上成员同意方可通过。

更具体的规定民办学校可以在学校章程中自行约定，如表决方式是采取口头表决、举手表决还是无记名投票、记名投票的方式，哪些决策情形需要相关董事会、理事会成员回避，除了法定重大事项还有哪些重大事项需要三分之二以上成员同意方可通过，等等。但需要注意的是，章程规定不得违背法律法规的相关要求，如有的学校章程中规定，"董事长具有一票否决权""在理事会成员赞成票与反对票数量相同时，理事长有最终决定权"等，这些规定则违背了法律法规的内在要求。

51 应当如何看待民办学校章程的地位作用？

在实务中，很多民办学校的举办者、出资人、管理者都过于轻视学校章程的地位作用，有的更是仅仅把章程视为设立民办学校的形式要件，在学校运营管理中完全不考虑章程的规定要求，既增大了自身违规风险，也增加了学校的治理难度。这些错误的认识和做法应当及时纠正。

章程对于民办学校非常重要。

首先，它是民办学校依法治校的法律基础。章程是依据相关法律法规制定、经教育行政部门核准并经登记机关登记后正式生效的，它是对民办学校办学自主权与独立法人地位的确认，是学校自主发展、自我约束的基本依据。

其次，它是民办学校举办者办学和管理的自治规范。举办者在申请设立民办学校时，就必须提交章程，清晰定位学校的发展规划和举办者的权利义务，而《民办教育促进法》也明确规定了"民办学校的举办者根据学校章程规定的权限和程序参与学校的办学和管理"的相关要求。

最后，它也是社会监督民办学校办学行为的根本依据。社会公众可以通过民办学校章程了解学校的宗旨、体制及财务资产管理等，为报考、应聘、合作等提供参考，同时民办学校的教师、职工、学生等各类主体也可以通过章程了解自己的权利义务，维护自身的合法权益。

52 民办学校章程通常应当包括哪些条款？

根据《民办教育促进法实施条例》的规定，民办学校的章程必须包含下列事项：

①学校的名称、住所、办学地址、法人属性；

②举办者的权利义务，举办者变更、权益转让的办法；

③办学宗旨、发展定位、层次、类型、规模、形式等；

④学校开办资金、注册资本，资产的来源、性质等；

⑤理事会、董事会或者其他形式决策机构和监督机构的产生方法、人员构成、任期、议事规则等；

⑥学校党组织负责人或者代表进入学校决策机构和监督机构的程序；

⑦学校的法定代表人；

⑧学校自行终止的事由，剩余资产处置的办法与程序；

⑨章程修改程序。

从实践看，民办学校章程通常分为多个章节，每一章又由多个条款构成。

常见的结构如下：

第一章为总则，条款包括制定章程的法律依据，学校登记的名称，学校办学地点、住所地，学校的性质，办学宗旨、办学方向，发展定位、培养目标，办学规模，办学层次、形式，管理机关等。

第二章为举办者、开办资金，条款包括举办者的具体名称，开办资金的来源，举办者的权利和义务等。

第三章通常为党组织建设，条款包括党组织设置形式、地位作用，党组织职责权限，党务工作机构、人员配备，党组织经费保障，党组织负责人进入决策机构、党组织成员进入监督机构的程序等。

第四章通常为决策机构与议事规则，条款包括决策机构的成员构成及任期，决策机构成员的资格要求，决策机构成员的产生和罢免，决策机构的职权，决策机构负责人及相关任职资格，决策机构负责人的职权，决策机构会议的召开情形，决策机构的表决机制，会议决议的形成，会议档案的保管，法定代表人由谁担任以及罢免和选任等。

第五章通常为执行机构及内部组织机构设置，条款包括校长的聘任及任职条件，校长的职权，校长办公会/校务会议，学校内部机构等。

第六章通常为监督机构及其他民主参与形式，条款包括监事会的组成及任期，监事会的职权，监事会决议的形成，监事会的经费保障，教职工代表大会，工会，共青团组织，学生代表大会等内容。

第七章通常为教育教学工作，条款包括教学工作监控和评估制度，学术委员会，学位评定委员会（高校），教材工作领导机构，学科与专业，赛事活动等。

第八章通常为师生权益保障，条款包括教职工的聘用，教职工的道德规范，教职工的权利义务，教职工待遇保障，教职工的申诉机制，学生的权利义务，学生的行为规范，学生的申诉机制等。

第九章通常为资产和财务管理，条款包括办学经费来源，收费标准的制定和公示，财务管理，会计核算，接受捐赠，资产登记，审计监督等内容。

第十章通常为年度检查、督导及信息公开，条款包括年度检查，教育督导，信息公开等内容。

第十一章为变更和终止，条款包括举办者变更，学校合并与分立，其他变更，终止的情形，师生的安置，终止的清算规则，剩余财产的处理，注销登记等内容。

第十二章通常为章程的修订，条款包括章程修改的条件，章程修改的程序等内容。

除上述章节外，学校也可以根据自身情况再加入必要的章节内容，如高校章程要求的校徽、校歌等学校标志物，校庆日，学校与社会组织的外部关系等内容。

章程的最后一章为附则，条款通常包括章程的生效，章程的效力级别，章程的解释权等内容。

53 营利性民办学校与非营利性民办学校章程有什么不同？

无论营利性还是非营利性民办学校，首先都要按照《民办教育促进法实施条例》的规定记载章程必要事项，在此基础上，非营利性民办学校登记为民办非企业单位，还应当考虑《民办非企业单位登记管理暂行条例》的有关规定；而营利性民办学校登记为有限责任公司或股份有限公司形式，在不违反《民办教育促进法》的情况下，也应当兼顾《公司法》的规定要求。

《民办非企业单位登记管理暂行条例》规定，民办非企业单位的章程应当包括下列事项：

①名称、住所；

②宗旨和业务范围；

③组织管理制度；

④法定代表人或负责人的产生、罢免的程序；

⑤资产管理和使用的原则；

⑥章程的修改程序；

⑦终止程序和终止后资产的处理；

⑧需要由章程规定的其他事项。

根据《公司法》第四十六条第一款的规定，有限责任公司章程应当载明下列事项：

①公司名称和住所；

②公司经营范围；

③公司注册资本；

④股东的姓名或者名称；

⑤股东的出资额、出资方式和出资日期；

⑥公司的机构及其产生办法、职权、议事规则；

⑦公司法定代表人的产生、变更办法；

⑧股东会认为需要规定的其他事项。

根据《公司法》第九十五条的规定，股份有限公司章程应当载明下列事项：

①公司名称和住所；

②公司经营范围；

③公司设立方式；

④公司注册资本、已发行的股份数和设立时发行的股份数，面额股的每股金额；

⑤发行类别股的，每一类别股的股份数及其权利和义务；

⑥发起人的姓名或者名称、认购的股份数、出资方式；

⑦董事会的组成、职权和议事规则；

⑧公司法定代表人的产生、变更办法；

⑨监事会的组成、职权和议事规则;
⑩公司利润分配办法;
⑪公司的解散事由与清算办法;
⑫公司的通知和公告办法;
⑬股东会认为需要规定的其他事项。

54 高等学校章程必要记载事项有什么特殊规定要求?

高等学校章程的必要记载事项除了要遵守上述问题中提到的法律法规要求,还需要遵守《高等教育法》和《高等学校章程制定暂行办法》的规定要求,其中后者是在前者的基础上进行的细化明确,已经包含了前者的所有内容。

《高等学校章程制定暂行办法》规定,高等学校章程应当按照《高等教育法》的规定,载明以下内容:

①学校的登记名称、简称、英文译名等,学校办学地点、住所地;

②学校的机构性质、发展定位,培养目标、办学方向;

③经审批机关核定的办学层次、规模;

④学校的主要学科门类,以及设置和调整的原则、程序;

⑤学校实施的全日制与非全日制、学历教育与非学历教育、远程教育、中外合作办学等不同教育形式的性质、目的、要求;

⑥学校的领导体制、法定代表人,组织结构、决策机制、民主管理和监督机制,内设机构的组成、职责、管理体制;

⑦学校经费的来源渠道、财产属性、使用原则和管理制度,接受捐赠的规则与办法;

⑧学校的举办者,举办者对学校进行管理或考核的方式、标准等,学校负责人的产生与任命机制,举办者的投入与保障义务;

⑨章程修改的启动、审议程序,以及章程解释权的归属;

⑩学校的分立、合并及终止事由，校徽、校歌等学校标志物、学校与相关社会组织关系等学校认为必要的事项，以及本办法规定的需要在章程中规定的重大事项。

55 民办学校章程的制定和修改需要遵循什么程序？

学校第一版的章程由举办者依法制定，并负责推选民办学校首届理事会、董事会或者其他形式决策机构的组成人员，在学校申请设立时将章程及决策机构成员名单向审批机关提交。在学校第一版的章程中应当包含学校章程修改程序的内容，今后章程的修订，需要按照章程自身规定的修改程序进行。

常见的程序为：由举办者或者其代表、校长、决策机构其他成员提出，或者由学校党组织、学术委员会、教职工代表大会等提出章程的修正案，学校对拟修改内容进行公告，征求利益相关方的意见，然后经理事会、董事会或者其他形式决策机构三分之二以上组成人员同意方可进行修订。完成修订后，需要报学校审批机关核准，并报登记管理机关备案。同时，修订后的章程应当向社会公示。

56 民办学校哪些事项必须经决策机构三分之二以上成员同意方可形成决议？

根据《民办教育促进法实施条例》的规定，有六项明确的重大事项是必须经过理事会、董事会或者其他形式决策机构三分之二以上成员同意方可通过的，包括：

①变更举办者；

②聘任、解聘校长；

③修改学校章程；

④制定发展规划；

⑤审核预算、决算；

⑥决定学校的分立、合并、终止。

除了上述六项重大事项外，为了谨慎对待其他重大事项，学校也应当根据自身需要明确一些必须由决策机构三分之二以上成员同意方可通过的事项（涉及决策机构成员个人利益的事项，当事人应当进行回避）。民办学校常见的重大事项包括：

①决定学校重大投资方案；

②审批学校机构设置方案；

③审批学校教职工编制方案；

④确定下一届学校决策机构；

⑤增补决策机构成员；

⑥对决策机构成员除名；

⑦变更学校法定代表人；

⑧变更理事长/董事长；

⑨审定学校财务清算报告；

⑩变更学校名称、办学层次、办学类型、学校性质，等等。

以上事项并非法定要求必须决策机构三分之二以上成员通过的事项，主要靠学校章程的意思自治。

57 举办者自行决定学校的重大事项，有法律效力吗？

根据《民办教育促进法》的规定，民办学校应当设立学校理事会、董事会或者其他形式的决策机构，行使下列职权：①聘任和解聘校长；②修改学校章程和制定学校的规章制度；③制定发展规划，批准年度工作计划；④筹集办学经费，审核预算、决算；⑤决定教职工的编制定额和工资标准；⑥决定学校的分立、合并、终止；⑦决定其他重大事项。而民办学校的举办者应当根据学校章程规定的权限和程序参与学校的办学和管理。

也就是说，学校的重大事项依法应当由理事会、董事会等决策机构进行决策，如果学校章程规定了举办者的管理权限，举办者可以依照章程的规定行使相关权利，但不能与法律规定相冲突，对于《民办教育促进法》已经列明需要由决策机构决策的事项，举办者自行决定的，出现争议时，将因为违反法律规定而被判定为无效的民事法律行为。

相关案例：

F学校和F幼儿园是余某和赖某合伙举办的民办非企业单位，均取得了办学许可证。根据学校章程显示，余某持有56%的出资份额，赖某持有44%的出资份额，余某担任法定代表人，并执行学校、幼儿园的事务。后由于管理理念不同，余某和赖某决定终止合伙。双方签订《F学校、幼儿园股份转让协议》，约定赖某退出学校和幼儿园，由余某继续办学，确定余某共需支付赖某转让款5000万元，协议签订后支付80%，剩余20%待办理好学校及幼儿园所有证件资料变更手续后10个工作日内一次付清。上述协议签订后，余某向赖某一次性转账交付了80%的转让款4000万元，但就转让协议约定的其他事项，双方在履行过程中发生纠纷。双方因协商不成，余某向人民法院提起诉讼，赖某亦提起反诉。

一审法院认为，本案为合伙协议纠纷，余某、赖某签订了转让协议，对合伙终止后的事务进行了约定，故应当按照转让协议约定处理双方之间的纠纷。最终，经审理，一审法院依照《民法典》作出了判决：一、赖某于判决生效之日起五日内协助余某办理学校及幼儿园举办者变更手续；二、赖某于判决生效之日起五日内向余某移交学校及幼儿园有关资料；三、余某在赖某履行判决第一、二项义务后10个工作日内向赖某支付转让款1000万元；四、余某于判决生效之日起五日内向赖某支付分红款1500万元及其利息；五、驳回余某的其他诉讼请求；六、驳回赖某的其他诉讼请求。

一审宣判后，余某、赖某均不服，分别提起上诉。余某的诉请是撤销对赖某的分红判决，并要求赖某承担办理学校及幼儿园举办者变更产生的税费的50%。赖某的诉请是撤销原审判决关于移交资料的判决，并要求学校及幼儿园对余某向赖某支付分红款承担连带责任。二审法院经审理后，认为根据《民办教育促进法》的规定，举办者变更应当由举办者提出、在进行财务清算后，经学校理事会或者董事会同意，报审批机关核准。本案表面上是学校及幼儿园股份转让，实际上是举办者由两个人变为一个人，而对于举办者的变更，举办者提出只是第一步，还要经过财务清算，经过学校理事会或者董事会同意，最后报审批机关进行核准。因此，本案涉及的《F学校、幼儿园股份转让协议》处在已经成立但尚未发生法律效力的阶段。在合同未生效的情况下，合同约定的事项对双方当事人均未发生法律效力，而双方在本案中所提出的诉请均系要求继续履行合同，故双方在本案中所提出的诉讼请求缺乏法律依据，二审法院依法均不予支持。最终判决如下：一、撤销一审判决；二、驳回余某的全部诉讼请求；三、驳回赖某的全部诉讼请求。

58 民办学校章程应当如何明确举办者的办学管理权？

《民办教育促进法》第二十条第二款明确规定："民办学校的举办者根据学校章程规定的权限和程序参与学校的办学和管理。"为了使举办者参与办学和管理的合法权益得到有效保障，对于法律法规没有作出明确规定的举办者办学管理权，章程可以进行明确。例如明确举办者的下列权利：

①知情权。如了解学校的办学状况和财务状况，有权查阅学校的理事会/董事会会议记录、监事会会议记录、学校的财务会计报告、会计账簿等。

②监督权。如监督学校按照法律法规和学校章程办学，纠正学校违反法律法规和学校章程的行为等。

③提议权。如提出学校的设立、变更、合并、分立、终止等提议，经学校

理事会、董事会决议后实施。

④推荐权。如推荐理事会、董事会成员和法定代表人人选，经学校理事会、董事会决议后确定。

⑤规划权。如对学校进行中长期发展规划，经理事会、董事会决议后实施。

需要注意的是，章程对举办者权利的设置不得违背法律法规和章程自身的规定，如法律法规或章程已经明确学校有关事项的决策权由学校决策机构行使，举办者就不能越俎代庖，超权限行使权利。

此外，如果学校章程并未规定举办者的办学管理权，则举办者只能依法行使相关权利，即只能通过自身或其代表参与学校决策机构来间接行使办学和管理的相关权利。因此，对于章程并未明确举办者相关权利的情形，建议举办者及早提议对章程进行修改完善，从而明确自身可以单独行使的办学管理相关权利。

59 民办学校如何设立监督机构？

根据《民办教育促进法》及《民办教育促进法实施条例》的规定，民办学校应当设立监督机构，其中，教职工人数少于 20 人的民办学校可以只设 1 名至 2 名监事，超过 20 人的，应当成立由 3 人及以上人数组成的监事会。在监事会中，应当有党的基层组织代表和教职工代表，其中教职工代表不能少于三分之一。

同时，理事会、董事会或者其他形式决策机构组成人员及其近亲属不得兼任、担任监督机构组成人员或者监事①。

至于监督机构的任期，民办教育法律法规并未进行规定，《公司法》虽然

---

① 《民办教育促进法实施条例》第二十七条。

规定了公司监事会任期为 3 年，但《公司法》中的监事会组成人员与民办教育法律法规中的要求并不一致，营利性民办学校也不能当然适用《公司法》对监事会任期的规定。因此，民办学校监督机构的任期，可以同决策机构的任期一样，由民办学校在章程中自行规定。从实务上看，因为监督机构成员中有党组织代表和教职工代表，同样应当考虑到党组织和教职工代表每届的任期问题，建议监督机构任期与决策机构任期时间保持一致即可。

60 监事会是用来监督教职工履职情况的吗？

《民办教育促进法》第二十条第一款明确规定，民办学校应当设立学校理事会、董事会或者其他形式的决策机构并建立相应的监督机制。因此，这里的监督实则为对决策机构的监督，这也是监事会最为主要的职责。而《民办教育促进法实施条例》也进一步明确规定，监督机构依据有关规定和学校章程对学校办学行为进行监督；监督机构负责人或者监事应当列席学校决策机构会议。

《营利性民办学校监督管理实施细则》第十八条进一步明确规定，监事会主要履行以下职权：

①检查学校财务；
②监督董事会和行政机构成员履职情况；
③向教职工（代表）大会报告履职情况；
④国家法律法规和学校章程规定的其他职权。

61 监督机构的职责一般应当包括哪些内容？

除了对学校办学行为和决策机构进行监督的宽泛要求，法律法规并没有细化规定监督机构的职责内容，民办学校可以根据自身实际情况在章程中明确其职权内容。通常而言，监督机构职责应包含以下内容：

①监督学校的办学活动是否符合党和国家的教育方针、社会主义办学方向，是否符合法律、法规、规章和章程的规定；

②监督理事会、董事会或其他形式决策机构的决策情况，如果决策损害国家利益、学校利益或师生权益，应要求其予以纠正；

③监督理事会、董事会或者其他形式决策机构组成人员的履职情况，如其存在损害国家利益、学校利益和师生权益的行为，应要求其予以纠正；

④监督学校的财务管理，检查是否存在侵占学校法人财产权益的行为，如存在相关行为，应要求其予以纠正；

⑤检查监督学校理事会、董事会或者其他形式决策机构会议决议的执行情况；

⑥对教育教学工作、教学质量评估工作和校园管理工作进行监督检查，发现问题应向学校有关职能机构、部门和人员及时反映；

⑦检查学校资产管理和维护保全情况，发现问题应向学校有关职能机构、部门和人员及时反映；

⑧对决策机构提出监督的重要事项和教职工、学生要求监督的重大事项进行监督。

监事会负责人或不设监事会的监事应当列席理事会、董事会或其他形式决策机构的会议，在会议上有发言权，但不具有表决权。

62 民办学校校长有哪些法定的任职条件要求？

第一，根据《教育法》的规定，学校及其他教育机构的校长或主要行政负责人必须具有中华人民共和国国籍，在中国境内定居，并具备国家规定的任职条件。

第二，根据《民办教育促进法》的规定，民办学校参照同级同类公办学校校长任职的条件聘任校长，年龄可以适当放宽。根据地方的相关规定，年龄要求一般为不超过70周岁。

第三，根据《中小学校长培训规定》，新任校长必须取得"任职资格培训合格证书"，持证上岗。在职校长每五年必须接受国家规定时数的提高培训，并取得"提高培训合格证书"，作为继续任职的必备条件。

第四，根据《幼儿园工作规程》规定，幼儿园园长应当具备教师资格、大专以上学历、三年以上幼儿园工作经历和一定的组织管理能力。《民办高等学校办学管理若干规定》要求，民办高校校长应当具备国家规定的任职条件，具有10年以上从事高等教育管理经历，年龄不超过70岁。

第五，根据《国务院关于鼓励社会力量兴办教育促进民办教育健康发展的若干意见》规定，民办学校校长应熟悉教育及相关法律法规，具有5年以上教育管理经验和良好办学业绩，个人信用状况良好。学校关键管理岗位实行亲属回避制度。

第六，应当能够成为民办学校决策机构组成人员。根据《民办教育促进法》的规定，校长是民办学校决策机构的必要组成人员。但《民办教育促进法实施条例》规定了多种违法违规情形需要承担的法律责任，其中的责任之一就是相关责任人不能再成为决策机构组成人员，如果某人被处罚"不得再成为决策机构组成人员"，他也就不再适合担任民办学校的校长。

第七，作为民办学校的校长，在能力素质上应当与岗位职责相符，否则即使达到了一般任职条件，也可能因为不能胜任岗位而被淘汰。例如，《中共中央、国务院关于全面深化新时代教师队伍建设改革的意见》就明确，要加强中小学校长考核评价，督促其提高素质能力，完善优胜劣汰机制。

63 民办学校校长的主要职权有哪些？

《民办教育促进法》规定，民办学校校长负责学校的教育教学和行政管理工作，行使下列职权：

①执行学校理事会、董事会或者其他形式决策机构的决定；

②实施发展规划，拟订年度工作计划、财务预算和学校规章制度；

③聘任和解聘学校工作人员，实施奖惩；

④组织教育教学、科学研究活动，保证教育教学质量；

⑤负责学校日常管理工作；

⑥学校理事会、董事会或者其他形式决策机构的其他授权。

如果是高等学校的校长，除《民办教育促进法》的规定外，还需要同时遵守《高等教育法》的规定。根据规定，高等学校的校长全面负责本学校的教学、科学研究和其他行政管理工作，行使下列职权：

①拟订发展规划，制定具体规章制度和年度工作计划并组织实施；

②组织教学活动、科学研究和思想品德教育；

③拟订内部组织机构的设置方案，推荐副校长人选，任免内部组织机构的负责人；

④聘任与解聘教师以及内部其他工作人员，对学生进行学籍管理并实施奖励或者处分；

⑤拟订和执行年度经费预算方案，保护和管理校产，维护学校的合法权益；

⑥章程规定的其他职权。

高等学校的校长主持校长办公会议或者校务会议，处理上述规定的有关事项。

64 民办学校如何处理好董事长/理事长与校长之间的职责分工？

民办学校的董事长/理事长是决策机构的领导核心，校长是教育教学的领导核心，两者一旦关系出现矛盾、理念产生分歧，往往会对学校发展建设和日常工作带来严重影响。对于如何处理好董事长/理事长与校长的关系，可以从三个方面着手：

第一，要清晰界定职责权限。董事长/理事长主要是领导董事会/理事会对学校重大事项进行管理和决策，做把方向、管全局、定大事的工作；而校长则是领导学校的教育教学工作和日常管理工作，是决策机构决议的执行者。建议学校在章程和内部管理制度中都清晰界定董事长/理事长和校长的职责权限，比如在行政权上，哪些事需要董事会/理事会决策，哪些事校长就可以说了算，需要清晰界定；又如在财务权上，多少额度、哪些内容校长可以签字审批，多少额度、哪些内容需要董事长/理事长签字审批，多少额度又需要董事会/理事会集体决策；再如在人事权上，哪些人员需要由董事会/理事会聘任和考核，哪些人员由校长聘任和考核等，都应当尽量清晰界定，避免权责不清导致的矛盾。

第二，要充分放权用人不疑。民办学校校长多数情况下是举办者、实际控制人、董事会/理事会推荐和聘任的，因此，如果董事长/理事长与校长关系出现矛盾，董事长/理事长往往是矛盾的主要方面。作为更能全面掌控学校的董事长/理事长，在搭建好制度、选用好人才后，就应当让校长充分履行自己的职权，不能事无巨细都去过问和干涉，随意否决校长的决策、越级指挥管理人员、安排亲信搞监督与制衡等做法，都会挫伤校长的工作积极性，也会使双方关系产生矛盾。对于校长的工作绩效，董事长/理事长可以在每年或每学期进行总体考核检查或引入第三方进行考核评价，用客观结果来审视工作效果，把更多关注点放在结果上而不是过程上。

第三，要加强沟通统一目标。民办学校的董事长/理事长往往是由举办者或其代表担任，作为出资方，往往要考虑投入产出、成本效益等问题；而校长如果不是由举办者或其代表担任，则往往是学校聘请的外部教育教学专家，更多考虑的是教育教学质量的提升，不会像举办方一样过多考虑成本效益问题，这就很可能会在一些事项的决策上双方无法达成意见一致。对此，双方应当加强沟通交流，一方面是董事长/理事长要充分认识到，良好的教学水平和教育质量，是学校取得发展效益的基础和前提；另一方面则是要对校长实施相应的权益激励，使校长真正转变为举办方的事业合伙人，心往一处想、劲往一块使。

65 民办学校都需要建立教职工代表大会制度吗？

根据《民办教育促进法》规定，民办学校应当依法通过以教师为主体的教职工代表大会等形式，保障教职工参与民主管理和监督的权利。

而根据《学校教职工代表大会规定》第十五条第一款的要求，有教职工80人以上的学校，应当建立教职工代表大会制度；不足80人的学校，建立由全体教职工直接参加的教职工大会制度。

教职工代表大会每届任期为3年或5年，期满应当进行换届选举。

66 教职工代表大会应当履行哪些职权？

根据《学校教职工代表大会规定》，教职工代表大会的职权是：

①听取学校章程草案的制定和修订情况报告，提出修改意见和建议；

②听取学校发展规划、教职工队伍建设、教育教学改革、校园建设以及其他重大改革和重大问题解决方案的报告，提出意见和建议；

③听取学校年度工作、财务工作、工会工作报告以及其他专项工作报告，提出意见和建议；

④讨论通过学校提出的与教职工利益直接相关的福利、校内分配实施方案以及相应的教职工聘任、考核、奖惩办法；

⑤审议学校上一届（次）教职工代表大会提案的办理情况报告；

⑥按照有关工作规定和安排评议学校领导干部；

⑦通过多种方式对学校工作提出意见和建议，监督学校章程、规章制度和决策的落实，提出整改意见和建议；

⑧讨论法律法规规章规定的以及学校与学校工会商定的其他事项。

教职工代表大会的意见和建议，以会议决议的方式做出。教职工代表大会每学年至少召开一次，遇有重大事项，经学校、学校工会或1/3以上教职工代表大会代表提议，可以临时召开教职工代表大会。教职工代表大会须有2/3以上教职工代表大会代表出席；大会的议题，应当根据学校的中心工作、教职工的普遍要求，由学校工会提交学校研究确定，并提请教职工代表大会表决通过。教职工代表大会的选举和表决，须经教职工代表大会代表总数半数以上通过方为有效。

67 教职工代表大会代表是如何产生的？

凡是学校签订聘任聘用合同、具有聘任聘用关系的教职工，均可当选为教职工代表大会代表。教职工代表大会代表占全体教职工的比例，由地方省级教育等部门确定；地方省级教育等部门没有确定的，由学校自主确定。

教职工代表大会代表以学院、系（所、年级）、室（组）等为单位，由教职工直接选举产生。

教职工代表大会代表以教师为主体，教师代表不得低于代表总数的60%，并应当根据学校实际，保证一定比例的青年教师和女教师代表。民族地区的学校和民族学校，少数民族代表应当占有一定比例。

教职工代表大会代表享有以下权利[1]：

①在教职工代表大会上享有选举权、被选举权和表决权；

---

[1] 《学校教职工代表大会规定》第十三条。

②在教职工代表大会上充分发表意见和建议；

③提出提案并对提案办理情况进行询问和监督；

④就学校工作向学校领导和学校有关机构反映教职工的意见和要求；

⑤因履行职责受到压制、阻挠或者打击报复时，向有关部门提出申诉和控告。

并应当履行以下义务[①]：

①努力学习并认真执行党的路线方针政策、法律法规、党和国家关于教育改革发展的方针政策，不断提高思想政治素质和参与民主管理的能力；

②积极参加教职工代表大会的活动，认真宣传、贯彻教职工代表大会决议，完成教职工代表大会交给的任务；

③办事公正，为人正派，密切联系教职工群众，如实反映群众的意见和要求；

④及时向本部门教职工通报参加教职工代表大会活动和履行职责的情况，接受评议监督；

⑤自觉遵守学校的规章制度和职业道德，提高业务水平，做好本职工作。

68 签订劳务合同及劳务派遣人员可以当选教职工代表大会代表吗？

《学校教职工代表大会规定》第九条第一款规定："凡与学校签订聘任聘用合同、具有聘任聘用关系的教职工，均可当选为教职工代表大会代表。"

聘任聘用合同的范畴要大于劳动合同，聘任聘用关系的范畴也大于劳动关系，因此，相关人员与民办学校签订劳务合同、成立劳务关系的，也应当符合当选为教职工代表大会代表的条件。

[①] 《学校教职工代表大会规定》第十四条。

但如果是劳务派遣用工，被派遣人员是与劳务派遣单位签订劳动合同、构成劳动关系，与民办学校并不签订聘任聘用合同，因此也就不符合当选教职工代表大会代表的条件。

69 民办学校工会应当履行哪些职责？

民办学校属于《工会法》的适用范围，应当依法建立工会组织。如果学校有教职工25人以上，就应当建立工会委员会，每届任期三年或五年；教职工不足25人的，则可以选举一名组织员，组织工会会员开展活动。教职工200人以上的民办学校，可以设专职工会主席。

学校工会是教职工代表大会的工作机构，应当承担以下与教职工代表大会相关的工作职责[①]：

①做好教职工代表大会的筹备工作和会务工作，组织选举教职工代表大会代表，征集和整理提案，提出会议议题、方案和主席团建议人选；

②教职工代表大会闭会期间，组织传达贯彻教职工代表大会精神，督促检查教职工代表大会决议的落实，组织各代表团（组）及专门委员会（工作小组）的活动，主持召开教职工代表团（组）长、专门委员会（工作小组）负责人联席会议；

③组织教职工代表大会代表的培训，接受和处理教职工代表大会代表的建议和申诉；

④就学校民主管理工作向学校党组织汇报，与学校沟通；

⑤完成教职工代表大会委托的其他任务。

而根据《工会法》的相关规定，学校工会还有以下权利和义务：

①帮助、指导教职工与学校签订劳动合同；

---

① 《学校教职工代表大会规定》第二十五条、第二十六条。

②学校侵犯教职工劳动权益的，工会可以依法要求学校改正并承担责任；

③学校给予教职工处分，工会认为不适当的，有权提出意见；

④参加学校与教职工的劳动争议调解工作，教职工申请劳动仲裁或者提起诉讼的，工会应当给予支持和帮助；

⑤根据政府委托，工会与有关部门共同做好劳动模范和先进工作者的评选、表彰、培养和管理工作；

⑥学校研究运营管理和发展的重大问题应当听取工会意见；

⑦学校召开会议讨论有关工资、福利、劳动安全卫生、工作时间、休息休假、女职工保护和社会保险等涉及教职工切身利益的问题，必须有工会代表参加。

70 民办学校使用的劳务派遣人员，可以加入学校工会吗？

可以的。《中华全国总工会关于组织劳务派遣工加入工会的规定》明确规定，为最大限度地把包括劳务派遣工在内的广大职工组织到工会中来，切实维护其合法权益，劳务派遣单位和用工单位都应当依法建立工会组织，吸收劳务派遣工加入工会，劳务派遣工应首先选择参加劳务派遣单位工会，劳务派遣单位工会委员会中应有相应比例的劳务派遣工会员作为委员会成员。劳务派遣单位没有建立工会组织的，劳务派遣工直接参加用工单位工会。劳务派遣工的工会经费应由用工单位按劳务派遣工工资总额的百分之二提取并拨付劳务派遣单位工会，属于应上缴上级工会的经费，由劳务派遣单位工会按规定比例上缴。

《基层工会会员代表大会条例》第十三条也明确规定："……劳务派遣工会员民主权利的行使，如用人单位工会与用工单位工会有约定的，依照约定执行；如没有约定或约定不明确的，在劳务派遣工会员会籍所在工会行使。"

71 高等学校学术委员会组成、任期、职责等有什么规定要求？

高等学校学术委员会是高等学校法定必须设立的机构，一般应当由学校不同学科、专业的教授及具有正高级以上专业技术职务的人员组成，并应当有一定比例的青年教师。学术委员会人数应当与学校的学科、专业设置相匹配，并为不低于15人的单数。其中，担任学校及职能部门党政领导职务的委员，不超过委员总人数的1/4；不担任党政领导职务及院系主要负责人的专任教授，不少于委员总人数的1/2。学校可以根据需要聘请校外专家及有关方面代表，担任专门学术事项的特邀委员。

学术委员会委员由校长聘任。学术委员会委员实行任期制，任期一般可为4年，可连选连任，但连任最长不超过两届。学术委员会每次换届，连任的委员人数应不高于委员总数的2/3①。

根据《高等教育法》规定，高等学校学术委员会履行下列职责：

①审议学科建设、专业设置，教学、科学研究计划方案；

②评定教学、科学研究成果；

③调查、处理学术纠纷；

④调查、认定学术不端行为；

⑤按照章程审议、决定有关学术发展、学术评价、学术规范的其他事项。

学校下列事务决策前，应当提交学术委员会审议，或者交由学术委员会审议并直接作出决定②：

①学科、专业及教师队伍建设规划，以及科学研究、对外学术交流合作等重大学术规划；

---

① 《高等学校学术委员会规程》第六条、第九条。
② 《高等学校学术委员会规程》第十五条。

②自主设置或者申请设置学科专业；

③学术机构设置方案，交叉学科、跨学科协同创新机制的建设方案、学科资源的配置方案；

④教学科研成果、人才培养质量的评价标准及考核办法；

⑤学位授予标准及细则，学历教育的培养标准、教学计划方案、招生的标准与办法；

⑥学校教师职务聘任的学术标准与办法；

⑦学术评价、争议处理规则，学术道德规范；

⑧学术委员会专门委员会组织规程，学术分委员会章程；

⑨学校认为需要提交审议的其他学术事务。

72 民办高等学校必须设立学生代表大会制度吗？

应当设立。《普通高等学校学生管理规定》要求，高等学校应当建立健全学生代表大会制度，为学生会、研究生会等开展活动提供必要条件，支持其在学生管理中发挥作用。

学生代表大会应成立常任代表会议或学生会委员会（研究生会委员会）等常设机构，在大会闭会期间代表全体同学帮助和监督学生会组织的工作。学生会组织必须设立主席团，并聘任团委专职干部作为秘书长协助工作，主席团负责学生会组织的日常工作，对学生代表大会及其常设机构负责，并定期向其报告工作。

学生代表大会的职权是①：

①制定或修订学生会组织章程，监督章程实施；

②听取、审议上一届学生代表大会常设机构、学生会组织执行机构的工作

---

① 《普通高等学校学生（研究生）代表大会工作规定》第八条。

报告；

③选举产生新一届学生会组织主席团成员；

④选举产生新一届学生代表大会常设机构；

⑤选举产生出席上级学联代表大会的代表；

⑥征求广大同学对学校工作的意见和建议，合理有序表达和维护同学正当权益；

⑦讨论和决定应由学生代表大会决定的其他重大事项。

学生代表大会代表经班级团支部推荐、院（系）学生会组织选举产生，并在一定范围内公示。代表名额一般不低于学生会组织会员人数的1%，名额分配应覆盖各个院（系）、年级及主要学生社团。

第三章 招生收费合规

"民办学校招收学生应当遵守招生规则,维护招生秩序,公开公平公正录取学生。"

"民办学校应当建立办学成本核算制度,基于办学成本和市场需求等因素,遵循公平、合法和诚实信用原则,考虑经济效益与社会效益,合理确定收费项目和标准。"

——《民办教育促进法实施条例》

73 民办学校招生简章和广告应当遵循哪些规定要求?

民办学校的招生简章和广告,应当保证真实,招生简章和广告上的学校名称、历史荣誉、师资力量、专业设置、设施设备、校园场地等各项内容均应当与客观实际保持一致。招生简章和广告,依法需要报审批机关备案。

对于营利性民办学校,《营利性民办学校监督管理实施细则》要求有关部门要加大监管力度,对于使用未经备案的招生简章、发布虚假招生简章的民办学校依法依规予以处理。其中,本科高等学校的招生简章和广告应当报省级人民政府教育行政部门备案。

对于民办中学,招生简章和广告中不能对升学率和中、高考状元等进行宣传。《教育部办公厅关于严格规范大中小学招生秩序的紧急通知》明确规定,严禁教育行政部门、初高中学校宣传中高考状元和升学率或公布中高考成绩排名。

对于民办高等学校,根据《民办高等学校办学管理若干规定》要求,招生简章和广告必须载明学校名称、办学地点、办学性质、招生类型、学历层次、学习年限、收费项目和标准、退费办法、招生人数、证书类别和颁发办法等。民办高校应当依法将招生简章和广告报审批机关或其委托的机关备案。发布的招生简章和广告必须与备案的内容相一致。未经备案的招生简章和广告不得发布。

74 民办学校招生范围是如何规定的?

实施义务教育的民办学校应当在审批机关管辖的区域内招生,纳入审批机关所在地统一管理。实施普通高中教育的民办学校应当主要在学校所在设区的市范围内招生,符合其所在省级单位人民政府教育行政部门有关规定的,可以跨区域招生[①]。

民办高校应当按照办学许可证核定的学校名称、办学地点、办学类型、办学层次组织招生工作，开展教育教学活动。未列入国务院教育行政部门当年公布的具有学历教育招生资格学校名单的民办高校，不得招收学历教育学生。民办高校招收学历教育学生的，必须严格执行国家下达的招生计划，按照国家招生规定和程序招收学生。对纳入国家计划、经省级招生部门统一录取的学生发放录取通知书[②]。

民办学校应当依法规范招生行为，否则将受到相应处罚。《教育部办公厅关于严格规范大中小学招生秩序的紧急通知》规定，对于违规招生造成不良影响或严重后果的学校，视情节轻重给予约谈、通报批评、追究相关人员责任、依照有关规定给予减少下一年度招生计划、停止当年招生直至吊销办学许可证等处罚。

75 民办学校在筹设期间可以提前招生吗？

不可以，民办学校在筹设期内不得招生。根据《民办教育促进法》《民办教育促进法实施条例》的有关规定，民办学校违反规定招生的，由县级以上人民政府教育行政部门、人力资源社会保障行政部门责令限期改正，退还所收费用，情节严重的，举办者及实际控制人、决策机构组成人员将受到相应行政处罚。

76 民办学校可以自行设置招生标准和方式吗？

可以。根据《民办教育促进法实施条例》第三十一条的规定，实施学前

---

① 《民办教育促进法实施条例》第三十一条。
② 《民办高等学校办学管理若干规定》第八条、第十一条、第十三条。

教育、学历教育的民办学校享有与同级同类公办学校同等的招生权,可以在审批机关核定的办学规模内,自主确定招生的标准和方式,与公办学校同期招生。

77 民办学校名称更改后,还可以使用曾用名进行招生吗?

不可以。根据法律法规的规定,民办学校只能使用一个名称,名称变更登记后,就不能再使用曾经的名称。

实践中,一些"公参民"学校以及由公办转民办学校,因为各地落实规范治理要求而改名,但因为曾用名更有品牌效应,仍然存在利用曾用名进行宣传和招生的情形,这属于违规做法,应当予以纠正。

根据《民办教育促进法实施条例》的规定,民办学校擅自变更学校名称、在招生过程中弄虚作假的,由县级以上人民政府教育行政部门、人力资源社会保障行政部门责令限期改正,并予以警告;有违法所得的,退还所收费用后没收违法所得;情节严重的,责令停止招生、吊销办学许可证。

78 民办学校假借其他学校名义宣传招生,存在什么风险?

这属于不正当竞争行为,将被有关部门责令纠正,并处以罚款直至吊销办学许可证的行政处罚,使学校自身受到声誉与经济的双重损失。

《反不正当竞争法》第六条规定:"经营者不得实施下列混淆行为,引人误认为是他人商品或者与他人存在特定联系:(一)擅自使用与他人有一定影响的商品名称、包装、装潢等相同或者近似的标识;(二)擅自使用他人有一定影响的企业名称(包括简称、字号等)、社会组织名称(包括简称等)、姓名(包括笔名、艺名、译名等);(三)擅自使用他人有一定影响的域名主体部分、网站名称、网页等;(四)其他足以引人误认为是他人商品或者与他人存在特定联系的混淆行为。"第十八条第一款规定:"经营者违反本法第六条规定实施混淆行为的，由监督检查部门责令停止违法行为，没收违法商品。违法经营额五万元以上的，可以并处违法经营额五倍以下的罚款；没有违法经营额或者违法经营额不足五万元的，可以并处二十五万元以下的罚款。情节严重的，吊销营业执照。"

相关案例：

A学校为享誉国内外的知名学校，其享有的A学校注册商标已具有行业显著性。2015年5月，B实验学校成立，在招生和办学过程中，该校在其官方网站、校园展示中多次提及"B实验学校由GC集团再投巨资4亿元……其背景让不少家长'折服'""B实验学校是A学校领办，按照百年名校优秀办学传统精心打造的民办学校""承接A学校百年优良教育传统""A学校和B实验学校是一家人""与A学校在教学和管理上实行一体化，两校'资源共享，管理对接，师资共建，学生共同发展'"等内容，A学校认为B实验学校上述行为构成不正当竞争，诉至法院。法院经审理认为，B实验学校在宣传中多次使用"A学校相关宣传用语，属于不真实的宣传行为，B实验学校的行为构成不正当竞争，一审法院判决B实验学校停止在教学、推广、宣传活动中使用相关误导性用语，在其官方网站及报纸上刊登声明，并赔偿A学校经济损失100万元。一审宣判后，B实验学校提起上诉。法院判决驳回上诉，维持原判。

79 民办学校实施虚假招生宣传存在什么风险？

对于实施虚假招生宣传的行为，轻则会被给予行政处罚，重则可能构成刑事犯罪。

《民办教育促进法》第六十二条规定："民办学校有下列行为之一的，由县级以上人民政府教育行政部门、人力资源社会保障行政部门或者其他有关部门责令限期改正，并予以警告；有违法所得的，退还所收费用后没收违法所得；情节严重的，责令停止招生、吊销办学许可证；构成犯罪的，依法追究刑事责任……（三）发布虚假招生简章或者广告，骗取钱财的……"

对于虚假招生宣传行为，如果骗取学生学费金额达到一定标准的，还可能构成诈骗罪。《刑法》第二百六十六条规定："诈骗公私财物，数额较大的，处三年以下有期徒刑、拘役或者管制，并处或者单处罚金；数额巨大或者有其他严重情节的，处三年以上十年以下有期徒刑，并处罚金；数额特别巨大或者有其他特别严重情节的，处十年以上有期徒刑或者无期徒刑，并处罚金或者没收财产……"根据有关规定，诈骗数额达到3000元至1万元的，就会构成上述法条中"数额较大"的标准。

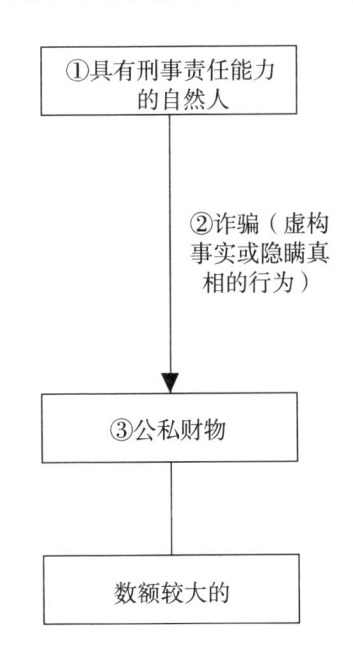

诈骗罪（《刑法》第二百六十六条）

①具有刑事责任能力的自然人

②诈骗（虚构事实或隐瞒真相的行为）

③公私财物

数额较大的

相关案例：

2005年，代某某注册成立了某职业技能培训学校，并于2011年将该校迁至L职业学校院内办公。此后，代某某与张某、白某某、金某等人员相识，共同在举办培训学校招收学员期间，宣传能够办理供电局、交警队、发电厂、交通局等单位的正式工作，并按照不同单位收取相应费用，共骗取他人钱财数百万元。最终，代某某、张某、白某某、金某均被认定为诈骗罪，判处有期徒刑六年六个月至十四年不等。

80 义务教育学校招生入学工作有什么规范要求？

根据教育部的有关规定①，各地对于义务教育学校招生入学工作应当做到：

科学合理划定片区。各地建立义务教育阶段常住人口学龄儿童摸底调查制度，加强生源分布情况分析，按照"学校划片招生、生源就近入学"的目标要求，为每所义务教育学校科学划定招生片区范围；教育资源相对均衡的地方，鼓励逐步实行单校划片，合理稳定就学预期；教育资源不够均衡的地方，积极稳妥推进多校划片，并将热点学校分散划入相应片区，推进片区间优质教育资源大体均衡，确保招生工作全面实行划片就近入学。已经实行划片免试就近入学的地方，片区划定后应保持相对稳定，对出现学校布局调整、学龄人口变化较大等情况的，各地可在科学评估、广泛征求意见的基础上适当调整片区范围，提前向社会公布，并深入细致地做好宣传解释工作。

规范报名信息采集。各地健全义务教育入学报名登记制度，按照材料非必要不提供、信息非必要不采集原则，提前明确、广泛宣传报名登记所需材料、报名时间和办理方式。推动各地建设和完善统一的义务教育招生入学服务平台，加快推进区域内户籍、房产、社保等入学相关信息共享，逐步实现网上报名、材料审核和录取，切实为群众办事提供便利。全面清理取消学前教育经历、计划生育证明、超过正常入学年龄证明等无谓证明材料；预防接种证明不作为入学报名前置条件，可在开学后及时要求学生提供。应当采集学生基本信息、家庭住址及家长姓名、联系方式等必要信息，严禁采集学生家长职务和收入信息。信息采集工作应在招生入学时一次性采集，不得利用各类 APP（应

---

① 《教育部办公厅关于进一步做好普通中小学招生入学工作的通知》。

用程序）、小程序随意反复采集学生相关信息。

健全有序录取机制。各地按照义务教育免试就近入学总体要求，分别明确小学、初中学生录取的具体方式和规则，切实保障入学机会公平。片区内登记报名人数少于学校招生计划的，学校应全部录取；超过学校招生计划的，按照已明确的规则录取，其余未录取学生由县级教育行政部门在相邻片区就近协调安排入学。实行小升初对口直升的，鼓励通过小学、初中强弱搭配等方式均衡配置教育资源。切实落实优质普通高中招生指标分配到区域内薄弱初中的政策措施，引导义务教育阶段学生就近入学。

全面落实公民同招。认真落实中央有关文件关于规范民办义务教育发展和公办民办义务教育学校同步招生的规定要求，坚持民办义务教育学校招生纳入审批地统一管理，优先满足学校所在县（区）学生入学需求，所在县招不满且审批机关为市地级及以上政府教育行政部门的，可以在审批机关管辖区域内适当跨县招生，不得跨设区的市招生；对报名人数超过招生计划的，实行电脑随机录取。加强外籍人员子女学校招生管理，不得假借民办学校等名义招收中国籍学生。另外，《民办教育促进法实施条例》明确规定，民办学校招收学生应当遵守招生规则，维护招生秩序，公开公平公正录取学生，实施义务教育的民办学校不得组织或者变相组织学科知识类入学考试，不得提前招生。

81 普通高中和中职学校招生入学工作有什么规范要求？

根据《教育部办公厅关于严格规范大中小学招生秩序的紧急通知》的要求，包括民办高中在内的所有普通高中学校要严格按照规定的招生范围、招生计划、招生时间、招生方式进行统一招生，严禁违规争抢生源、"掐尖"招生、跨审批区域招生、超计划招生和提前招生。严格公参民学校招生管理，严禁民办学校与公办学校混合招生。规范普通高中自主招生，普通高中学校须在中考结束后，严格按照自主招生办法和程序组织自主招生录取工作，并主动公开招生的各环节和录取结果。严禁招收不符合本省（市、区）高考报名条件的学生，不得招收借读生，不得为不在本校就读的学生空挂学籍。各地教育行政部门要加强高中学生学籍管理，严禁"人籍分离"，严禁同时或者交叉注册普通高中学校和中等职业学校"双重学籍"。

对于中等职业学校招生，各地要定期核查学校招生资质，公布具备资质的学校，于每年5月底前面向社会公布。经核查不具备中等职业学历教育招生资质的学校，不得招收或联合招收中等职业学历教育学生。对高中阶段教育的跨省域东西协作、对口帮扶、联合培养等面向贫困地区的教育扶持政策，可按规定跨区域招生。未经教育主管部门同意，不得实施跨省招生，严禁以临时迁移户口等方式骗取高考报名资格等行为；未经教育主管部门备案，不得开展合作办学。对办学条件达不到标准要求或招生、实习、资助等方面存在违规行为的学校，主管部门应会同主办者采取措施，责令限期整改，情况特别严重的，应停止当年招生或吊销办学许可证。中等职业学校未经教育主管部门同意，不得在异地设立分校、办学点。

2022年11月，教育部等五部门联合印发了《职业学校办学条件达标工程实施方案》，在校园建设、教师配备、仪器设备、图书配备等方面均提出了具体要求，并要求自2023年起，每年对各地各校达标情况进行通报；到2025年年底仍不能达标的学校，要采取调减招生计划等措施。

82 高等学校招生入学工作有什么规范要求？

《高等教育法》规定，高等学校根据社会需求、办学条件和国家核定的办学规模，制订招生方案，自主调节系科招生比例。《教育部办公厅关于严格规范大中小学招生秩序的紧急通知》要求，高校和省级招办应严格执行国家招生政策和招生计划，按照"学校负责、招办监督"的原则实施新生录取工作。要求高校考核的笔试原则上安排在国家教育考试标准化考点进行，面试采取专家、考生"双随机"抽签的方式，过程全程录音录像。进一步提高录取标准，合理确定参加自主招生高校考核和具备入选资格的考生人数；进一步提高体育、艺术类招生的专项测试要求和文化课成绩录取要求。要求各地加强对高职分类考试的统筹，逐步完善"文化素质+职业技能"评价办法，加强考试管理，确保严谨有序、安全规范、公平公正。

此外，根据教育部的通知①要求，高等学校招生信息要做到"十公开"：

①招生政策公开。教育部制定的全国普通高校招生相关政策和规定，各省级高校招生委员会、教育行政部门据此制定的实施细则或办法。

②高校招生资格公开。年度具有普通高等学历教育招生资格的高等学校名单，自主选拔录取改革试点院校、试点招收高水平运动队、艺术特长生的高校等具有特殊类型招生资格的院校名单。

③高校招生章程公开。高校招生章程应包括学校基本办学情况、学历学位证书发放情况、招生计划编制原则、专业录取原则及实施办法、录取期间的调整计划使用原则和办法、学费标准等。具有特殊类型招生资格的院校还应公布相应招生类型的报考条件、选拔程序、考核方式与内容及录取规则等。

④高校招生计划公开。经教育部统一分送的高校招生来源计划、可以不做分省安排的特殊类型招生计划、预留计划和使用原则以及调整计划的使用结果。

⑤考生资格公开。按照国家或省级政策申请加分照顾考生资格，保送生、自主选拔录取学生、高水平运动员、艺术特长生、煤炭企业对口单招等特殊类型考试招生入选考生资格。公示的考生资格信息应包括姓名、性别、所在中学（或单位）、享受照顾政策类别、资格条件、所参加的特殊类型招生测试项目等。

⑥录取程序公开。各地确定的投档规则、填报志愿时间和办法、录取各阶

---

① 《教育部关于进一步推进高校招生信息公开工作的通知》。

段时间安排,各批次未完成计划和考生志愿征集办法等。

⑦录取结果公开。考生个人录取信息查询渠道和办法,录取信息包括批次、科类、类型、院校、专业等;高校分批次、分科类录取人数和录取最低分等。

⑧咨询及申诉渠道公开。各地、各高校招生咨询及接受考生申诉的办法和联系方式。

⑨重大违规事件及处理结果公开。各地所辖范围内发生的招生重大违规事件及其处理结果。

⑩录取新生复查结果公开。新生复查期间的有关举报情况、调查情况和处理情况。

在《教育部办公厅关于严格规范大中小学招生秩序紧急通知》中,也再次强调各地各校要落实招生信息公开制度,主动接受社会监督。高校自主招生、保送生、高水平运动队、高水平艺术团等特殊类型招生的资格考生信息和录取要求须及时上传教育部阳光高考平台进行公示,未经公示的考生不得录取。招生录取期间,各地各校要向社会公开违规举报电话和咨询电话,安排专人接访,及时妥善处置招生信访问题。

83 民办幼儿园、中小学校可以招收国际学生吗?

国际学生,是指根据《国籍法》不具有中国国籍且在学校接受教育的外国学生。民办幼儿园、中小学校可以接收国际学生,但需要落实有关规范要求。根据教育部规定,实施学前、初等、中等教育的学校,对国际学生的招生、教学和校内管理,主要适用各省、自治区、直辖市的规定要求。

例如,北京市教育委员会、外事办公室、公安局就联合印发了《北京市幼儿园、中小学招收和培养国际学生管理办法》,从招生管理、教育教学、校内管理、签证及居留证件管理、国际学生的权利义务、监督管理等方面作出了较为细致的规定。例如,在招生管理中规定,招收国际学生的学校,应当具备相应的教育教学条件和培养能力，不得委托或授权中介机构或个人进行招生；招收国际学生的学校，应当到区教育行政部门进行备案；国际学生在本市学校学习期间，其父母不在本市常住的，应当由学生的父母正式委托在本市常住的外国人或者中国人作为监护人，并提交经公证或认证的学生出生证明、监护人委托书，受托人还须在本市办理声明公证；学校可以接受以团组形式短期学习的国际学生，但应当预先与外方派遣单位签订协议，实施初等、中等教育的学校接受团组形式短期学习国际学生的，外方派遣单位应当按照其所在国法律规定，预先办理有关组织未成年人出入境所需的法律手续，并应当派人随团并担任国际学生在学校学习期间的监护人；国际学生须持普通护照申请入学，持用其他护照的需要办理相关变更手续，未按规定办理的，学校不得招收。

84 民办学校为多招生而给予校外人员好处费，存在什么风险？

存在的主要风险是可能会构成非国家工作人员行贿罪，需要民办学校相关负责人高度警惕。

《刑法》第一百六十四条第一款规定："为谋取不正当利益，给予公司、企业或者其他单位的工作人员以财物，数额较大的，处三年以下有期徒刑或者拘役，并处罚金；数额巨大的，处三年以上十年以下有期徒刑，并处罚金。"同时规定，如果是单位犯本罪的，对单位判处罚金，并对其直接负责的主管人员和其他直接责任人员依照上述规定进行处罚。

根据最高人民法院、最高人民检察院颁布实施的《关于办理贪污贿赂刑事案件适用法律若干问题的解释》规定，非国家工作人员行贿罪"数额较大"的标准为6万元。

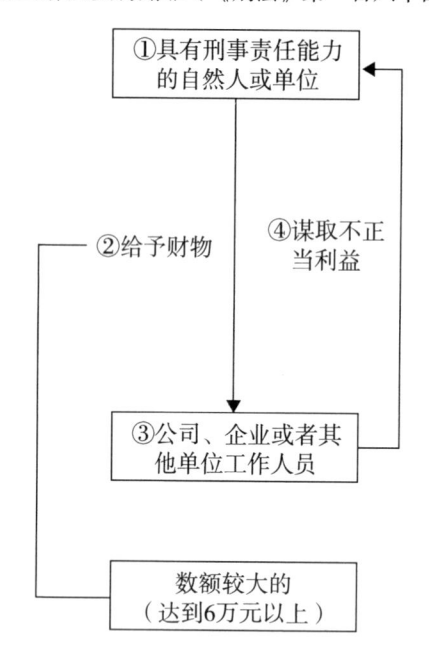

非国家工作人员行贿罪（《刑法》第一百六十四条）

① 具有刑事责任能力的自然人或单位
② 给予财物
③ 公司、企业或者其他单位工作人员
④ 谋取不正当利益
数额较大的（达到6万元以上）

相关案例：

袁某某，系 W 培训学校的法定代表人，2015 年 W 培训学校与某综合职业中专学校联合办学，先后开设了美容、电子商务专业班。袁某某为了达到多招生、多营利的目的，以每招一名学生支付 1500 元招生返回款的名义，从 2015 年至 2017 年，多次向某综合职业中专学校招生办副主任邓某某支付招生返回款，共计 33 万元。而邓某某则利用学校招生办副主任的职务之便，帮助袁某某招收学生，收受了袁某某给予的招生返回款共计 33 万元。

2017 年 12 月 13 日，袁某某、邓某某被同时刑事拘留，19 日被逮捕。2018 年 10 月 26 日，法院判决袁某某犯对非国家工作人员行贿罪，判处有期徒刑一年，并处罚金人民币 10 万元；邓某某犯非国家工作人员受贿罪，判处有期徒刑一年六个月，依法追缴违法所得 33 万元上缴国库。

85 民办学校收费标准是如何确定的?

民办学校收取费用的项目和标准根据办学成本、市场需求等因素确定,向社会公示,并接受有关主管部门的监督。营利性民办学校的收费标准,实行市场调节,由学校自主决定;但非营利性民办学校收费的具体办法则由省、自治区、直辖市人民政府制定,各地的规定会有明显的区别。比如,《上海市人民政府关于促进民办教育健康发展的实施意见》规定,新设立或者完成过渡手续的非营利性民办学校收费,通过市场化改革试点,逐步稳妥推行市场调节价。又如,《山东省人民政府关于鼓励社会力量兴办教育促进民办教育健康发展的实施意见》规定,非营利性中等及以下民办学历教育、非营利性民办学前教育收费实行政府指导价;其中,中等及以下学历教育收费标准由各市人民政府制定;学前教育收费标准由各市、县人民政府制定;其他民办学校收费实行市场调节价,具体收费标准由学校自主确定。而有的地区则实行一视同仁的政策,非营利性民办学校与营利性民办学校同等对待,如《内蒙古自治区人民政府关于鼓励社会力量兴办教育促进民办教育健康发展的实施意见》规定,民办学校收费实行市场调节价,具体收费标准由学校自主确定,向社会公示后依法依规执行,有关部门应加强对民办学校收费行为事中事后的监管。

86 非营利性民办学校只能低收费吗?

并不是。民办学校收取费用的标准主要取决于办学成本和市场需求,作者走访、服务过的一些非营利性民办学校,其收费远高于普通的营利性民办学校。一方面是因为这些学校的举办者在教学设施设备等方面投入巨大,创建了优质的教学环境,也使其办学成本远高于普通学校;另一方面是这些学校非常重视教师人才的招聘、培养、激励和保留,学校教学成果丰硕、学生成绩优异，对学生家长具有很强的吸引力，学校学位的市场需求巨大。

但也并不是所有地区的非营利性民办学校都可以实行高收费，还需要看地方的相关政策，也有的地区对非营利性民办学校的某些收费实行最高限价，而并不考虑实际的办学成本。这种"一刀切"的做法实则并不符合国家的相关要求，根据《民办教育促进法实施条例》规定，民办学校应当建立办学成本核算制度，基于办学成本和市场需求等因素，遵循公平、合法和诚实信用原则，考虑经济效益与社会效益，合理确定收费项目和标准；只有对公办学校参与举办、使用国有资产或者接受政府生均经费补助的非营利性民办学校，省、自治区、直辖市人民政府才可以对其收费制定最高限价。

87 营利性民办学校可以高收费吗？

民办学校收费高低，与学校性质是营利性还是非营利性没有必然关系。

首先，无论营利性还是非营利性民办学校，都具有公益属性，营利性民办学校的举办者虽然可以取得办学收益，但也不能因为获取过高比例的收益而损害教育的公益属性。《民办教育促进法》第三十八条第三款也明确规定："民办学校收取的费用应当主要用于教育教学活动、改善办学条件和保障教职工待遇。"

其次，营利与盈利是不同的概念，非营利性民办学校同样可以获取盈利，这些办学结余不能用于分配，但可以用于不断改善办学条件、提高教职工待遇；营利性民办学校也并不见得一定可以盈利，在学校建设办学之初往往都处于亏损状态，而因为经营不善无法盈利、最终停止办学的营利性民办学校也并不少见。

最后，能否高收费主要还是看办学成本和市场需求。《民办教育促进法》规定，民办学校收取费用的项目和标准根据办学成本、市场需求等因素确定，向社会公示，并接受有关主管部门的监督。《民办教育促进法实施条例》规定，民办学校应当建立办学成本核算制度，基于办学成本和市场需求等因素，遵循公平、合法和诚实信用原则，考虑经济效益与社会效益，合理确定收费项目和标准。

88 民办学校应如何落实教育收费公示制度？

根据教育部、财政部《教育收费公示制度》的规定，教育收费公示制度是学校通过设立公示栏、公示牌、公示墙等形式，向社会公布收费项目、收费标准等相关内容，便于社会监督学校严格执行国家教育收费政策，保护学生及其家长自身合法权益的制度。凡按国家规定的审批权限和程序制定的教育收费，包括义务教育学校的杂费、借读费、有寄宿制学校的住宿费和非义务教育学校的学费、住宿费等学校所有的收费，均应实行公示制度。公示的主要内容包括收费项目、收费标准、收费依据（经批准的需要批准机关及文号）、收费范围、计费单位、投诉电话等。对家庭经济困难学生实行收费减免的政策也应进行公示。学校在招生简章中也要注明有关收费项目和标准。在学校校内设立的公示栏、公示牌、公示墙的制作材料、规格、样式，应根据实际情况及动态管理、长期置放和清楚方便的要求进行规范。要尽可能独立置放，位置明显，字体端正，使用规范。遇有损坏或字迹不清的，学校要及时更换、维修或刷新。

根据《国家发展改革委、教育部关于规范中小学服务性收费和代收费管理有关问题的通知》要求，各地严格执行服务性收费和代收费公示制度，通过网络、报纸、广播、电视等多种形式，将按规定权限批准的中小学服务性收费和代收费项目、标准等列入政府信息公开范围，主动向社会公开。学校要在招生简章和入学通知书中注明有关服务性收费和代收费项目、标准及批准收费的文号，并通过学校公示栏、公示牌、公示墙等方式将服务性收费和代收费项目、标准、收费资金的使用情况和投诉电话等进行公示，主动接受学生、家长和社会的监督，增强学校收费的透明度。

89 民办学校收取未经公示的费用存在什么风险？

对于未经公示的费用，学校不得收取，学生也有权拒绝缴纳。

教育部等五部门《关于进一步加强和规范教育收费管理的意见》要求，各地要严格执行教育收费公示制度，未经公示不得收费。各级各类学校应建立健全规范化的收费公示动态管理制度，主动接受社会监督。应将收费项目和标准在校内醒目位置向学生公示，在招生简章和入学通知书中注明。义务教育阶段民办学校收费标准应和学校获得的生均公用经费补助一并公示。对按规定应当公示而未公示的收费，或公示内容与规定政策不符的收费，学生有权拒绝缴纳。收费政策变动时，学校要及时更新公示内容，确保公示内容合法、有效。各地要严格执行教育收费等行政事业性收费目录清单，不得擅自增加收费项目、扩大收费范围；要加强对教育收费的日常监督和定期检查，建立完善教育收费风险预警、信访受理、督查督办、公开通报及约谈机制，对发现的违规收费问题要严肃处理；建立健全问责机制，对收费管理主体责任不落实、措施不到位，损害群众切身利益，造成恶劣社会影响的单位和相关责任人要严肃问责。对民办学校违规乱收费造成恶劣影响的，依法依规扣减招生计划、财政扶持资金等，直至撤销、吊销办学许可证。

《国家发展改革委、教育部关于规范中小学服务性收费和代收费管理有关问题的通知》也明确要求，按规定应公示而未公示或公示内容与政策规定不符的，不得收费。

90 民办学校制定收费标准的主要依据是什么？

主要依据是民办学校的办学成本和市场需求。

《民办教育促进法》规定，民办学校收取费用的项目和标准根据办学成本、市场需求等因素确定，向社会公示，并接受有关主管部门的监督。《民办教育促进法实施条例》规定，民办学校应当建立办学成本核算制度，基于办学成本和市场需求等因素，遵循公平、合法和诚实信用原则，考虑经济效益与社会效益，合理确定收费项目和标准。对公办学校参与举办、使用国有资产或者接受政府生均经费补助的非营利性民办学校，省、自治区、直辖市人民政府可以对其收费制定最高限价。教育部等五部门《关于进一步加强和规范教育收费管理的意见》也明确规定，各级各类学校应当加强成本核算，完整准确记录并核算教育培养成本。

91 民办学校办学成本核算应当遵循哪些原则？

民办学校办学成本核算应当坚持三项原则：

①合法性原则。计入学生教育培养成本的费用应当符合有关法律、法规，财务制度和国家统一的会计制度，以及价格监管制度等规定。

②相关性原则。计入教育培养成本的费用应当与学校教育培养活动直接相关或间接相关。

③合理性原则。计入教育培养成本的费用应当反映学校教育培养活动正常需要，并按照合理方法和合理标准核算；影响教育培养成本水平的主要技术、经济指标应当符合国家标准、地方标准或者社会公允水平。

92 民办学校办学成本核算主要包括哪些项目？

综合国家和部分地方已经出台的相关规定，民办学校办学成本核算包含的项目通常由工资福利费用、商品和服务费用、固定资产折旧费用、无形资产摊销费用、对个人和家庭的补助费用、财务费用六部分构成，如果是高等学校，还包括科研费用等。

①工资福利费用，主要包括基本工资、津贴补贴、奖金、伙食补助费、绩效工资、社会保险费、住房公积金、医疗费，以及加班工资、病假工资、职工探亲旅费、困难职工生活补助等其他工资福利支出。

②商品和服务费用，主要包括办公费、水电费、取暖费、印刷费、手续费、咨询费、邮电费、物业管理费、会议费、交通费、差旅费、公务接待费、培训费、劳务费、委托业务费、租赁费、维修维护费、专用材料费、学生活动费、人才引进费、福利费、工会经费、税金、财务审计费、法律顾问费、离退休人员公用经费，等等。

③固定资产折旧费用，是指与教育培养活动相关的固定资产按照本办法规定的折旧方法和年限计提的费用。固定资产，是指与教育培养活动相关的，使用一年以上，并在使用过程中基本保持原物质形态的资产，包括房屋及构筑物、通用设备、专用设备、家具、用具及装具等。

④无形资产摊销费用，是指学校拥有的，与教育培养活动有关的无形资产在有效期内的摊销。

⑤对个人和家庭的补助费用，是指学校按规定对教职工个人和家庭的补助支出，包括离退休费、退职费、抚恤金、生活补助、医疗费补助、奖助学金及其他对个人和家庭的补助费用。

⑥财务费用，是指学校为筹集与教育培养活动有关的资金，向金融机构贷款而发生的费用，包括利息净支出、汇兑净损失以及相关手续费。

93 哪些费用不应当计入民办学校办学成本？

根据《政府制定价格成本监审办法》的相关规定要求，下列费用不得计入教育培养成本：

①不符合《中华人民共和国会计法》等有关法律法规、财务制度和国家

统一的会计制度，以及价格监管制度等规定的费用；

②与教育培养活动无关的费用，以及虽与教育培养活动有关，但有专项收费来源予以补偿的费用（住宿费、服务性收费及代收费等）；

③固定资产盘亏、毁损、闲置和出售的净损失；

④向上级单位或管理部门上交的利润性质的管理费用、代上级单位或管理部门缴纳的各项费用，以及对附属单位的补助支出等；

⑤对外投资及学校附属独立核算经济实体等支出；

⑥各类捐赠、赞助、滞纳金、违约金、罚款；

⑦公益广告、公益宣传等广告费用；

⑧过度购置固定资产所增加的支出（折旧、修理费等）；

⑨灾害损失、事故、经营性费用等非正常办学支出；

⑩关联方交易发生的费用中明显超过市场公允价格的部分；

⑪其他不合理费用。

94 民办学校将无关支出计入办学成本需要承担什么责任？

根据《价格法》的有关规定，民办学校将与办学无关或不合理支出计入办学成本进行核算，并以此为依据收费，需要承担退赔多收学费的责任，如果因此造成其他损害的，还应当依法承担赔偿责任。

根据《民办教育促进法实施条例》的规定，如果民办学校虚增办学成本被认定为"利用关联交易损害国家利益、学校利益和师生权益"，或者被认定为"在招生过程中弄虚作假"，相关责任人及学校还将面临相应的行政处罚。

95 民办学校在办学成本监审中提供虚假材料，需要承担什么责任？

在办学成本监审中提供虚假材料，将面临相应的行政处罚。

《价格违法行为行政处罚规定》规定，拒绝提供价格监督检查所需资料或者提供虚假资料的，责令改正，给予警告；逾期不改正的，可以处10万元以下的罚款，对直接负责的主管人员和其他直接责任人员给予纪律处分。

《政府制定价格成本监审办法》规定，经营者拒绝提供成本监审所需资料，或者提供虚假资料、不完整提供资料的，定价机关可以中止成本监审、按照从低原则核定成本，并将其不良信用记录纳入全国信用信息共享平台，实施失信联合惩戒。

96 民办学校可以跨学期、跨学年预收学费吗？

对于学前阶段，《幼儿园收费管理暂行办法》规定，幼儿园对入园幼儿按月或按学期收取保教费，不得跨学期预收。

对于义务教育阶段，国家没有统一规定，但从多数省份普遍的规定来看，均要求按学期收费，不得跨学期预收。

对于高中和中等职业教育，《普通高级中学收费管理暂行办法》和《中等职业学校收费管理暂行办法》均规定，学费收费按学期进行，不得跨学期预收。

对于高等教育阶段，根据《关于进一步规范高校收费管理若干问题的通知》规定，高等学校学费应按学年或学期收取，不得跨学年预收。

综上，除高等教育阶段可以按学年收取学费外，其他类型教育阶段通常不能跨学期收费。

97 学生中途退学，学校退费金额如何计算？

学生缴纳学费、住宿费后，如因故退学或提前结束学业，学校应当根据学生实际学习、住宿的时间，按月计退剩余的学费、住宿费；当月实际学习、住宿时间未满半个月的，应当计退半个月的学费、住宿费。

98 民办学校收取费用的银行账户有什么要求？

非营利性民办学校收取费用、开展活动的资金往来，应当使用在有关主管部门备案的账户。有关主管部门应当对该账户实施监督。营利性民办学校收入应当全部纳入学校开设的银行结算账户，办学结余分配应当在年度财务结算后进行[①]。

99 用个人账户收取学费、住宿费等费用存在什么风险？

用个人账户收取应当由民办学校账户收取的资金，这是明显的不合规行为，但实践中仍然有一些民办学校利用个人账户来收取学生学费、住宿费、伙食费。因为，资金进入个人账户，可以隐瞒学校收入少交税，而且钱在自己账户里面，想怎么花就怎么花，比较自由随意。

但这么做显然存在较大风险，概括起来主要是三个方面：

①民事法律风险。从民事责任上来看，一方面，实际控制人将个人财产与学校资产相混同，将对学校债务承担连带责任；另一方面，如果个人涉及离婚问题，夫妻个人账户资金将被作为夫妻共同财产予以分割，但这些资金又实际

---

① 《民办教育促进法实施条例》第四十四条。

上是学校资产，可能会因此而引发其他纠纷。

②行政处罚风险。学校收入由个人账户收取，这是隐瞒收入行为，可能被税务机关认定为偷税，给予补缴企业所得税税款、滞纳金和罚款的行政处罚；如果是营利性民办学校，还可能进一步被认为是学校的分红行为，给予补缴个人所得税、滞纳金和罚款的处罚。

③刑事责任风险。个人账户收取学校资金，以占为己有为目的的，数额达到六万元以上，构成职务侵占罪；以暂时挪作他用为目的，数额达到十万元以上，时间超过3个月的，构成挪用资金罪；以逃避缴纳税款为目的，逃税金额在十万元以上并且占各税种应纳税总额百分之十以上的，构成逃税罪。

100 民办学校收取服务性收费和代收费有什么规范要求？

学校在完成正常的保育、教育教学任务外，为在校学生提供学习、生活所需的相关便利服务，以及组织开展研学旅行、课后服务、社会实践等活动，对应由学生或学生家长承担的部分，可根据自愿和非营利原则收取服务性费用。相关服务由学校之外的机构或个人提供的，学校可代收代付相关费用。学校服务性收费和代收费具体政策，由各省制定。国家已明令禁止的或明确规定由财政保障的项目不得纳入服务性收费和代收费，学校不得擅自设立服务性收费和代收费项目，不得在代收费中获取差价，不得强制或者暗示学生及家长购买指定的教辅软件或资料，不得通过提前开学等形式或变相违规补课加收相关费用。校内学生宿舍和社会力量举办的校外学生公寓，均不得强制提供相关生活服务或将服务性收费与住宿费捆绑收取。学校自主经营的食堂向自愿就餐的学生收取伙食费，应坚持公益性原则，不得以营利为目的[①]。

---

① 《关于进一步加强和规范教育收费管理的意见》第六项。

101 民办学校合规的服务性收费和代收费项目有哪些?

学校服务性收费和代收费的项目，一般由各省、自治区、直辖市规定。

例如，《上海市关于本市中小学（幼儿园）代办服务性收费管理有关事项的通知》[①] 就明确：高中的合规服务性收费和代收费项目包括课本和作业本费、课外教育活动费、卫生保健费、国防教育费、学农费、社会实践费、城镇居民基本医疗保险费、招考资料费、高校招生体检费、校服费、餐费、校车费、住宿学生生活用品费；义务教育学校的合规服务性收费和代收费项目包括课外教育活动费、校服费、城镇居民基本医疗保险费、餐费、校车费；学前教育的合规服务性收费和代收费项目包括餐费、点心费、生活用品费、体检费、校车费、延时服务费、课程配套标准材料费、课外教育活动费、城镇居民基本医疗保险费等。

《山东省中小学收费管理办法》则规定，中小学服务性收费项目包括伙食费、校车服务费、补办证卡工本费、课后服务费；代收费项目包括作业本费、学生装费、社会实践活动费、城镇居民基本医疗保险费、意外伤害保险费、教辅材料费、高中课本费等。严禁将讲义资料、试卷、电子阅览、计算机上机、取暖、降温、饮水、图书馆查询、自行车看管以及军训期间发生的费用作为服务性收费和代收费项目。

102 中小学课后服务收费有具体的标准要求吗?

对于中小学课后服务费，国家没有出台具体的收费标准，但要求各地要通过"政府购买服务""财政补贴"等方式对参与课后服务的学校、单位和教师

[①] 该规定于2015年颁布，根据国家后续有关政策，中小学服务性收费还可以包含课后服务费。

给予适当补助，严禁以课后服务名义乱收费。

各地为防止中小学校利用课后服务名义乱收费，很多市、县都根据自身经济发展水平和实际情况出台了课后服务费的限高或定价政策。例如，吉林省长春市规定，课后服务收费标准，义务教育阶段每月每生收费不高于180元；高一、高二年级每月每生收费不高于200元，高三年级每月每生收费不高于330元。例如，浙江省温州市乐清市规定，小学课后服务费标准为585元/学期·生；初中课后服务费标准为785元/学期·生（含晚自习）。

总体而言，课后服务收费应当坚持学生家长自愿原则。中小学生是否参加课后服务，由学生家长自愿选择。中小学校开展课后服务工作，要事先充分征求家长意见，主动向家长告知服务方式、服务内容、安全保障措施等，建立家长申请、班级审核、学校统一实施的工作机制[1]。

---

[1] 《教育部办公厅关于做好中小学生课后服务工作的指导意见》。

第四章　权益保障合规

"教师享有法律规定的权利,履行法律规定的义务,忠诚于人民的教育事业。"

"受教育者在入学、升学、就业等方面依法享有平等权利。"

——《教育法》

103 民办学校拒绝招收测试不合格的学生入学违法吗?

不违法。如果是公办学校，特别是公办义务教育学校，应当依法保障适龄儿童的受教育权，拒绝招收适龄儿童入学的行为会违反《教育法》《义务教育法》的有关规定。但法律法规赋予了实施学前教育、学历教育的民办学校自主确定招生标准和方式的权利，民办学校可以依据自身的规则来进行招生[1]。

然而，需要特别注意的是，学校招生规则不得含有民族、种族、性别、职业、财产状况、宗教信仰等方面的歧视性条款；招生规则应当公平公正实施，平等对待和录取学生；实施义务教育的民办学校也不得组织或者变相组织学科知识类的入学考试，以此作为筛选学生的标准条件。

104 学生不认真学习，民办学校可以劝其退学吗?

对于未成年学生是不可以的。民办中小学校及其教师对于学习成绩差、管理较困难的学生不仅不能劝其退学，而且应当平等看待、重点帮扶。如果是小学、初中学生，因自身或家庭原因尚未完成学业就辍学的，或者无故休学、长期请假的，学校还有责任劝返复学，实在劝返无效的，需要向当地教育行政部门进行书面报告[2]。

105 民办学校可以用长期停课的方式处罚学生吗?

不可以。学生作为受教育者，依法享有参加学校教育教学计划安排和各种活动的法定权利，如果学校采取长期停课的方式处罚学生，则侵犯了学生的受

---

[1] 《民办教育促进法实施条例》第三十一条。
[2] 《未成年人保护法》第二十八条。

教育权，属于违法行为。

对于确有必要实施停课惩戒的，学校应当把握好限度，时间不能过长。《中小学教育惩戒规则（试行）》第十条规定："小学高年级、初中和高中阶段的学生违规违纪情节严重或者影响恶劣的，学校可以实施以下教育惩戒，并应当事先告知家长：（一）给予不超过一周的停课或者停学，要求家长在家进行教育、管教；……"

106 学生学习成绩太差，民办学校可以不让其参加考试吗？

不可以。参加学校教育教学计划安排和各种活动，是学生的法定权利。《未成年人学校保护规定》要求，学校应当尊重和保护学生的受教育权利，保障学生平等使用教育教学设施设备、参加教育教学计划安排的各种活动，并在学业成绩和品行上获得公正评价。

而《教育法》《民办教育促进法》也明确规定，受教育者在入学、升学、就业等方面依法享有平等权利，民办学校的受教育者与同级同类公办学校的受教育者享有同等权利。因此，如果民办学校为提升学校的升学率、录取率等各种原因不让成绩差的学生参加中、高考，显然属于违法行为。

107 学生多次违规违纪，民办学校可以对其进行开除处理吗？

如果是义务教育阶段的学生，这是明确规定不可以的。《未成年人学校保护规定》明确要求，义务教育学校不得开除或者变相开除学生，不得以长期停课、劝退等方式，剥夺学生在校接受并完成义务教育的权利。

如果是高中阶段的学生，违规违纪情节严重的可以开除学籍。《中小学教育惩戒规则（试行）》规定，对违规违纪情节严重，或者经多次教育惩戒仍不改正的学生，学校可以给予警告、严重警告、记过或者留校察看的纪律处分；对高中阶段学生，还可以给予开除学籍的纪律处分。一些地方性规定对此作出了进一步明确，如《北京市中小学学生奖励和处分办法》就规定了可以对高中学生开除学籍的六种情形：①触犯国家法律，构成刑事犯罪的；②违反治安管理规定受到处罚，性质恶劣的；③犯有《预防未成年人犯罪法》所列九种严重不良行为的；④在省级及以上考试中，由他人代替或替他人参加考试、组织作弊、使用通信设备作弊及其他严重作弊行为，造成恶劣影响的；⑤蓄意或恶意通过肢体、语言及网络等手段，实施欺负、侮辱他人造成严重伤害或影响恶劣的；⑥其他严重违反学校规章制度，造成严重后果的。

对于高等教育阶段学生，则明确规定了可以开除学籍的情形。《普通高等学校学生管理规定》明确，学生有下列情形之一，学校可以给予开除学籍处分：①违反宪法，反对四项基本原则、破坏安定团结、扰乱社会秩序的；②触犯国家法律，构成刑事犯罪的；③受到治安管理处罚，情节严重、性质恶劣的；④代替他人或者让他人代替自己参加考试、组织作弊、使用通讯设备或其他器材作弊、向他人出售考试试题或答案牟取利益，以及其他严重作弊或扰乱考试秩序行为的；⑤学位论文、公开发表的研究成果存在抄袭、篡改、伪造等学术不端行为，情节严重的，或者代写论文、买卖论文的；⑥违反本规定和学校规定，严重影响学校教育教学秩序、生活秩序以及公共场所管理秩序的；⑦侵害其他个人、组织合法权益，造成严重后果的；⑧屡次违反学校规定受到纪律处分，经教育不改的。

108 对于有严重不良行为的未成年学生，民办学校应当如何处理？

对于有严重不良行为的未成年学生，民办学校无力管教或经管教无效的，可以在与其父母或其他监护人达成一致意见的基础上，向教育行政部门提出申请，经专门教育指导委员会评估同意后，由教育行政部门决定送入专门学校接受专门教育。

需要注意的是，不能将学生的违规违纪行为随意定义为上述所称的"严重不良行为"。这里的"严重不良行为"主要指学生实施的有《刑法》规定、因不满法定刑事责任年龄不予刑事处罚的行为，以及严重危害社会的下列行为[①]：①结伙斗殴，追逐、拦截他人，强拿硬要或者任意损毁、占用公私财物等寻衅滋事行为；②非法携带枪支、弹药或者弩、匕首等国家规定的管制器具；③殴打、辱骂、恐吓，或者故意伤害他人身体；④盗窃、哄抢、抢夺或者故意损毁公私财物；⑤传播淫秽的读物、音像制品或者信息等；⑥卖淫、嫖娼，或者进行淫秽表演；⑦吸食、注射毒品，或者向他人提供毒品；⑧参与赌博赌资较大；⑨其他严重危害社会的行为。

109 对于从专门学校转回的学生，民办学校可以拒绝接收吗？

不可以。对于进入专门学校的学生，民办学校依法应当为其保留学籍，如果原决定机关决定从专门学校转回该学生，民办学校也不得拒绝接收。

110 民办学校可以公开公布学生的成绩和排名吗？

对于未成年学生，有明确规定不可以。《未成年人学校保护规定》要求，学生的考试成绩、名次等信息，学校应当便利学生本人和家长知晓，但不得公开，也不得宣传升学情况。《教育部办公厅关于严格规范大中小学招生秩序的紧急通知》也明确要求，严禁教育行政部门、初高中学校宣传中高考状元和升学率或公布中高考成绩排名。

---

① 《预防未成年人犯罪法》第三十八条。

111 民办中小学可以利用节假日时间组织学校集体补课吗？

对于义务教育阶段的学生，有明确规定要求学校不得占用国家法定节假日、休息日及寒暑假组织学生集体补课，不得以补课等形式侵占学生的休息时间。

对于高中阶段学生，没有明令禁止节假日集体补课，但学校应当科学合理安排学生作息时间，保证学生有休息、参加文娱活动和体育锻炼的机会和时间。

112 民办学校可以没收、毁坏学生违规带入学校的财物吗？

如果校规校纪没有明确且合理的规定，随意没收学生财物的行为可能会侵犯学生的财产权，而毁坏财物的做法更是法律法规所禁止的行为，建议民办学校及其教师不要采取此类方法惩处违规学生。

对于学生违规带入学校的财物，学校可以依据规定予以暂扣，进行统一管理，适时返还给学生家长；如果属于违禁品和危险物品，则应当及时报告公安机关、应急管理部门等有关部门依法处理。

113 民办学校可以根据学校需要发布学生的作品、肖像吗？

可以的，但应征得学生本人同意，如果是未成年学生，还应当征得学生家长的同意。《未成年人学校保护规定》要求，学校以发布、汇编、出版等方式使用学生作品，对外宣传或者公开使用学生个体肖像的，应当取得学生及其家长许可，并依法保护学生的权利。

《民法典》第一百二十三条规定："民事主体依法享有知识产权。知识产权是权利人依法就下列客体享有的专有的权利：（一）作品；……"第九百九十条第一款规定："人格权是民事主体享有的生命权、身体权、健康权、姓名权、名称权、肖像权、名誉权、荣誉权、隐私权等权利。"第九百九十一条规定："民事主体的人格权受法律保护，任何组织或者个人不得侵害。"

114 受过处分的学生，是否不再享有接受表彰奖励的权利？

除开除学籍处分外，对于学生的处分都应当设置期限，民办学校对受到处分的学生应当跟踪观察、有针对性地实施教育，确有改正的，到期应当予以解除。而当处分解除后，学生依照有关规定应当获得表彰、奖励的，就不能再受原处分的影响。

115 民办学校可以组织学生参加抢险救灾等社会公益活动吗？

对于未成年学生，受到《未成年人保护法》的特别保护，学校不能组织、安排学生从事抢险救灾或者参与其他具有危险性的工作。对于已经成年的学生，学校如果组织学生参加具有危险性的活动，即使是社会公益性活动，也应当履行好对于学生的安全管理和安全保护责任。

116 民办学校应当着重防范管理教职工哪些违规牟利行为？

教职工可能会利用管理、服务学生，特别是管理、服务未成年学生的便利机会，出现违反法律法规及师德规范的牟利行为，学校应当加强管理。

根据《未成年人学校保护规定》，学校及教职工不得实施下列行为：

①利用管理学生的职务便利或者招生考试、评奖评优、推荐评价等机会，以任何形式向学生及其家长索取、收受财物或者接受宴请、其他利益；

②以牟取利益为目的，向学生推销或者要求、指定学生购买特定辅导书、练习册等教辅材料或者其他商品、服务；

③组织、要求学生参加校外有偿补课，或者与校外机构、个人合作向学生提供其他有偿服务；

④诱导、组织或者要求学生及其家长登录特定经营性网站，参与视频直播、网络购物、网络投票、刷票等活动；

⑤非法提供、泄露学生信息或者利用所掌握的学生信息牟取利益；

⑥安排或者诱导、组织学生进入营业性娱乐场所、互联网上网服务营业场所、电子游戏场所、酒吧等不适宜未成年人活动的场所。

教职工违反上述规定牟取不当利益的，应当责令退还所收费用或者所获利益，给学生造成经济损失的，应当依法予以赔偿，并视情节给予处分，涉嫌违法犯罪的移送有关部门依法追究责任。

117 民办学校对教职工管理不力导致严重侵害学生权益，需要承担什么责任？

学校未履行对教职工的管理、监督责任，致使发生教职工严重侵害学生身心健康的违法犯罪行为，或者有包庇、隐瞒不报，威胁、阻拦报案，妨碍调查、对学生打击报复等行为的，应该对相关负责人给予处分；情节严重的，应当移送有关部门查处，构成违法犯罪的，依法追究相应法律责任。因监管不力、造成严重后果而承担领导责任的校长，5年内不得再担任校长职务[①]。

---

① 《未成年人学校保护规定》第五十八条。

118 民办学校发现学生遭受家庭暴力、被遗弃等情况，需要履行什么义务？

根据《未成年人学校保护规定》，学校和教职工发现学生遭受或疑似遭受家庭暴力、虐待、遗弃、长期无人照料、失踪等不法侵害以及面临不法侵害危险的，应当依照规定及时向公安、民政、教育等有关部门报告。学校应当积极参与、配合有关部门做好侵害学生权利案件的调查处理工作。学生因遭受遗弃、虐待向学校请求保护的，学校不得拒绝、推诿，需要采取救助措施的，应当先行救助。

119 民办学校制定校规校纪，需要征求教职工和学生的意见吗？

需要。学校应当结合本校学生特点，依法制定、完善校规校纪，明确学生行为规范，健全实施教育惩戒的具体情形和规则。学校制定校规校纪，应当广泛征求教职工、学生和学生父母或者其他监护人的意见；有条件的，可以组织有学生、家长及有关方面代表参加的听证。校规校纪应当提交家长委员会、教职工代表大会讨论，经校长办公会议审议通过后施行（如果学校章程明确需要由决策机构通过的，应当由学校决策机构组成人员表决通过），并报主管教育部门备案。教师也可以组织学生、家长以民主讨论形式共同制定班规或者班级公约，报学校备案后施行[①]。

需要注意的是，校规校纪制定后还应当进行公布，未经公布的校规校纪不得施行。为确保师生尽人皆知，学校应当利用教师入职教育、全体教职工大

---

① 《中小学教育惩戒规则（试行）》第五条。

会、学生入学教育、班会以及其他适当方式，向教职工、学生和家长宣传讲解校规校纪。

120 对于未成年学生，出现哪些情形可以进行惩戒？

对于有下列情形的中小学生，学校及其教师应当予以制止并进行批评教育，确有必要的，可以实施教育惩戒：

①故意不完成教学任务要求或者不服从教育、管理的；

②扰乱课堂秩序、学校教育教学秩序的；

③吸烟、饮酒，或者言行失范违反学生守则的；

④实施有害自己或者他人身心健康的危险行为的；

⑤打骂同学、老师，欺凌同学或者侵害他人合法权益的；

⑥其他违反校规校纪的行为。

学生实施属于预防未成年人犯罪法规定的不良行为或者严重不良行为的，学校、教师应当予以制止并实施教育惩戒，加强管教；构成违法犯罪的，依法移送公安机关处理[1]。

121 对于未成年学生，合规惩戒方式主要有哪些？

根据《中小学教育惩戒规则（试行）》（适用于中等职业教育学校）的规定，违规情节轻微的，教师可以当场实施以下教育惩戒：①点名批评；②责令赔礼道歉、做口头或者书面检讨；③适当增加额外的教学或者班级公益服务任务；④一节课堂教学时间内的教室内站立；⑤课后教导；⑥学校校规校纪或者班规、班级公约规定的其他适当措施。教师对学生实施惩戒措施后，可以以适

---

[1] 《中小学教育惩戒规则（试行）》第七条。

当的方式告知学生家长。

违规情节较重或者经当场教育惩戒拒不改正的，学校可以实施以下教育惩戒，并应当及时告知家长：①由学校德育工作负责人予以训导；②承担校内公益服务任务；③安排接受专门的校规校纪、行为规则教育；④暂停或者限制学生参加游览、校外集体活动以及其他外出集体活动；⑤学校校规校纪规定的其他适当措施。

违规情节严重或者影响恶劣的，学校可以实施以下教育惩戒，并应当事先告知家长：①给予不超过一周的停课或者停学，要求家长在家进行教育、管教；②由法治副校长或者法治辅导员予以训诫；③安排专门的课程或者教育场所，由社会工作者或者其他专业人员进行心理辅导、行为干预。对违规违纪情节严重，或者经多次教育惩戒仍不改正的学生，学校可以给予警告、严重警告、记过或者留校察看的纪律处分。对高中阶段学生，还可以给予开除学籍的纪律处分。

122 对于扰乱教学秩序或可能对他人造成伤害的学生，学校应当如何处理？

学生扰乱课堂或者教育教学秩序，影响他人或者可能对自己及他人造成伤害的，教师可以采取必要措施，将学生带离教室或者教学现场，并予以教育管理。教师、学校发现学生携带、使用违规物品或者行为具有危险性的，应当采取必要措施予以制止；发现学生藏匿违法、危险物品的，应当责令学生交出，并可以对可能藏匿物品的课桌、储物柜等进行检查，对于违法、危险物品，应当及时报告公安机关、应急管理部门等有关部门依法处理[①]。

---

① 《中小学教育惩戒规则（试行）》第十一条。

123 哪些惩戒学生的行为是学校应当严格禁止的？

民办学校应当加强教师的教育培训和日常管理，防止教师在实施教育惩戒中出现以下不当或者违法违规行为[①]：

①以击打、刺扎等方式直接造成身体痛苦的体罚；

②超过正常限度的罚站、反复抄写，强制做不适的动作或者姿势，以及刻意孤立等间接伤害身体、心理的变相体罚；

③辱骂或者以歧视性、侮辱性的言行侵犯学生人格尊严；

④因个人或者少数人违规违纪行为而惩罚全体学生；

⑤因学业成绩而教育惩戒学生；

⑥因个人情绪、好恶实施或者选择性实施教育惩戒；

⑦指派学生对其他学生实施教育惩戒；

⑧其他侵害学生权利的。

教师违规对学生实施惩戒、处罚，情节轻微的，学校应当予以批评教育；情节严重的，应当暂停履行职责或者依法依规给予处分；给学生身心造成伤害，构成违法犯罪的，由公安机关依法处理。

124 教师合规惩戒学生受到家长威胁的，学校应当如何维护教师权益？

学校应当支持、监督教师正当履行职务，如果教师因实施教育惩戒而与学生及其家长发生纠纷，学校应当及时进行处理，教师无过错的，不得因教师实施教育惩戒而给予其处分或者其他不利处理。家长威胁、侮辱、伤害教师的，

[①] 《中小学教育惩戒规则（试行）》第十二条。

学校应当依法保护教师人身安全、维护教师合法权益，必要时可向教育主管部门报告，取得支持帮助；情形严重的，应当及时向公安机关报告并配合公安机关、司法机关追究责任。

125 民办学校教师与公办学校教师是否具有同等的法律地位？

法律赋予了民办学校教师与公办学校教师相同的权益保障。

《教育法》规定，国家保护教师的合法权益，改善教师的工作条件和生活条件，提高教师的社会地位；教师的工资报酬、福利待遇，依照法律、法规的规定办理。

《民办教育促进法》规定，民办学校的教师与公办学校的教师具有同等的法律地位；民办学校应当依法保障教职工的工资、福利待遇和其他合法权益，并为教职工缴纳社会保险费；民办学校教职工在业务培训、职务聘任、教龄和工龄计算、表彰奖励、社会活动等方面依法享有与公办学校教职工同等的权利。

126 教职工有哪些权利受到法律保护？

民办学校教职工作为自然人，享有自然人拥有的一切民事权益，当合法权益受到侵犯时，可以运用法律手段维护自身权益。根据《民法典》总则编第五章民事权利的规定，教职工下列民事权益受到民法保护：

①人身自由、人格尊严；

②生命权、身体权、健康权、姓名权、肖像权、名誉权、荣誉权、隐私权、婚姻自主权等；

③个人信息权；

④因婚姻家庭关系等产生的人身权利；

⑤物权；

⑥债权；

⑦知识产权；

⑧继承权；

⑨股权和其他投资性权利；

⑩法律规定的其他民事权利和利益。

民办学校应当重视教职工合法权益的保障，当教职工权益受到不法侵害时，应当支持教职工采用合法手段维护自身权益。

127 教师有哪些特殊的法定权利应当得到民办学校的重视和维护？

根据《民办教育促进法》的规定，民办学校具有依法保障教职工合法权益的法定义务，对于教师而言，还要注重遵从《教师法》的有关规定，维护并保障其依法享有特定权利：

①进行教育教学活动，开展教育教学改革和实验的权利；

②从事科学研究、学术交流，参加专业的学术团体，在学术活动中充分发表意见的权利；

③指导学生的学习和发展，评定学生的品行和学业成绩的权利；

④按时获取工资报酬，享受国家规定的福利待遇以及寒暑假期的带薪休假的权利；

⑤对学校教育教学、管理工作和教育行政部门的工作提出意见和建议，通过教职工代表大会或者其他形式，参与学校的民主管理的权利；

⑥参加进修或者其他方式培训的权利。

128 民办学校应当如何理解和保障教师的教育教学权？

《教师法》关于"进行教育教学活动，开展教育教学改革和实验"的教师权利表述，可以简称教育教学权。教育教学权是教师为履行教育教学职责而必须具备的基本权利，其基本含义包括：①教师可以依据所在学校的教学计划、教学工作量等具体要求，结合自身特点自主地组织课堂教学；②按照教学大纲的要求确定其教学内容和进度，并不断完善教学内容；③针对不同的教育教学对象，在教育教学的形式、方法、具体内容方面进行改革、实施和完善。

教育教学权是教师享有的法定权利，民办学校不得非法限制、剥夺所属教师对于该权利的行使。但民办学校依法依约与教师解除劳动关系，并不构成对教师教育教学权的侵犯，对于行为违反法律规定或严重违反校规校纪的教师，民办学校可以依据有关规定作出开除处理，并不会因此侵犯教师的教育教学权。如《教师法》规定，教师有以下情形之一的，所在学校可以与其解聘：①故意不完成教育教学任务给教育教学工作造成损失的；②体罚学生，经教育不改的；③品行不良、侮辱学生，影响恶劣的。

129 民办学校应当如何理解和保障教师的科学研究权？

"从事科学研究、学术交流，参加专业的学术团体，在学术活动中充分发表意见"，这是《教师法》赋予教师的特定权利，简称科学研究权。因此，民办学校，特别是民办高校应当注重保障教师在学术研究中发表自己的观点、开展学术争鸣的自由。

但需要把握的是，发表意见的自由也应当在国家法律允许的范围内，符合学校的师德师风要求和教师的职责身份定位。如果是利用教育研究和学术活动之机传播恐怖主义、分裂主义思想，则不属于学术自由问题，而是属于违法犯罪行为；如果是向学生灌输极端个人主义和封建糟粕思想，或是发表一些掺杂个人情绪的错误言论，同样也不属于学术自由问题，而是完全违背教师教书育人职业操守的错误行径，民办学校应当及时制止。

130 民办学校应当如何理解和保障教师的学生评价权？

"指导学生的学习和发展，评定学生的品行和学业成绩"，这是《教师法》赋予教师指导和评价学生的权利。其基本含义包括：①教师有权根据学生身心发展状况和特点，因材施教，有针对性地指导学生，并就学生的特长、就业、升学等方面的发展给予指导。②教师有权通过观察、测试等对学生的思想品德、学习等方面给予客观、公正、恰当的评价。③教师有权运用正确的指导思想、科学的方式方法，使学生的个性和能力得到充分发展。

民办学校应当依法保障教师对于学生的指导和评价，让教师能够自由组织学生开展教学活动，但同时也要注意引导教师选择和运用符合教学原则和教学规律的教学方法，加强对缺乏经验教师的培训和指导，防止教师指导学生时违背教学规律，评价学生时过于主观片面。

此外，对于教师出现借评定学生之机谋取不当利益、损害学生权益的行为，学校也应当及时制止、纠正，并依照国家有关规定和校规校纪进行严肃处理。

131 民办学校应当如何理解和保障教师的报酬待遇权？

"按时获取工资报酬，享受国家规定的福利待遇以及寒暑假期的带薪休假"，这是《教师法》在《劳动法》基础上对教师获得工资报酬、福利待遇及休息休假权益的特别强调，简称报酬待遇权。基本含义包括：①教师有权依据《劳动法》《劳动合同法》及与学校所签订的《劳动合同》的约定，按时足额取得工资报酬。②教师享有国家规定的劳动者应当享有的福利待遇，包括医疗、住房、养老等方面的保障和待遇。③教师享有寒暑假带薪休假的权利，民办学校不能因寒暑假未安排教育教学活动而停发教师工资薪金。

从现实情况来看，因为教师的报酬待遇权受到侵犯而引发的纠纷在民办学校较为多见。这一方面是因为民办学校自负盈亏、经济收入稳定性上无法比拟公办学校；另一方面也是因为一些民办学校的实际控制人法治意识较为淡薄，存在随意损害教师权利的情形。对此，民办学校应当引起足够重视，依法保障教师的报酬待遇权。根据《民办教育促进法实施条例》的规定，民办学校未依法保障教职工待遇的，由县级以上人民政府教育行政部门、人力资源社会保障行政部门或者其他有关部门责令限期改正，并予以警告；情节严重的，责令停止招生、吊销办学许可证。

132 民办学校应当如何理解和保障教师的民主管理权？

"对学校教育教学、管理工作和教育行政部门的工作提出意见和建议，通过教职工代表大会或者其他形式，参与学校的民主管理"，这是《教师法》赋予教师对教育工作和所在学校的民主管理权。其基本含义包括：①教师享有对学校及其他教育行政部门工作人员的批评和建议权，这是对宪法规定的"公民对任何国家机关和国家工作人员，有提出批评和建议的权利"的具体化。②教师有权通过教职工代表大会、工会等组织形式及其他适当方式参与学校的民主管理，讨论学校的发展、改革等方面的重大事项。

从现实情况来看，在民办学校中，教师的民主管理权行使和保障普遍不够好。有的学校决策机构没有真正的教职工代表，或者决策机构形同虚设，学校重大事项都是举办者及其代表说了算；有的学校没有依法建立教职工代表大会制度，或者教职工代表大会、工会都只设立在纸面上，并未实际开展工作。对此，建议民办学校应当重视保障教师的民主管理权，这既是法律法规的硬性要求，也是调动教师教学管理积极性、增强教师责任感和归属感的实际举措。

133 民办学校应当如何理解和保障教师的进修培训权？

"参加进修或者其他方式的培训"，这是《教师法》根据教师的职业特点赋予教师的重要权利。在这个知识迅猛激增、技术飞速进步的时代，教师如果不经常性参加进修培训，很快就会面临知识结构老化、思维观念陈旧等现实问题，因此，必须保证教师有参加进修或培训的权利，才能使教师不断更新专业知识、提高职业素养，从而保障学校教学质量的不断提高。

2018年中共中央、国务院印发了《关于全面深化新时代教师队伍建设改革的意见》，提出了"兴国必先强师""大力振兴教师教育，不断提升教师专业素质能力"等一系列重大要求。作为民办学校而言，也应当把教师队伍的教育培养作为学校发展建设的基础性、关键性工作，以"兴校必先强师"的理念充分保障好教师的进修培训权。而从另一方面来看，保障好教师的各项权利，也是民办学校吸引人才、激励人才、留住人才的关键所在。

第五章　劳动用工合规

"用人单位应当依法建立和完善规章制度，保障劳动者享有劳动权利和履行劳动义务。"

"用人单位制定的劳动规章制度违反法律、法规规定的，由劳动行政部门给予警告，责令改正；对劳动者造成损害的，应当承担赔偿责任。"

——《劳动法》

134 民办学校聘用的教师应当具备什么条件？

民办学校聘用教师，通常需要具备教师资格（职业学校专业课教师可以除外）。根据《教师法》的规定，取得教师资格需要具备相应的学历或者经国家教师资格考试合格，有教育教学能力，经认定合格。"相应的学历"是指：①取得幼儿园教师资格，应当具备幼儿园师范学校毕业及其以上学历；②取得小学教师资格，应当具备中等师范学校毕业及其以上学历；③取得初级中学教师资格，应当具备高等师范专科学校或者其他大学专科毕业及其以上学历；④取得高级中学教师资格和中等专业学校、技工学校、职业高中文化课、专业课教师资格，应当具备高等师范院校本科或者其他大学本科毕业及其以上学历；⑤取得高等学校教师资格，应当具备研究生或者大学本科毕业学历；⑥取得成人教育教师资格，应当按照成人教育的层次、类别，分别具备高等、中等学校毕业及其以上学历。

根据《中共中央、国务院关于全面深化新时代教师队伍建设改革的意见》相关要求，要完善中小学教师准入和招聘制度，新入职教师必须取得教师资格，并逐步将幼儿园教师学历提升至专科，小学教师学历提升至师范专业专科和非师范专业本科，初中教师学历提升至本科，有条件的地方将普通高中教师学历提升至研究生。

根据《职业教育法》的规定，具备条件的企业、事业单位经营管理和专业技术人员，以及其他有专业知识或者特殊技能的人员，经教育教学能力培训合格的，可以担任职业学校的专职或者兼职专业课教师；取得教师资格的，可以根据其技术职称聘任为相应的教师职务。取得职业学校专业课教师资格可以视情况降低学历要求。国家鼓励职业学校聘请技能大师、劳动模范、能工巧匠、非物质文化遗产代表性传承人等高技能人才，通过担任专职或者兼职专业课教师、设立工作室等方式，参与人才培养、技术开发、技能传承等工作。

135 民办学校如何落实相关岗位的从业禁止制度？

根据最高人民法院、最高人民检察院、教育部联合发布的《关于落实从业禁止制度的意见》，从业禁止的要求适用于学校、幼儿园等教育机构以及校外培训机构的举办者、实际控制人、教师、教育教学辅助人员、行政人员、勤杂人员、安保人员以及其他相关工作人员。民办学校落实从业禁止要求：①要履行好犯罪记录查询制度。根据教育部《关于推开教职员工准入查询工作的通知》的规定要求，中小学校（含幼儿园、中小学、特殊教育学校、中等职业学校、专门学校及其他教育机构）要在全国教师管理信息系统的教职员工准入查询模块中提交查询申请，由主管教育行政部门审核并进行查询，查询拟聘用教师《关于建立教职员工准入查询性侵违法犯罪信息制度的意见》《关于落实从业禁止制度的意见》规定的性侵违法犯罪信息和《教师法》《教师资格条例》规定的已纳入教师资格限制库的丧失、撤销教师资格信息，查询拟聘用其他教职员工《关于建立教职员工准入查询性侵违法犯罪信息制度的意见》《关于落实从业禁止制度的意见》规定的性侵违法犯罪信息。高等学校（含普通本科学校、高等职业学校、成人高等学校、其他普通高等教育机构、从事研究生教育的科学研究机构等）要在全国教师管理信息系统的教职员工准入查询模块中进行自主查询，查询拟聘用教师《关于建立教职员工准入查询性侵违法犯罪信息制度的意见》《关于落实从业禁止制度的意见》规定的性侵违法犯罪信息和《教师法》《教师资格条例》规定的已纳入教师资格限制库的丧失、撤销教师资格信息。②要补充并完善学校劳动用工制度。根据教育部《关于推开教职员工准入查询工作的通知》的规定要求，对于查询发现有不得录用情形的拟聘任教职员工，学校不得录用。学校及其工作人员如果未履行申请查询或者查询义务，或对查询有问题人员未按照相关法律法规予以处理，或散布、泄露、篡改、不当使用查询获悉的有关信息的，将依法依规予以处理。

因此，学校应当依据从业禁止相关规定及准入查询相关要求，补充完善自身劳动用工制度和劳动合同模板，防止出现合规方面的问题。③要合规解除与相关人员的劳动合同。在实践中，即使学校招录的教职工均无犯罪记录，也不代表其在任职期间就一定不会出现问题。如果教职工在任职期间因为触犯《刑法》而被追究刑事责任，学校是可以与其解除劳动关系的，但需要注意的是，如果教职工与学校签订的劳动合同中并没有相关约定，双方的劳动合同、劳动关系是不会因为教职工犯罪而自动解除的。因此，对于被追究刑事责任的教职工，学校仍然要履行解除劳动合同的相关手续，向该教职工送达解除劳动合同的书面通知，并取得其签收的证明，防止今后因为劳动关系问题发生其他纠纷。

136 如何认定民办学校与教职工是否构成劳动关系？

民办学校与其雇用人员是否构成劳动关系，主要从以下方面进行判断和认定：

第一，有合同先看合同约定。《劳动法》第十六条规定："劳动合同是劳动者与用人单位确立劳动关系、明确双方权利和义务的协议。建立劳动关系应当订立劳动合同。"签订劳动合同是用人单位与劳动者的法定义务，也是双方确立劳动关系的重要标志，为促进建立劳动关系的双方签订劳动合同，《劳动合同法》《劳动合同法实施条例》还对用人单位及劳动者不签订或拒绝签订劳动合同作出了一系列惩罚性规定。所以，在确认劳动关系纠纷中，如果用人单位与劳动者签订了劳动合同，并按劳动合同约定履行了相关权利义务，那么双方无疑是构成劳动关系的。

第二，无合同要看关系实质。在司法实践中，如果劳动者与用人单位没有订立书面劳动合同，法院认定劳动关系主要参考以下三个标准：①用人单位和劳动者符合法律、法规规定的主体资格；②用人单位依法制定的各项劳动规章制度适用于劳动者，劳动者受用人单位的劳动管理，从事用人单位安排的有报酬的劳动；③劳动者提供的劳动是用人单位业务的组成部分。可用以证明劳动关系的证据包括：①工资支付凭证或记录（职工工资发放花名册）、缴纳各项社会保险费的记录；②用人单位向劳动者发放的"工作证""服务证"等能够证明身份的证件；③劳动者填写的用人单位招工招聘"登记表""报名表"等招用记录；④考勤记录；⑤其他劳动者的证言等[①]。

第三，合同形式不能掩盖关系实质。劳动关系最主要的法律特征就是用人单位与劳动者主体上的不平等性，劳动者与用人单位之间存在人格、经济、身份上的依附性，而劳务关系、合作关系等其他关系则是平等主体之间的关系，两者具有明显区别。实务中，有的民办学校为了降低用工成本、规避缴纳社保等义务，与构成劳动关系的教职工签订劳务合同、承包合同等其他形式的合同，以期用合同形式来掩盖劳动关系。需要指出的是，此类情形一旦出现争议，劳动仲裁机构和法院将会以双方关系的实质来认定是否构成劳动关系，而不是看合同形式。例如，虽然签订了劳务合同或承包合同，却要求合同相对方遵守学校内部管理制度、记录考勤、发放薪酬，这就是实质上的劳动关系。

此外，需要注意的是，劳动关系的确立与否，与雇用人员在学校服务时间的长短没有关系。如果符合劳动关系实质，则劳动者即使刚刚入职，用人单位也需要履行相关的法定义务；如果双方构成的是劳务关系，也并不会因为在学校服务多年而变为劳动关系。

相关案例1：

2018年6月至2019年4月，徐某在某职业学校工作，担任教师，双方未签订书面劳动合同。工作期间，徐某接受学校的规章制度管理，学校每月向徐某发放固定工资并根据徐某的授课情况发放课时费。2019年4月，双方发生劳动争议，徐某向市劳动人事争议仲裁委员会申请仲裁，请求确认自己与学校在2018年6月至2019年4月存在劳动关系。仲裁委员会作出确认存在劳动关

[①]《劳动和社会保障部关于确立劳动关系有关事项的通知》第一条、第二条。

系的裁决后，学校不服该裁决，向法院提起诉讼。

法院经审理认为，该职业学校是经审批设立的民办学校，具有劳动用工主体资格，而徐某系具有劳动权利能力和行为能力的成年人，双方均为合格的劳动法律关系主体；虽未签订劳动合同，但徐某从事的工作是学校业务的组成部分，徐某接受学校的管理，学校向其发放工资及课时费，以上事实符合《关于确立劳动关系有关事项的通知》的相关规定，符合劳动关系的构成要件。法院最终确认了双方存在劳动关系。

相关案例2：

2010年3月，陈某某经人介绍到S学院工作，任音乐系教师，受S学院安排，教授乐理、声乐、技能实践等课程。S学院每学期安排教学任务，陈某某按照教学安排进行授课。每学期结束时，S学院按照陈某某的课时量，在扣除个人所得税后，向其支付薪酬。学院在寒暑假放假期间，未向陈某某支付任何薪酬。2015年1月起，S学院不再为陈某某安排教学任务。1月14日，陈某某向当地劳动人事争议仲裁委员会提起仲裁，要求S学院与其签订无固定期限劳动合同。5月4日，劳动人事争议仲裁委员会作出裁决，以陈某某提交的证据不足以证明双方建立了劳动关系为由，裁决驳回陈某某的仲裁请求。5月14日，陈某某诉至法院，要求确认与S学院之间存在无固定期限劳动关系。

法院经审理认为，S学院在教师不足的情况下，临时聘用陈某某进行教学工作，但双方之间并未形成建立长期用工关系的合意，学院仅根据陈某某的授课数量发放报酬，并未设定基本工资，且在寒暑假期间并不发放薪酬；而在管理形式上，S学院除安排教学任务外，并未对陈某某进行其他人事或劳动性质的管理，不符合劳动关系的认定条件。法院判决陈某某与S学院之间不存在劳动关系。陈某某不服一审判决，提起上诉，二审法院经审理后，判决驳回上诉，维持原判。

137 聘用没有教师资格证的人员担任教师，是否只能签订劳务合同？

民办学校聘用没有教师资格的人员担任教师职务，违反了国家实施"教师资格制度"的有关规定，无论签订劳动合同还是劳务合同，都属于违规行为，合同或合同的部分内容会因为违反法律、行政法规的强制性规定而无效。

但需要注意的是，劳动合同无效并不影响劳动关系认定，只要符合《关于确立劳动关系有关事项的通知》的有关规定，依然可以判定民办学校与该教师存在劳动关系；而无论双方是否成立劳动关系，劳动合同无效也不影响学校的责任承担。根据《劳动合同法》的规定，劳动合同被确认无效，劳动者已付出劳动的，用人单位依然应当向劳动者支付劳动报酬和相应的经济补偿金。而根据《最高人民法院关于审理劳动争议案件适用法律问题的解释（一）》的规定，由于用人单位原因订立无效劳动合同，给劳动者造成损害的，用人单位应当赔偿劳动者因合同无效所造成的经济损失。

相关案例：

程某于 2015 年 8 月 6 日入职 L 学校，应聘的岗位是助教，不久后 L 学校的原美术老师离职，程某转至美术老师岗位工作。程某未取得教师资格证，在学校工作期间，学校也并未与程某签订书面劳动合同。后因学校未向程某发放 2016 年 1 月、2 月的工资，双方发生争议。2016 年 3 月 16 日，程某向区劳动人事争议仲裁委员会申请仲裁，要求学校支付其 2015 年 9 月至 2016 年 2 月未签订劳动合同双倍工资差额以及 2016 年 1 月、2 月的工资。仲裁委支持了程某的请求。L 学校不服仲裁委裁决，向法院提起诉讼，主张程某与学校不存在劳动关系，因为程某未取得教师资格证，根据《教师法》及《教师资格条例》的相关规定，因程某不具备教师资格，属于《劳动合同法》中规定的违反法律与行政法规强制性规定，劳动合同应属无效，双方之间属于劳务关系。

法院经审理认为，程某入职时应聘的工作岗位为助教，学校并没有提出证据证明单位在招聘时要求程某必须具有教师资格证，而程某入职之后学校应当已经了解其不具有教师资格证，之后还将程某转岗至美术教师岗位工作，学校自身存在过错，对于学校认为双方未形成劳动关系的说法不予认可，原、被告双方自2015年8月6日起建立劳动关系。法院最终判决学校应当支付程某2015年9月至2016年2月双倍工资差额以及2016年1月、2月未发放的工资。

138 劳动关系与劳务关系有什么区别?

劳动关系与劳务关系，虽然只有一字之差，但这是两种截然不同的用工方式，有着很多显著的区别：①在适用主体上，劳动关系只能在单位和个人之间形成；劳务关系则可以在单位之间、个人之间、单位与个人之间形成。②在隶属关系上，劳动者是用人单位的内部成员，遵守用人单位的内部规章制度，两者是领导与被领导、管理与被管理的关系；而在劳务关系中，劳务提供方与劳务接受方是平等的民事法律关系，不接受劳务接受方的管理，不受劳务接受方内部规章制度的约束。③在法律保护上，劳动者的权益受到《劳动法》《劳动合同法》《社会保险法》等众多法律规定的特别保护；但劳务提供方与劳务接受方主要看当事人之间的意思自治，如果发生争议纠纷，适用的是《民法典》的相关规定。④在责任承担上，劳动者必须服从用人单位的管理，以单位名义劳动，但风险责任由单位承担；而在劳务关系中，提供劳务一方有自主权，以自身名义提供劳务，风险责任通常由自身承担（侵权责任除外）。⑤在单位义务上，用人单位需要为劳动者缴纳社保、支付加班费、受最低工资标准约束、保障劳动者的休息权利；而接受劳务的单位则没有这些义务，如何支付报酬主要看双方的约定。⑥在劳动条件上，用人单位有为劳动者提供劳动条件的义务；劳务接受方则没有为劳务提供方保障劳动条件的义务。⑦在关系解除上，劳动关系解除需要依照法定程序；劳务关系则可以依照双方的约定随时解除。

⑧在争议处理上，对于劳动关系的争议法院不能直接受理，需要劳动仲裁前置，而劳务关系的争议法院可以直接受理。

139 民办学校教职工劳动合同应当包含哪些条款？

根据《劳动法》《劳动合同法》的规定，劳动合同应当包含以下必备条款：

①民办学校的名称、住所、法定代表人或者主要负责人；
②教职工的姓名、住址和居民身份证或者其他有效身份证件号码；
③劳动合同的期限；
④工作内容和工作地点；
⑤工作时间和休息休假；
⑥劳动报酬；
⑦社会保险；
⑧劳动保护和劳动条件；
⑨劳动纪律；
⑩劳动合同终止的条件；
⑪违反劳动合同的责任。

除上述必备条款外，民办学校还可以根据实际情况与教职工约定试用期、培训、保守秘密、补充保险和福利待遇等其他事项。

140 劳动合同中的劳动报酬，是否可以不约定具体金额？

民办学校与教职工的劳动合同中可以不约定劳动报酬的具体金额，但应当约定具体的计算方法，并且根据这一方法能够计算出具体的数额。如果劳动合同对劳动报酬约定不明确，引发争议的，民办学校可以与教职工重新协商；协商不成的，适用集体合同规定；没有集体合同或者集体合同未规定劳动报酬的，实行同工同酬①。

141 教职工试用期工资可以低于当地最低工资标准吗？

不可以。根据《劳动合同法》的规定，教职工试用期的工资不得低于本校相同岗位最低档工资或者劳动合同约定工资的80%，也不得低于学校所在地的最低工资标准。

142 劳动合同期限一年，试用期最长可以约定多久？

两个月。劳动合同期限三个月以上不满一年的，试用期不得超过一个月；劳动合同期限一年以上不满三年的，试用期不得超过二个月；三年以上固定期限和无固定期限的劳动合同，试用期不得超过六个月②。

143 教职工离职后再次入职，还可以再次约定试用期吗？

根据《劳动合同法》的规定，同一用人单位与同一劳动者只能约定一次试用期。但这通常是指在连续用工或者岗位性质相同的情况下，学校已经对教职工个人情况和工作能力有所了解，再约定试用期没有合理性，涉嫌侵害教职工的合法权益。而如果教职工离职后，再次入职学校应聘的是与以往不同的工作岗位，学校需要对教职工胜任新岗位的能力进行试用考察，具有实务上的合理性。例如，一名行政岗位人员从学校离职后，取得了教师资格证，再次到学校应聘教师岗位，民办学校与其重新约定试用期则是合情合理的，即使发生争

---

① 《劳动合同法》第十八条。
② 《劳动合同法》第十九条。

议也有很大可能获得劳动仲裁机构和法院的支持。

144 试用期内民办学校可以随意辞退教职工吗?

民办学校不能随意辞退试用期内的教职工。《劳动合同法》第三十九条规定:"劳动者有下列情形之一的,用人单位可以解除劳动合同:(一)在试用期间被证明不符合录用条件的;……"因此,学校要在试用期内辞退教职工,需要证明教职工不符合学校的录用条件,不能因为主观上觉得教职工不合适、不够好就作为辞退的理由进行辞退。

这也就需要民办学校在设置教职工录用条件时,应当尽量细化具体化,能够较为清晰地衡量教职工是否真正符合录用条件,否则就很难以此为由辞退试用期内的教职工。

145 试用期内和试用期过后,教职工辞职有什么规定要求?

在试用期内,教职工需要与学校解除劳动合同的,应当提前三日通知学校。即只需履行提前通知的义务,无须征得学校的同意。

在试用期过后,劳动合同期限未满,教职工需要解除劳动合同应当与学校协商一致,或提前三十日以书面形式通知学校。在学校并无过错的情况下,教职工单方面提出解除劳动合同的,学校不负有支付经济补偿的义务;如果教职工离职违反服务期约定或保密义务、竞业限制相关约定的,还应当承担违约责任。

146 过了试用期才发现教职工不符合录用条件，还能解除劳动合同吗？

通常来讲，录用条件仅在试用期有效，过了试用期就不能再以"在试用期被证明不符合录用条件"的法定解除权来解除劳动合同，除非用人单位能够证明教职工在入职时是以欺诈手段使学校在违背真实意思的情况下订立了劳动合同。

试用期过后，在劳动合同未到期的情况下用人单位想要与劳动者解除合同，只能通过协商解除、过失性辞退、无过失性辞退、经济性裁员等方式解除劳动合同，除过失性辞退外，用人单位还需要支付相应的经济补偿金。

需要注意的是，上述的过失性辞退、无过失性辞退和经济性裁员，都有法定的具体情形，并不能随意适用。例如，《劳动合同法》对于过失性辞退的规定是：

劳动者有下列情形之一的，用人单位可以解除劳动合同：

（一）在试用期间被证明不符合录用条件的；

（二）严重违反用人单位的规章制度的；

（三）严重失职，营私舞弊，给用人单位造成重大损害的；

（四）劳动者同时与其他用人单位建立劳动关系，对完成本单位的工作任务造成严重影响，或者经用人单位提出，拒不改正的；

（五）因本法第二十六条第一款第一项规定的情形致使劳动合同无效的（即以欺诈、胁迫的手段或者乘人之危，使对方在违背真实意思的情况下订立或者变更劳动合同的）；

（六）被依法追究刑事责任的。

147 学校不签或教职工不签劳动合同，分别需要承担什么责任？

如果是学校不签劳动合同，需要支付两倍工资。《劳动合同法实施条例》规定，用人单位自用工之日起超过一个月不满一年未与劳动者订立书面劳动合同的，应当向劳动者每月支付两倍的工资，并与劳动者补订书面劳动合同；如果用工超过一年未与劳动者订立书面合同，自用工之日起满一个月的次日至满一年的前一日应当向劳动者每月支付两倍的工资，并视为自用工之日起满一年的当日已经与劳动者订立无固定期限劳动合同。

如果是教职工不签劳动合同，学校应当与其终止劳动关系。根据《劳动合同法实施条例》的规定，自用工之日起一个月内，经用人单位书面通知后，劳动者不与用人单位订立书面劳动合同的，用人单位应当书面通知劳动者终止劳动关系，无须向劳动者支付经济补偿，但是应当依法向劳动者支付其实际工作时间的劳动报酬。

148 劳动合同到期后没有续签，学校继续用工有什么风险？

劳动合同到期是劳动合同终止的法定情形之一。民办学校与教职工劳动合同到期而不续签，表明劳动合同已经终止，如果继续用工，则形成了未签订书面劳动合同的用工关系。

根据《劳动合同法》规定，建立劳动关系，应当订立书面劳动合同。用人单位自用工之日起超过一个月不满一年未与劳动者订立书面劳动合同的，应当向劳动者每月支付两倍的工资。用人单位自用工之日起满一年不与劳动者订立书面劳动合同的，视为用人单位与劳动者已订立无固定期限劳动合同。因此，如果劳动合同到期，民办学校需要继续聘用的，应当与教职工及时或提前续签劳动合同。

149 学校在劳动合同到期后计划不与教职工续签，需要提前一个月通知该教职工吗？

劳动合同期满是劳动合同终止的法定情形，法律没有规定用人单位提前通知的义务，但用人单位不与劳动者续签劳动合同的，需要按照法律规定支付经济补偿。在法律没有明确规定通知义务的情况下，是否需要提前通知主要看各地的规定。如果地方没有规定的则没有通知义务，如上海市就没有规定用人单位的通知义务；如果地方有规定要求的，应当按照地方规定执行，如北京市就要求劳动合同期限届满前，用人单位应当提前30日将终止或者续订劳动合同意向以书面形式通知劳动者，经协商办理终止或续订劳动合同手续。

150 什么是固定期限劳动合同和无固定期限劳动合同？

所谓固定期限劳动合同，是指学校与教职工约定合同终止时间的劳动合同；而无固定期限劳动合同，则是指学校与教职工约定无确定终止时间的劳动合同。民办学校与教职工协商一致，可以签订固定期限劳动合同，也可以签订无固定期限劳动合同。

151 已经连续签订两次固定期限劳动合同，第三次还可以签订固定期限劳动合同吗？

根据《劳动合同法》的相关规定，民办学校与教职工连续订立两次固定期限劳动合同后，只要教职工没有严重违反用人单位制度或严重失职，没有因患病或非因工负伤等原因导致不能胜任工作，民办学校就应当与教职工继续签订劳动合同，而且应当订立无固定期限劳动合同，除非教职工提出订立固定期限劳动合同。

也就是说，民办学校与教职工连续订立过两次固定期限劳动合同后，第三次签订什么类型的劳动合同，主动权在教职工手中。除非教职工提出或同意签订固定期限劳动合同，否则就应当签订无固定期限劳动合同。

152 工作多年没有签订劳动合同，教职工还可以要求民办学校双倍工资赔偿吗？

根据《劳动争议调解仲裁法》的相关规定，劳动争议申请仲裁的时效期间为一年，仲裁时效期间从当事人知道或者应当知道其权利被侵害之日起计算。因此，工作多年都没有签订劳动合同，教职工再要求双倍赔偿，已经过了申请仲裁的时效期间。

但根据《劳动合同法》的相关规定，用人单位自用工之日起满一年不与劳动者订立书面劳动合同的，视为用人单位与劳动者已订立无固定期限劳动合同。因此，民办学校虽然没有与教职工签订书面劳动合同，教职工仍然可以用相关法律法规保护自身的合法权益。

153 民办学校应当为教职工缴纳的是"五险"还是"三险"？

民办学校应当为教职工缴纳"五险一金"。

根据《社会保险法》的规定，学校作为用人单位必须为教职工缴纳基本养老保险、基本医疗保险、工伤保险、失业保险和生育保险"五险"。其中，基本养老保险、基本医疗保险、失业保险等"三险"是由学校和教职工按照比例共同缴纳，工伤保险和生育保险则由学校全额缴纳，教职工不承担缴纳工伤保险和生育保险的责任。

此外，根据《住房公积金管理条例》的要求，学校录用教职工也应当在

30 日内向住房公积金管理中心办理缴存登记，并办理教职工住房公积金账户的设立或者转移手续，由学校和教职工按照规定比例缴存住房公积金。

154 民办学校聘用退休教职工，还用缴纳五险一金吗？

根据《劳动法》的规定，教职工退休的，依法享受社会保险待遇。而学校再聘用已经享受养老保险待遇的教职工，双方不再构成劳动关系，而是劳务关系。对此，司法解释也有明确规定，《最高人民法院关于审理劳动争议案件适用法律问题的解释（一）》第三十二条规定："用人单位与其招用的已经依法享受养老保险待遇或者领取退休金的人员发生用工争议而提起诉讼的，人民法院应当按劳务关系处理……"

而根据《社会保险法》和《住房公积金管理条例》的要求，学校只有为构成劳动关系的教职工缴纳社保和住房公积金的义务，对于构成劳务关系的劳务提供方，没有缴纳社保和住房公积金的义务。

155 民办学校聘用没有享受养老保险但已达退休年龄的人员，构成劳动关系吗？

民办学校在聘用一些后勤服务人员时，经常会遇到的情况是相关人员虽然已经达到法定退休年龄，却因为未缴纳社保等原因而不具备享受养老保险的条件。那么，学校聘用这类人员是构成劳动关系还是劳务关系呢？

根据《劳动合同法实施条例》第二十一条的规定："劳动者达到法定退休年龄的，劳动合同终止。"也就是说，劳动者达到法定退休年龄，与用人单位之间的劳动关系就终止了，用人单位继续用工的，双方形成劳务关系。由此也可推知，学校聘用这些达到法定退休年龄的人员，应当形成劳务关系，而不是劳动关系。在司法实践中，多数地区的法院会认定这类聘用关系为劳务关系，但也有一些地方法院仍然会认定为构成劳动关系。因此，对于这个问题，还需要结合地域和具体情况来进行判断。

156 哪些情形下解除劳动合同，民办学校需要向教职工支付经济补偿？

根据《劳动合同法》的规定，解除劳动合同时民办学校需要向教职工支付经济补偿的情形有：①教职工因民办学校未缴纳社保、未足额支付劳动报酬、未提供约定的工作条件等违法违规违约行为而提出解除劳动合同的；②民办学校提出，并与教职工协商一致解除劳动合同的；③民办学校依法对教职工进行无过失性辞退的；④民办学校依法实施经济性裁员的；⑤劳动合同期满民办学校不愿意续签的；⑥劳动合同期满民办学校降低劳动合同约定待遇条件而导致教职工不愿意续签的；⑦民办学校依法宣告破产的；⑧民办学校被吊销办学许可证、被责令停止办学或民办学校决定提前终止的。

157 解除劳动合同的经济补偿标准是如何计算的？

经济补偿按教职工在本校工作的年限，每满一年支付一个月工资的标准向教职工支付；六个月以上不满一年的，按一年计算；不满六个月的，向教职工支付半个月工资的经济补偿。教职工月工资（在劳动合同解除或者终止前十二个月的平均工资）高于民办学校所在直辖市、设区的市级人民政府公布的本地区上年度职工月平均工资三倍的，向其支付经济补偿的标准按职工月平均工资三倍的数额支付，向其支付经济补偿的年限最高不超过十二年[①]。

---

① 《劳动合同法》第四十七条。

158 经济补偿最多就是给教职工本人 12 个月的工资吗？

不是的。只有在教职工的月工资（在劳动合同解除或者终止前十二个月的平均工资）超过民办学校所在直辖市、设区的市级人民政府公布的本地区上年度职工月平均工资三倍的情况下，才有"向其支付经济补偿的年限最高不超过十二年"的限制。如果并没有工资超过三倍的情形，则仍然应当按照任职每满一年支付一个月工资的标准向教职工支付。

159 经济赔偿金与经济补偿金有什么不同？

简单来说，经济补偿是民办学校与教职工依法解除劳动合同时需要支付的补偿费用，是在教职工没有重大过错情况下，学校的一种补偿性支付义务；而经济赔偿则是民办学校违法解除或终止劳动合同时，应当向教职工支付的赔偿费用，是一种惩罚性的支付义务。

民办学校违法解除或终止劳动合同，应当按照经济补偿标准的二倍向教职工支付经济赔偿金[①]。

160 民办学校应当向教职工承担赔偿责任的情形有哪些？

根据《劳动合同法》的有关规定，民办学校需要向教职工承担赔偿责任的情形主要包括：

①学校违反《劳动合同法》的规定解除或终止劳动合同，教职工不要求继续履行合同的，学校应当支付经济赔偿金，经济赔偿金的标准为经济补偿金

---
① 《劳动合同法》第八十七条。

标准的二倍；

②学校规章制度违法违规给教职工造成损害的，应当承担赔偿责任；

③学校劳动合同缺乏必备条款或未交付教职工，给教职工造成损害的，应当承担赔偿责任；

④学校自用工之日起超过一个月不满一年不与教职工订立书面劳动合同，应当每月支付二倍工资；

⑤学校应当与教职工订立无固定期限劳动合同而不订立，自应当订立起每月支付二倍工资；

⑥学校超出法定时限约定试用期的，应当赔偿教职工相应的工资标准损失；

⑦学校以暴力、威胁、非法限制人身自由的手段强迫劳动，或者有其他侵害教职工人身权益的做法，给教职工造成损害的，应当承担赔偿责任；

⑧学校不向教职工出具解除或终止劳动合同的书面证明，给教职工造成损害的应当承担赔偿责任；

⑨学校招用与其他单位尚未解除或者终止劳动合同的教职工，给其他用人单位造成损失的，应当承担连带赔偿责任；

⑩学校以担保或者其他名义向教职工收取财物，给教职工造成损害的，应当承担赔偿责任；

⑪教职工依法解除或者终止劳动合同，学校扣押教职工档案或者其他物品，给教职工造成损害的，应当承担赔偿责任；

⑫劳动行政部门依法责令学校支付劳动报酬、加班费、经济补偿、低于最低工资标准的差额，学校逾期不支付的，责令学校按应付金额百分之五十以上百分之一百以下的标准向教职工加付赔偿金；

⑬因学校的原因致使订立的劳动合同无效，给教职工造成损害的，应当承担赔偿责任；

⑭学校使用劳务派遣用工，给被派遣劳动者造成损害的，学校与劳务派遣

单位承担连带赔偿责任；

⑮其他因学校过错造成教职工损害的情形。

161 劳动合同中可以约定教职工违约需要承担违约金吗？

可以在双方签订的《劳动合同》中约定由教职工承担违约金的情形只有两种：一是学校为教职工提供专项培训费用，对其进行专业技术培训，约定服务期，教职工违反服务期约定的，应当按照约定支付违约金，但违约金的数额不得超过学校提供的培训费用；二是对负有保密义务的教职工，学校可以与之约定竞业限制，教职工违反竞业限制约定的，应当按照约定向学校支付违约金。除此之外，学校不得与教职工约定由教职工承担违约金①。

162 民办学校要求教职工履行竞业限制义务，有什么规范要求？

首先，竞业限制的人员限于学校的高管人员、高级技术人员和其他负有保密义务的人员，并不能对所有教职工适用。

其次，竞业限制的范围、地域、期限等均应当约定明确，根据法律规定②，要求教职工不得到竞争对手单位工作或自己从事同类业务的竞业限制期限不得超过两年。

再次，学校要求教职工履行竞业限制义务，在竞业限制期限内应当按月给予劳动者经济补偿，经济补偿的数额标准法律法规并未明确，但根据司法解释的规定③，不应低于教职工与学校解除或终止劳动合同前十二个月平均工资的

---

① 《劳动合同法》第二十五条。
② 《劳动合同法》第二十四条。
③ 《最高人民法院关于审理劳动争议案件适用法律问题的解释（一）》第三十六条。

30%，也不能低于学校所在地的最低工资标准。

最后，如果教职工在竞业限制期限内违反约定，应当根据双方约定支付违约金，违约金的标准法律法规没有具体规定，从司法实践来看，逐步从原来酌定调整违约金的做法转换为尊重协议双方意思自治的原则，除案件中有特殊情况外，不再调整竞业限制违约金的数额。

163 教职工从举办者举办的 A 学校调到 B 学校，需要在 A 学校办理离职后，再到 B 学校办理入职吗？

从规范的角度来看，是应该如此操作的，因为 A 学校与 B 学校虽然都是由同一个举办者举办，但实则为两个独立的法人主体，对聘用教职工所应承担的责任并不能随意转嫁。

然而在实践中，一般可以采用一种更为简便的模式，就是签订三方协议，B 学校承诺继承 A 学校与教职工劳动合同项下的权利义务，工龄连续计算、薪酬维持不变、未休年假给予补休，等等。

164 民办学校发生合并、分立等情形，与教职工的劳动关系应当如何处理？

民办学校发生合并、分立等情况的，与教职工的原劳动合同继续有效，劳动合同由继承其权利与义务的民办学校继续履行[①]。

---

① 《劳动合同法》第三十四条。

165 民办学校发生名称变更、举办权转让等情形，会影响与教职工的劳动关系吗？

民办学校发生变更名称或是变更举办者等情形，并不会涉及法人主体变更，学校与教职工的劳动关系也不会受到影响，仍然继续享有劳动合同约定的权利、承担劳动合同约定的义务，也并不需要因此而重新签订劳动合同。

166 学校由非营利性民办学校变更为营利性民办学校，与教职工的劳动关系怎么处理？

学校由非营利性变更为营利性的过程，虽然可能校园校舍、师生员工都没有任何变化，但法人登记证需要由民办非企业单位变更为企业单位，从法律上来看，是一个新学校设立、旧学校注销的过程，法人主体已经发生了变更。

因此，与教职工的劳动关系也有两种处理方法：一种是教职工先与变更前的学校了断权利义务关系，包括结清工资、给予经济补偿、解除劳动合同等，而后再与变更后的学校重新签订劳动合同；另一种是在新学校设立后、原学校注销前，由原学校、新学校、教职工三方签订协议，由新学校继承原学校与教职工劳动合同项下的权利义务，之后再注销原学校，实现学校与教职工劳动关系的平稳过渡。

167 学校由民办学校转为公办学校，与教职工的劳动关系怎么处理？

在"公参民"学校治理过程中，存在不少"民转公"的情形。学校由民办学校变更为公办学校的过程，通常需要将《民办非企业单位登记证书》变更为《事业单位法人证书》，这也是一个新学校设立、旧学校注销的过程。与教职工劳动关系的处理也是两种形式：教职工先与原学校了断权利义务，再与新学校签订劳动合同；或者签订三方协议（前提是原学校尚未注销且教职工同意），由新学校代替原学校继续履行劳动合同。

168 民办学校将部分后勤业务剥离到新成立的公司，需要给相关员工经济补偿吗？

需要。《最高人民法院关于审理劳动争议案件适用法律问题的解释（一）》规定，劳动者非因本人原因从原用人单位被安排到新用人单位工作，原用人单位未支付经济补偿，劳动者依据劳动合同法与新用人单位解除劳动合同，或者新用人单位向劳动者提出解除、终止劳动合同，在计算支付经济补偿或赔偿金的工作年限时，劳动者请求把在原用人单位的工作年限合并计算为新用人单位工作年限的，人民法院应予支持。

也就是说，相关人员与民办学校解除劳动合同，民办学校就应当依法给予经济补偿，如果民办学校没有支付，劳动者又与新成立的公司签订了劳动合同，则应当由新成立的公司在今后解除劳动合同时合并计算支付。

169 民办学校因教职工过错而拟对其降职降薪，还需要教职工本人同意吗？

一般情况下，调整工作岗位、降低工资报酬属于劳动合同主要内容的变更，依法需要民办学校与教职工协商一致[①]。但如果教职工出现过错符合不能胜任工作情形的，民办学校有权对教职工进行调岗。然而，调岗是否能够不经

---

① 《劳动合同法》第三十五条。

教职工本人同意就降薪，需要考虑双方的合同约定、学校的规章制度等具体情况。

170 教职工工作态度不端正、不配合学校安排的工作，可以辞退吗？

民办学校给教职工安排的工作应当在其职责范围内，且在合理范围内，如果教职工拒绝服从的，学校应当依照内部规章制度进行惩处。是否可以辞退，要综合考虑教职工的过错程度和学校的规章制度，如果仅仅作出工作态度不端正、不配合工作等主观评价，很难获得劳动仲裁机构和法院的认可，可能需要承担违法解除、终止劳动合同的经济赔偿责任。

171 教职工不能胜任工作与不符合录用条件，有什么区别？

录用条件是民办学校考察试用期教职工是否符合录用标准的条件，通常分为三部分内容：资质条件、能力条件和职业道德条件。不能胜任工作则是指教职工不能完成劳动合同约定的工作任务或者同类岗位的平均工作量，不符合岗位工作要求。

不符合录用条件发生在试用期内，民办学校以此为依据直接解除劳动合同，无须支付经济补偿。不能胜任工作则是发生在劳动合同履行过程中，教职工不能胜任工作，民办学校需要先经过培训或者调整工作岗位，仍然不能胜任工作的才可以辞退，辞退需要支付经济补偿金。

172 对于绩效较差的教职工，民办学校可以实施末位淘汰吗？

不可以。以末位淘汰的方式解除、终止劳动合同是违法的，不论如何操作都需要支付违法解除、终止劳动合同的经济赔偿金。最高人民法院在《指导案例18号——通讯（杭州）有限责任公司诉王某劳动合同纠纷案》中明确：劳动者在用人单位等级考核中居于末位等次，不等同于"不能胜任工作"，不符合单方解除劳动合同的法定条件，用人单位不能据此单方解除劳动合同。

相关案例：

2005年7月，被告王某进入原告通讯公司（以下简称A通讯）工作，劳动合同约定王某从事销售工作，基本工资每月3840元。该公司的《员工绩效管理办法》规定：员工半年、年度绩效考核分别为S、A、C1、C2四个等级，分别代表优秀、良好、价值观不符、业绩待改进；S、A、C（C1、C2）等级的比例分别为20%、70%、10%；不胜任工作原则上考核为C2。王某原在该公司分销科从事销售工作，2009年1月后因分销科解散等原因，转岗至华东区从事销售工作。2008年下半年、2009年上半年及2010年下半年，王某的考核结果均为C2。A通讯认为，王某不能胜任工作，经转岗后，仍不能胜任工作，故在支付部分经济补偿金的情况下解除了劳动合同。

2011年7月27日，王某提起劳动仲裁。同年10月8日，仲裁委作出裁决：A通讯支付王某违法解除劳动合同的赔偿金余额36596.28元。A通讯认为其不存在违法解除劳动合同的行为，故于同年11月1日诉至法院，请求判令不予支付解除劳动合同赔偿金余额。浙江省杭州市滨江区人民法院于2011年12月6日作出（2011）杭滨民初字第885号民事判决：原告于本判决生效之日起十五日内一次性支付被告王某违法解除劳动合同的赔偿金余额36596.28元。宣判后，双方均未上诉，判决已发生法律效力。

法院生效裁判认为：为了保护劳动者的合法权益，构建和发展和谐稳定的劳动关系，《劳动法》《劳动合同法》对用人单位单方解除劳动合同的条件进行了明确限定。原告A通讯以被告王某不胜任工作，经转岗后仍不胜任工作为由，解除劳动合同，对此应负举证责任。根据《员工绩效管理办法》的规定，"C（C1、C2）考核等级的比例为10%"，虽然王某曾经考核结果为C2，但是 C2 等级并不完全等同于"不能胜任工作"，A 通讯仅凭该限定考核等级比例的考核结果，不能证明劳动者不能胜任工作，不符合据此单方解除劳动合同的法定条件。虽然 2009 年 1 月王某从分销科转岗，但是转岗前后均从事销售工作，并存在分销科解散导致王某转岗这一根本原因，故不能证明王某系因不能胜任工作而转岗。因此，A 通讯主张王某不胜任工作，经转岗后仍然不胜任工作的依据不足，存在违法解除劳动合同的情形，应当依法向王某支付经济补偿标准二倍的赔偿金。

173 教职工拒绝续签劳动合同，学校与其解除劳动关系还需要支付经济补偿吗？

是否支付经济补偿需要区分情况来看。如果民办学校在维持或者提高劳动合同约定条件的情况下续订劳动合同，教职工不愿意续签，则学校无须支付经济补偿。如果学校是降低合同约定的条件与教职工续签劳动合同，教职工拒绝续签的，学校仍然需要支付经济补偿。

174 教职工体罚学生造成恶劣影响，学校是否可以直接辞退而不支付经济补偿？

在民办学校自身的规章制度中，均应当包含教职工不得体罚学生的相关规定要求。教职工体罚学生造成恶劣影响，属于严重违反学校的规章制度，学校单方面解除劳动合同，属于教职工过失性辞退，依法不需要支付经济补偿。

175 教职工被追究刑事责任，学校是否可以直接开除而不支付经济补偿？

教职工依法被追究刑事责任，是民办学校可以依法辞退教职工的法定情形，不需要支付经济补偿。但需要注意，如果劳动合同中并没有"教职工被追究刑事责任的，与学校的劳动关系自动解除"之类的相关约定，双方的劳动合同、劳动关系是不会因为教职工犯罪而自动解除的，对于被追究刑事责任的教职工，学校仍然要履行解除劳动合同的相关手续，向该教职工送达解除劳动合同的书面通知，取得其签收的证明，以免为今后的纠纷埋下隐患。

176 教职工受到伤害和患病的，如何认定是否构成工伤？

根据《工伤保险条例》的规定，教职工存在以下情形的，应当认定为工伤或视同工伤：

①在工作时间和工作场所内，因工作原因受到事故伤害的；

②工作时间前后在工作场所内，从事与工作有关的预备性或者收尾性工作受到事故伤害的；

③在工作时间和工作场所内，因履行工作职责受到暴力等意外伤害的；

④患职业病的；

⑤因工外出期间，由于工作原因受到伤害或者发生事故下落不明的；

⑥在上下班途中，受到非本人主要责任的交通事故或者城市轨道交通、客运轮渡、火车事故伤害的；

⑦在工作时间和工作岗位，突发疾病死亡或者在 48 小时之内经抢救无效死亡的；

⑧在抢险救灾等维护国家利益、公共利益活动中受到伤害的；

⑨职工原在军队服役,因战、因公负伤致残,已取得革命伤残军人证,到用人单位后旧伤复发的;

⑩法律、行政法规规定应当认定为工伤的其他情形。

除上述规定外,最高人民法院根据常见的工伤待遇纠纷,出台了《关于审理工伤保险行政案件若干问题的规定》,进一步明确了以下情形也应当认定为工伤:

①职工在工作时间和工作场所内受到伤害,用人单位或者社会保险行政部门没有证据证明是非工作原因导致的;

②职工参加用人单位组织或者受用人单位指派参加其他单位组织的活动受到伤害的;

③在工作时间内,职工来往于多个与其工作职责相关的工作场所之间的合理区域因工受到伤害的;

④其他与履行工作职责相关,在工作时间及合理区域内受到伤害的。

在司法实践中,职工受到伤害即使不能严格满足上述规定要求,法院也常常会从《劳动法》《劳动合同法》《工伤保险条例》等法律法规的立法宗旨出发,最大可能地保障主观上无恶意的劳动者因工作或在与工作相关的活动中遭受事故伤害或患职业病后,能够获得医疗救治、经济补偿和职业康复的权利。因此,民办学校一定要注重依法为教职工缴纳相关保险。

相关案例1:

祝某是某学校数学教研组长,2014年4月25日,祝某参加完研讨会会议,晚饭后感到身体不舒服,回到教职工宿舍后晕倒在室内,送往医院抢救至4月26日死亡。2014年5月12日,市人力资源和社会保障局作出《关于祝某不属于因工死亡认定决定书》,认定祝某的死亡不属于因工死亡。祝某家属不服该决定书,遂于2014年7月14日向法院提起行政诉讼,请求撤销该决定书。2014年10月18日,法院作出行政判决,维持市人力资源和社会保障局作出的《关于祝某不属于因工死亡认定决定书》。原告不服,向法院提起上诉,该院于 2015 年 3 月 23 日作出行政裁定书，裁定发回重审。一审法院于 2015 年 9 月 25 日作出新的行政判决书，撤销市人力资源和社会保障局作出的《关于祝某不属于因工死亡认定决定书》。2016 年 6 月 12 日，市人力资源和社会保障局作出《关于祝某视同因工死亡认定决定书》，认定祝某死亡视同因工死亡。

相关案例 2：

吴某是某幼儿园的保育员，2015 年 8 月 29 日晚，该园园长以手机短信方式通知吴某于第二天到另一所幼儿园参加为期一天的培训。8 月 30 日，吴某到该幼儿园参加了培训，但培训未结束就中途离开，乘坐小型客车返回途中发生交通事故，导致受伤。吴某申请工伤认定，幼儿园及当地人力资源和社会保障局均认为吴某不是在上下班途中遭遇的交通事故，属于因公外出，但其在未经请假的情况下提前离开，受伤也不是由于工作原因，不应当认定为工伤。吴某于是向法院提起工伤认定诉讼，法院认定吴某受到伤害属于工伤。

177 民办学校没有为教职工缴纳社保，出现工伤将如何承担责任？

为劳动者缴纳工伤保险费是用人单位的责任，劳动者并不承担缴纳工伤保险费的义务。教职工如果发生工伤的，以下费用从工伤保险基金中支付：①治疗工伤的医疗费用和康复费用；②住院伙食补助费；③到统筹地区以外就医的交通食宿费；④安装配置伤残辅助器具所需费用；⑤生活不能自理的，经劳动能力鉴定委员会确认的生活护理费；⑥一次性伤残补助金和一至四级伤残职工按月领取的伤残津贴；⑦终止或者解除劳动合同时，应当享受的一次性医疗补助金；⑧因工死亡的，其遗属领取的丧葬补助金、供养亲属抚恤金和因工死亡补助金；⑨劳动能力鉴定费。

如果民办学校没有为教职工依法缴纳工伤保险费，根据《工伤保险条例》的规定，发生工伤事故的，将由民办学校支付教职工的工伤保险待遇。民办学校不支付的，从工伤保险基金中先行支付，而后由民办学校偿还，民办学校不偿还的，社会保险费征收机构可以申请人民法院扣押、查封、拍卖其价值相当于应当缴纳社会保险费的财产，以拍卖所得抵缴社会保险费。

178 教职工因工致残的，享受何种工伤保险待遇？

根据《工伤保险条例》有关规定，教职工因工致残的，根据伤残等级不同而享受不同的待遇。

教职工因工致残被鉴定为一级至四级伤残的，保留劳动关系，退出工作岗位，享受以下待遇：

①从工伤保险基金中按伤残等级支付一次性伤残补助金，标准为：一级伤残为27个月的本人工资，二级伤残为25个月的本人工资，三级伤残为23个月的本人工资，四级伤残为21个月的本人工资。

②从工伤保险基金中按月支付伤残津贴，标准为：一级伤残为本人工资的90%，二级伤残为本人工资的85%，三级伤残为本人工资的80%，四级伤残为本人工资的75%。伤残津贴实际金额低于当地最低工资标准的，由工伤保险基金补足差额。

③工伤职工达到退休年龄并办理退休手续后，停发伤残津贴，按照国家有关规定享受基本养老保险待遇。基本养老保险待遇低于伤残津贴的，由工伤保险基金补足差额。

④由学校和教职工个人以伤残津贴为基数，缴纳基本医疗保险费。

教职工因工致残被鉴定为五级、六级伤残的，享受以下待遇：

①从工伤保险基金中按伤残等级支付一次性伤残补助金，标准为：五级伤残为18个月的本人工资，六级伤残为16个月的本人工资。

②保留与学校的劳动关系，由学校安排适当工作。难以安排工作的，由学校按月发放伤残津贴，标准为：五级伤残为本人工资的70%，六级伤残为本人

工资的60%，并由学校按照规定为其缴纳应缴纳的各项社会保险费。伤残津贴实际金额低于当地最低工资标准的，由学校补足差额。

③经工伤教职工本人提出，可以与学校解除或者终止劳动关系，由工伤保险基金支付一次性工伤医疗补助金，由学校支付一次性伤残就业补助金。一次性工伤医疗补助金和一次性伤残就业补助金的具体标准由省、自治区、直辖市人民政府规定。

教职工因工致残被鉴定为七至十级伤残的，享受以下待遇：

①从工伤保险基金中按伤残等级支付一次性伤残补助金，标准为：七级伤残为13个月的本人工资，八级伤残为11个月的本人工资，九级伤残为9个月的本人工资，十级伤残为7个月的本人工资；

②劳动、聘用合同期满终止，或者教职工本人提出解除劳动、聘用合同的，由工伤保险基金支付一次性工伤医疗补助金，由学校支付一次性伤残就业补助金。一次性工伤医疗补助金和一次性伤残就业补助金的具体标准由省、自治区、直辖市人民政府规定。

179 教职工患病或非因工负伤，可以享受多久的医疗期？

医疗期，是指教职工因患病或非因工负伤停止工作治病休息，学校不得解除劳动合同的时限。教职工可以享受多久的医疗期，与教职工的实际工作年限和在本校的工作年限相关，根据劳动部的规定：教职工实际工作年限10年以下的，在本单位工作年限5年以下的，医疗期为3个月，在本单位工作5年以上的为6个月；实际工作年限10年以上的，在本单位工作年限5年以下的为6个月，5年以上10年以下的为9个月，10年以上15年以下的为12个月，15年以上20年以下的为18个月，20年以上的为24个月[①]。

---

① 《企业职工患病或非因工负伤医疗期规定》第三条。

上述规定适用于全国绝大多数地区，但部分地区制定了不同的规定，如《上海市人民政府关于本市劳动者在履行劳动合同期间患病或者非因工负伤的医疗期标准的规定》明确，医疗期按照劳动者在本用人单位的工作年限设置，劳动者在本单位工作第 1 年，医疗期为 3 个月，以后工作每满 1 年，医疗期增加 1 个月，但不超过 24 个月。也就是说，上海的规定是只看在本单位的工作年限，而不看实际工作年限，计算方式为医疗期=N+2≤24 月，其中 N 为劳动者在本单位的工作年限。

180 教职工体检发现患有重病，医疗期满后不能治愈也不能从事工作，应当如何处理？

教职工患有经医生或医疗机构认定难以治疗的疾病，在医疗期内医疗终结，不能从事原工作，也不能从事学校另行安排的工作的，应当由劳动鉴定委员会参照工伤与职业病致残程度鉴定标准进行劳动能力的鉴定。被鉴定为一至四级的，应当退出劳动岗位，终止劳动关系，办理退休、退职手续，享受退休、退职待遇；被鉴定为五至十级的，医疗期内不得解除劳动合同①，医疗期结束后则没有限制。

181 教职工医疗期的病假工资有最低标准规定吗？

有的。教职工患病或非因工负伤治疗期间，在规定的医疗期内由学校按规定支付其病假工资或疾病救济费，病假工资或疾病救济费可以低于当地最低工资标准支付，但不能低于最低工资标准的 80%②。

---

① 《企业职工患病或非因工负伤医疗期规定》第六条。
② 《关于贯彻执行〈中华人民共和国劳动法〉若干问题的意见》第五十九条。

182 教职工劳动合同到期但医疗期未满，劳动合同是自动延续吗？

是的。教职工患病或非因工负伤，在规定的医疗期内，劳动合同期满的，劳动合同应当自动延续至医疗期满，此种情形属于劳动合同的法定延续，不需要双方续签劳动合同。

183 哺乳期女教师绩效不达标，可以降低其工资吗？

根据《女职工劳动保护特别规定》的规定，用人单位不得因女职工怀孕、生育、哺乳而降低其工资、予以辞退、与其解除劳动或聘用合同。如果学校是依据自身合法有效的绩效考核标准对全体教师实施一视同仁的薪酬管理，是可以的；但如果绩效考评存在对"三期"女教师不利的评价标准，则属于违反《女职工劳动保护特别规定》的标准，不能成为降低哺乳期女教师工资的依据。

184 女性教职工的生育津贴和产假工资是一回事吗？

生育津贴是国家法律、法规规定对职业妇女因生育而离开工作岗位期间给予的生活费用，生育津贴由社会保险机构发放给用人单位，再由用人单位支付给生育职工，或者由社会保险机构直接转账给生育职工。对于已经参加生育保险的女性教职工产假期间的生育津贴，按照学校上年度教职工月平均工资的标准由生育保险基金支付，学校无须再为生育教职工发放产假工资。

对于未参加生育保险，或者生育保险没有缴够足够的年限而无法享受相关待遇的，则由学校发放产假工资，产假工资按照女性教职工产假前的工资标准，由学校全额支付。

185 民办学校在寒暑假期间可以停发教职工工资吗？

不可以。对于教师而言，《教师法》明确规定教师拥有寒暑假期间的带薪休假权利，如果民办学校在寒暑假停发教师工资，属于违法行为。

对于其他非教师职工而言，劳动部《工资支付暂行规定》也明确要求，非因劳动者原因造成单位停工、停产在一个工资支付周期内的，用人单位应按劳动合同规定的标准支付劳动者工资。超过一个工资支付周期的，若劳动者提供了正常劳动，则支付给劳动者的劳动报酬不得低于当地的最低工资标准；若劳动者没有提供正常劳动，应按国家有关规定办理。这里的"国家有关规定"主要是指职工基本生活保障制度的规定，各省都会有一些具体的标准，如上海市的规定是不得低于本市规定的最低工资标准[1]。也就是说，即使寒暑假超过一个月，而职工也未提供任何劳动，仍然应当保障其基本生活的开支。

上述所指的职工，均是与学校构成劳动关系的内部人员，如果只是提供劳务的人员，与学校构成的是劳务关系而非劳动关系，则学校是否需要在寒暑假支付其劳务报酬主要看双方的约定。

186 民办学校在寒暑假期间能否减发教职工工资？

民办学校寒暑假能否适当减发教职工的工资，这主要看学校的薪酬制度和教职工的工资构成。

《劳动法》第四十七条规定："用人单位根据本单位的生产经营特点和经济效益，依法自主确定本单位的工资分配方式和工资水平。"因此，民办学校有权自主制定本校的工资标准和薪酬制度。举例而言，一所民办学校把教职工

---

[1] 《上海市企业工资支付办法》第十二条。

工资构成区分为基本工资+学历津贴+工龄工资+课时费/带班费+交通补贴+误餐补贴+绩效工资+住校津贴等，这其中的部分项目就无须在寒暑假期间继续发放。

但需要注意的是，学校在制定寒暑假相关工资制度时，不得违反其他一些规定要求。例如，根据《工资支付暂行规定》要求，停工不足一个月的，工资支付标准应当不低于合同明确的标准；再如《劳动法》和《最低工资规定》对于劳动者工资不得低于当地最低工资标准的要求；等等。

187 加班工资、津贴补贴等可以包含在最低工资标准内吗？

不可以。所谓最低工资标准，是指劳动者在法定工作时间或劳动合同约定的工作时间内提供了正常劳动的前提下，用人单位依法应当支付的最低劳动报酬。

因此，依据上述规定：

第一，最低工资标准不包含加班工资。最低工资标准是在法定工作时间或约定工作时间内提供劳动所获取的报酬，超时工作应当获得的加班工资，不应当计入最低工资标准之中。简言之，教职工不加班，所领取的工资也不能比最低工资标准低；如果加班，领取的工资肯定应当比最低工资标准高。

第二，最低工资标准不包含各类津贴补贴。最低工资标准是在提供正常劳动的情况下，用人单位应当支付的最低劳动报酬。劳动者在一些特殊岗位上获取的津贴补贴或者单位提供的福利待遇，如值班补贴、夜班补贴、高温补贴、低温补贴、交通补贴、通信补贴等，均不包含在最低工资标准中。

第三，最低工资标准不包含法定福利待遇。劳动者依法享受带薪年休假、探亲假、婚丧假、生育（产）假、节育手术假等国家规定的假期间，以及法定工作时间内依法参加社会活动期间，视为提供了正常劳动。学校给教职工所发的工资不能扣减上述的法定带薪休假福利。

188 最低工资标准是否包含个人缴纳部分的社保费？

应当包含。个人实际到手的工资，如果已经扣除个人需要缴纳的社保费用，是有可能低于当地最低工资标准的。

《最低工资规定》第六条第一款规定："确定和调整月最低工资标准，应参考当地就业者及其赡养人口的最低生活费用、城镇居民消费价格指数、职工个人缴纳的社会保险费和住房公积金、职工平均工资、经济发展水平、就业状况等因素。"各地在确定最低工资标准时，已经把个人缴纳的社会保险费和住房公积金纳入考虑之中。

189 社保缴费基数低于合同约定的工资标准，有什么风险？

社保和公积金缴费基数低于劳动合同约定的工资标准的，本身不会影响劳动合同的效力，也不会影响社保和公积金缴费的效力。但如果教职工一旦去劳动行政部门举报，劳动行政部门查证后认定劳动者的实际收入高于缴费基数，则民办学校除补缴所欠费用外，还需要按日加收万分之五的滞纳金，如果逾期仍不缴纳的，处欠缴数额一倍以上三倍以下的罚款[①]。

190 民办学校设计工资薪酬制度应当考虑哪些方面的因素？

从工资薪酬制度设计的角度考虑，民办学校是一类既有公益属性也有市场属性，既有营利性分类也有非营利性分类的特殊群体，薪酬制度既不能按照公司、企业及普通教培机构的做法，以追求利润增长为根本目的和唯一主线，也

---

① 《社会保险法》第八十六条。

不能照搬事业单位、公办学校及其他以政府经费为主要经费来源的特殊学校工资制度，而要充分考虑招生收费、成本效益等生存发展的基础支撑和市场因素。因此，对于民办学校的薪酬制度设计，建议综合考虑以下六个维度进行体系设计：

①合法合规性。合法合规是薪酬设计的前提条件。很多民办学校为调动教职工的积极性、主动性，在人才的保留和激励方面都比较重视，但一些学校在具体的激励措施上存在很大的法律风险。比如，有的教育集团公司随意归集学校资金，在集团公司层面对其举办的各所学校高管和骨干教师进行绩效激励，损害了学校法人财产的独立性；有的非营利性民办学校对高管和骨干教师采取所谓的"股权激励"，涉嫌违规分配办学结余、非法侵占学校利益；还有的民办学校让高管和骨干教师安排自己不在学校任职的亲属从学校领取工资，变相增加高管和骨干教师的福利待遇；等等。这些做法都是法律法规不能容许的，一旦被查处，轻则受到行政处罚，重则还可能追究刑事责任。

②目标导向性。薪酬制度往往有很强的导向性，因此要结合民办学校所应当及所希望实现的目标来进行，以此引导教职工的言谈举止、精神状态。总体而言就是要做到：需要什么就体现什么，期望什么就奖励什么，担心什么就控制什么。比如，学校需要培养出成绩优异的学生，那薪酬设计就必须在如何评价教师教育教学成效、如何奖励教师的教育教学成果上下功夫，持续激发教师提升教育教学质量的积极性、主动性；又如，学校希望教职工积极参与招生，那就要在薪酬设计上给予相应权重的绩效和奖金，提升教职工完成学校招生指标任务的主观能动性；再如，学校担心部分教师爱岗敬业存在问题、担心部分员工不尽职责引发安全事故，那在薪酬制度设计上就要有相应的惩处制度，用薪酬导向来规范行为、控制结果。

③行业竞争性。民办学校之间的竞争，归根结底是人才的竞争，没有优秀的人才，很难在激烈的行业竞争中立于不败之地。所以，民办学校在进行薪酬设计时，应当对行业薪资水平和当地市场行情进行调研，在掌握情况的基础上

结合自身目标来进行薪酬设计、确定薪酬标准。相比民办学校，公办学校往往有着财政投入大、硬件设施好、工作稳定等诸多优势，如果民办学校再不提供相对优厚的薪资待遇，根本无法招到真正优秀的专家名师和教学骨干人才，而这个问题对于那些学校位置相对偏远、工作环境相对较差的民办学校来说更为突出。

④实质公平性。资历差不多的教职工工资差不多、岗位相同的教职工薪酬相同，这只是表面上的公平，可能导致的结果就是大家干多干少一个样、干好干坏一个样、干与不干一个样，使教职工缺乏动力、组织缺乏活力、学校缺乏竞争力。所以，民办学校薪酬设计要坚持实质上的公平，同样的岗位也可以划分三六九等，因为不同的业绩、不同的贡献就应当对应不同的薪酬待遇，多劳多得才会有能者多劳，奖优罚劣才会竞相成才。民办学校应当营造这样一种价值观，就是"业绩是话语权，品行是通行证"，因为业绩优异的人讲出来的才是正能量、好方法，而品行良好的人才能委以重任、放在高位。

⑤成本效益性。一方面，民办学校相较于公办学校，往往财力物力有限，很多民办学校都存在资金周转紧张的问题，并不能一味提高教职工的薪酬待遇；另一方面，人的欲望又是无止境的，再高的薪资也不可能让教职工持续满足，而总是用高薪挖人留人，则会演变为民办学校之间的"竞赛"。因此，民办学校薪酬设计要充分考虑成本效益，把好钢用在刀刃上。首先是薪酬结构要科学设计，既能充分激发内在动力、导向发展目标，又能弘扬师德师风、强化爱岗敬业；其次是要物质奖励与精神奖励并用，精神层面的关怀、重视、认可、尊重、荣誉等，这些往往是物质奖励所不能代替和满足的；最后就是要从税费成本的角度去考虑，用好国家给予的税收优惠政策，因为省下来的不是学校的纯利润，就是教师的纯收入。

⑥体系融合性。薪酬制度是民办学校发展的动力机制，是学校整体建设的重要组成部分，因此薪酬制度也应当融合到学校的整个发展体系中去进行设计，不能就事论事地简单考虑工资怎么发、福利怎么给、奖金怎么分。首先，

只有把学校的发展目标、战略规划搞清楚，才能把学校的组织架构搭建好；其次，只有把学校的组织架构搭建好，才知道要招聘使用什么样的人、他们的岗位职责是什么；再次，只有把教职工的岗位职责梳理清楚，才能给他们确定工作标准、设计晋升通道、规划职业生涯；最后，只有把工作标准与晋升规划搞明白，才能制定薪酬标准、划分薪酬等级，才能够进行考核评价、实施绩效管理，使薪酬激励真正落地见效。

191 民办学校制定和修改工资薪酬制度应当遵循什么程序？

综合《劳动法》《劳动合同法》《民办教育促进法》等相关规定的要求，结合实际操作的需要，可以把工资薪酬制度调整程序归纳如下：

①起草制度。在董事会/理事会的领导下，学校可以由校领导、法律顾问以及综合办公室、人力资源部门、财务部门等相关负责人组成起草小组，制定或修改学校的工资薪酬制度，形成制度草案。

②征求意见。根据《学校教职工代表大会规定》，有教职工80人以上的学校，应当建立教职工代表大会制度，不足80人的，建立教职工大会制度。即，学校建立教职工代表大会制度的，工资薪酬制度草案应当征求教职工代表大会的意见，否则应当通过教职工大会征求全体教职工的意见。

③审核修改。校长办公会或校务委员会在综合考虑学校实际情况及教职工意见的基础上，审议、修改、完善工资薪金制度，并在会议上通过工资薪酬制度草案。

④会议表决。学校董事会/理事会对校长办公会/校务委员会提交的工资薪酬制度进行审议和表决。工资薪酬制度的调整和制定不是民办学校法定的重大事项，是半数以上成员通过还是需要三分之二以上成员通过，这需要参照学校章程的规定，学校章程无此规定的，则可适用半数以上成员通过的表决要求。

⑤公示告知。表决通过后的制度，要让教职工清楚知晓，才能对教职工产

生法定效力。因此，如果是对工资薪酬制度进行公示，应当留存公示的证据；如果是逐一告知，需要让教职工进行签名确认；如果是通过召开大会进行宣传，则应当让所有教职工参加，无法参加的应当另行书面告知，防止在发生争议时学校无法拿出履行公示告知义务的证据。

192 民办学校能够通过劳务派遣方式使用教师吗？

劳务派遣，是指由劳务派遣单位与劳动者订立劳动合同，并向劳动者支付报酬，把劳动者派向其他用工单位，再由用工单位向派遣机构支付服务费用的一种用工形式。

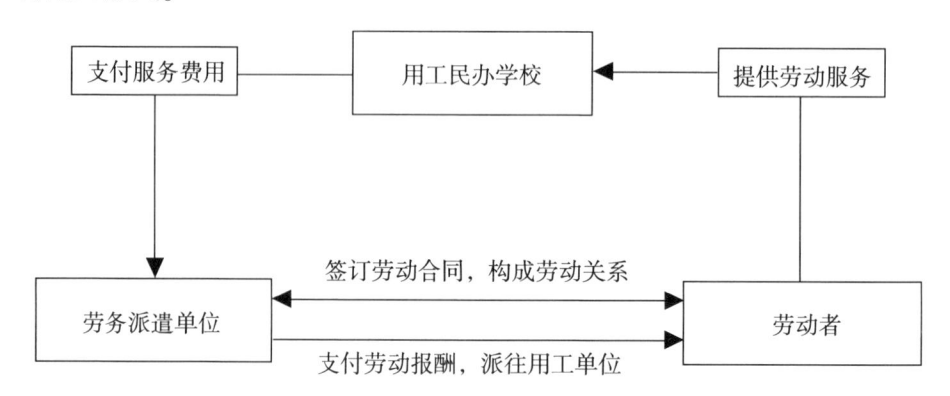

```
支付服务费用 ──→ 用工民办学校 ←── 提供劳动服务

                签订劳动合同，构成劳动关系
劳务派遣单位 ←──────────────────────→ 劳动者
                支付劳动报酬，派往用工单位
```

《劳动合同法》第六十六条规定："劳动合同用工是我国的企业基本用工形式。劳务派遣用工是补充形式，只能在临时性、辅助性或者替代性的工作岗位上实施。前款规定的临时性工作岗位是指存续时间不超过六个月的岗位；辅助性工作岗位是指为主营业务岗位提供服务的非主营业务岗位；替代性工作岗位是指用工单位的劳动者因脱产学习、休假等原因无法工作的一定期间内，可以由其他劳动者替代工作的岗位。用工单位应当严格控制劳务派遣用工数量，不得超过其用工总量的一定比例，具体比例由国务院劳动行政部门规定。"

从该法律规定可以看出劳务派遣有临时性、辅助性和替代性三个原则和比例限制要求。

①临时性。临时性工作岗位是指存续时间不超过 6 个月的岗位。

②辅助性。辅助性工作岗位是指为主营业务岗位提供服务的非主营业务岗位。

③替代性。替代性工作岗位是指用工单位的劳动者因脱产学习、休假等原因无法工作的一定期间内，可以由其他劳动者替代工作的岗位。

④比例限制。人力资源和社会保障部颁布的《劳务派遣暂行规定》对此进行了细化：用工单位应当严格控制劳务派遣用工数量，使用的被派遣劳动者数量不得超过其用工总量的 10%。

从上述分析我们可以得出结论，专职教师是不符合劳务派遣用工方式规定的。至于一些学校的助教、生活老师、临时顶岗教师是否能够符合劳务派遣用工，还需要具体情况具体分析。

相关案例：

江某于 2004 年 5 月入职某幼儿园，从事幼儿教师工作。2011 年 3 月 1 日，在幼儿园的要求下，江某与 W 公司签订了为期三年的劳动合同，约定 W 公司将江某派遣至该幼儿园从事幼师工作。合同期满后，W 公司与江某分别于 2014 年、2015 年连续签订两份内容基本相同、为期一年的劳动合同，直至 2016 年 2 月 28 日合同期满。在此期间，江某实际一直在幼儿园工作未变。2015 年 7 月 28 日，江某以 W 公司为被申请人，向劳动人事争议仲裁委员会申请仲裁，要求确认双方签订的劳动合同无效，仲裁委员会以证据不足为由决定不予受理。江某不服，向一审法院提起诉讼。

一审法院经审理认为，根据《劳动合同法》第六十六条规定，劳务派遣用工是补充用工形式，只能在临时性、辅助性或者替代性的工作岗位上实施，江某所从事的幼儿教师工作岗位是幼儿园的主营业务岗位，且一直在该幼儿园持续、长期工作，不符合劳务派遣的用工形式。根据《劳动合同法》第二十六条的规定，违反法律、行政法规强制性规定的劳动合同无效。对于江某要求确认与 W 公司分别于 2014 年和 2015 年签订的《劳动合同》无效，一审法院予以确认。W公司不服，提起上诉，二审法院判决驳回上诉，维持原判。

193 民办学校能够通过劳务派遣方式使用后勤服务人员吗？

可以的。一般而言，民办学校非教师岗位和管理岗位的工作都可以使用劳务派遣用工，但要遵循劳务派遣用工"只能在临时性、辅助性或者替代性的工作岗位上实施"的规定，也要遵循"用工单位应当严格控制劳务派遣用工数量，不得超过其用工总量的一定比例"的规定要求①。根据《劳务派遣暂行规定》要求，用工单位应当严格控制劳务派遣用工数量，使用的被派遣劳动者数量不得超过其用工总量的10%。

194 民办学校作为用工单位，需要对被派遣劳务人员承担哪些责任？

根据相关规定②，学校作为用工单位应当履行下列义务：
①执行国家劳动标准，提供相应的劳动条件和劳动保护；
②告知被派遣劳动者的工作要求和劳动报酬；
③支付加班费、绩效奖金，提供与工作岗位相关的福利待遇；
④对在岗被派遣劳动者进行工作岗位所必需的培训；
⑤连续用工的，实行正常的工资调整机制；
⑥不得将被派遣劳动者再派遣到其他用人单位；
⑦按照同工同酬原则，对被派遣劳动者与本单位同类岗位的劳动者实行相同的劳动报酬分配办法；用工单位无同类岗位劳动者的，参照用工单位所在地相同或者相近岗位劳动者的劳动报酬确定。

---

① 《劳动合同法》第六十六条。
② 《劳动合同法》第六十二条、第六十三条。

需要注意的是，因为民办学校作为用工单位与被派遣劳动者并不存在劳动关系，如果直接向被派遣劳动者支付报酬、福利，不能作为工资薪金代扣代缴个人所得税，而应当按照劳务报酬代扣代缴个人所得税。规范的做法是民办学校应当将相关费用支付给劳务派遣单位，由劳务派遣单位向被派遣劳动者进行发放，同时按照工资薪金所得代扣代缴个人所得税。

195 劳务派遣人员出现工伤，用工单位与劳务派遣单位如何承担责任？

劳务派遣人员在工作中受伤，劳务派遣单位往往认为是用工单位用工导致的，责任在用工单位，但用工单位则又认为劳务派遣单位与劳务派遣人员存在劳动关系，应当由劳务派遣人员负责，因此常常出现纠纷。

对此，《劳务派遣暂行规定》第十条规定："被派遣劳动者在用工单位因工作遭受事故伤害的，劳务派遣单位应当依法申请工伤认定，用工单位应当协助工伤认定的调查核实工作。劳务派遣单位承担工伤保险责任，但可以与用工单位约定补偿办法。被派遣劳动者在申请进行职业病诊断、鉴定时，用工单位应当负责处理职业病诊断、鉴定事宜，并如实提供职业病诊断、鉴定所需的劳动者职业史和职业危害接触史、工作场所职业病危害因素检测结果等资料，劳务派遣单位应当提供被派遣劳动者职业病诊断、鉴定所需的其他材料。"

但上述规定对于用工单位与劳务派遣单位的责任仍未清晰界定，建议民办学校在与劳务派遣单位签订劳务派遣协议时，就应当对责任承担进行协商，作出清晰约定。

第六章　收益获取合规

"民办教育事业属于公益性事业,是社会主义教育事业的组成部分。"

"民办学校的举办者可以自主选择设立非营利性或者营利性民办学校。但是,不得设立实施义务教育的营利性民办学校。非营利性民办学校的举办者不得取得办学收益,学校的办学结余全部用于办学。营利性民办学校的举办者可以取得办学收益,学校的办学结余依照公司法等有关法律、行政法规的规定处理。民办学校取得办学许可证后,进行法人登记,登记机关应当依法予以办理。"

——《民办教育促进法》

196 非营利性民办学校的举办者还可以取得办学收益吗？

2016年11月7日，全国人大常务委员会颁布了《关于修改〈中华人民共和国民办教育促进法〉的决定》，这是全国人大常委会第二次对《民办教育促进法》进行修正，2018年12月29日第十三届全国人民代表大会常务委员会第七次会议对该法进行第三次修正，该版本的《民办教育促进法》于2017年9月1日生效实施，其第十九条第一款、第二款明确规定："民办学校的举办者可以自主选择设立非营利性或者营利性民办学校。但是，不得设立实施义务教育的营利性民办学校。非营利性民办学校的举办者不得取得办学收益，学校的办学结余全部用于办学。"同时删除了《民办教育促进法》（2013修正）中"民办学校在扣除办学成本、预留发展基金以及按照国家有关规定提取其他的必需的费用后，出资人可以从办学结余中取得合理回报"的相关规定。

也就是说，无论是2016年11月7日之前设立的、按照非营利性民办学校管理的，或者已经选择登记为非营利性的民办学校，还是在2016年11月7日之后设立的、直接登记为非营利性的民办学校，在2017年9月1日之后，举办者依法均不得从学校取得办学收益。

当然，这里所称的办学收益，是一种投资与回报的关系，指的是举办者投资建设学校，从而在学校获取办学所得的结余。如果举办者是因为付出劳动而获得工资薪金、劳务报酬，如果举办者公司为学校提供所需的服务而取得服务性收益，则并不属于法律所禁止的"办学收益"。

197 营利性民办学校如何合规取得办学收益？

《民办教育促进法》已经明确规定营利性民办学校的举办者可以取得办学收益，但举办者在获取办学收益中，仍然需要依法依规实施。有几个方面需要

161

着重把握：

第一，举办者取得的办学收益是扣除办学成本之后的结余。公司股东可以分配的是利润，利润就是公司在结算所有费用后剩余的纯收入，民办学校可以分配的结余也是如此，必然是扣除所有办学成本之后的净收益。如果学校没有净收益，举办者也就谈不上取得办学收益的问题。

第二，举办者取得的办学收益是缴纳过企业所得税后的结余。无论营利性还是非营利性民办学校，都是企业所得税的纳税义务人，在没有其他税收优惠政策的情况下，应当按照25%的税率缴纳企业所得税。因此，举办者如果要从营利性学校取得办学收益，应当是从学校税后净收益中提取。

第三，举办者取得的办学收益是依法预留过发展基金后的剩余。根据《民办教育促进法实施条例》的规定，营利性民办学校应当从经审计的年度净收益中，按不低于年度净收益的10%的比例提取发展基金，用于学校的发展。所以，当学校有净收益时，应当优先提取发展基金，之后才能向举办者分配办学收益。

第四，举办者取得的办学收益率不宜过高。根据《民办教育促进法》的规定，无论是营利性民办学校还是非营利性民办学校，都应当坚持公益属性；民办学校收取的费用应当主要用于教育教学活动、改善办学条件和保障教职工待遇。因此，如果营利性民办学校举办者的收益率过高，可以断定民办学校所收取的费用并没有主要用于办学，这也就背离了《民办教育促进法》的有关规定和教育的公益属性。

除此之外，还要看各地有无进一步细化的规定要求，如2023年4月1日开始实施的《上海市营利性民办高等学校办学结余分配工作管理办法（试行）》就规定了很多具体要求，包括"学校人员经费支出比例不低于学费收入的50%或者学校专职专任教师平均工资不低于本市同类高校教师平均工资水平""学校的资产负债率不超过60%，学校利润分配后流动资金可覆盖下一年年度债务及利息""民办高校开展办学结余分配工作前，应当确保上年度检查未发现问题或者发现的问题已完成整改",等等。

198 举办者投入学校的资金还可以取回吗？

民办学校存续期间，举办者投入学校的资金不能再取回。《民办教育促进法》有明确规定，民办学校对举办者投入民办学校的资产、国有资产、受赠的财产以及办学积累，享有法人财产权；民办学校存续期间，所有资产由民办学校依法管理和使用，任何组织和个人不得侵占。而通常情况下，民办学校调减开办资金、注册资本也是不会获得批准的。

如果是民办学校终止办学的，财产按照下列顺序清偿：①应退受教育者学费、杂费和其他费用；②应发教职工的工资及应缴纳的社会保险费用；③偿还其他债务。在清偿上述债务后有剩余财产的，区分三种情况进行处置：如果是2016年11月7日前设立的民办学校选择登记为非营利性民办学校的，出资者可以获得相应的补偿或奖励；如果是2016年11月7日之后设立的非营利性民办学校，剩余财产继续用于其他非营利性学校办学；如果是营利性民办学校，剩余财产依照《公司法》的有关规定处理。

199 如何认定有关人员与民办学校是投资关系还是借贷关系？

是投资关系还是借贷关系，主要可以从以下方面进行认定：

①有协议看协议。首先看有关人员与学校、有关人员之间是否签订了相关协议，是出资协议、投资协议、入股协议、合伙协议还是借款协议，如果签订了相关协议，而协议的内容与协议的形式也相互符合，则可以认定双方的关系。《民法典》第六百六十七条规定："借款合同是借款人向贷款人借款，到期返还借款并支付利息的合同。"第九百六十八条规定："合伙人应当按照约定的出资方式、数额和缴付期限，履行出资义务。"

②无协议看实质。如果没有借款协议，而有关人员登记为举办者或营利性民办学校公司股东，或在学校章程中写明为投资人，或者曾依据投资款从学校分取收益的，实质为投资关系。《最高人民法院关于审理民间借贷案件适用法律若干问题的规定》（2020第二次修正）第十七条规定："……经审查现有证据无法确认借贷行为、借贷金额、支付方式等案件主要事实的，人民法院对原告主张的事实不予认定。"

③实质重于形式。区分投资还是借贷，法律上最重要的判断特征为是否风险共担，如果签订的是投资入股相关协议，但约定获取固定利息收益，则实质上为借贷关系；如果签订的是借贷协议，但约定的是根据学校盈利情况分取相关收益，则属于风险共担，实质上为投资关系。《最高人民法院关于审理民间借贷案件适用法律若干问题的规定》（2020第二次修正）第二条规定："出借人向人民法院提起民间借贷诉讼时，应当提供借据、收据、欠条等债权凭证以及其他能够证明借贷法律关系存在的证据。当事人持有的借据、收据、欠条等债权凭证没有载明债权人，持有债权凭证的当事人提起民间借贷诉讼的，人民法院应予受理。被告对原告的债权人资格提出有事实依据的抗辩，人民法院经审查认为原告不具有债权人资格的，裁定驳回起诉。"需要特别提醒的是，即使有关人员与学校之间是投资关系，2017年9月1日之后，出资人对于非营利性民办学校也不再享有取得办学收益的权利。

相关案例：

2013年7月，郑某与某幼儿园股东、实际控制人陈某签订了《股权承接协议书》，约定陈某创办的幼儿园因资金需求，招募郑某投资、承接陈某幼儿园全部投资额600万元中的50万元股权，并授权陈某全权经营管理幼儿园所有校务行政事宜，郑某出资50万元后，每月可按出资额的1%收取红利。协议签订后，幼儿园一直由陈某管理，郑某既未参与幼儿园经营管理，也未取得所谓的股东身份及分红。2016年，郑某向法院提起诉讼，要求陈某偿还借款本金50万元及相应利息15万元。

法院经审理认为，陈某与郑某签订的《股权承接协议书》在利益分配、风险承担等方面都不符合投资入股的实质，郑某名为入股，实为借贷。判决陈某偿还郑某借款本金 50 万元，并按照月利率 1% 计算支付利息。

200 举办者出资不实、抽逃出资存在什么风险？

一方面是行政处罚风险。《民办教育促进法实施条例》第六十二条第二项对"未按时、足额履行出资义务，或者抽逃出资、挪用办学经费的"情形作出了行政处罚规定，视情节轻重，举办者将在 1 年至 5 年内，或永久不得新成为民办学校的举办者或实际控制人。

另一方面是刑事责任风险。《刑法》第一百五十九条规定："公司发起人、股东违反公司法的规定未交付货币、实物或者未转移财产权，虚假出资，或者在公司成立后又抽逃其出资，数额巨大、后果严重或者有其他严重情节的，处五年以下有期徒刑或者拘役，并处或者单处虚假出资金额或者抽逃出资金额百分之二以上百分之十以下罚金。单位犯前款罪的，对单位判处罚金，并对其直接负责的主管人员和其他直接责任人员，处五年以下有期徒刑或者拘役。"该条款虽然说的是公司，但对民办学校同样适用。

虚假出资、抽逃出资罪（《刑法》第一百五十九条）

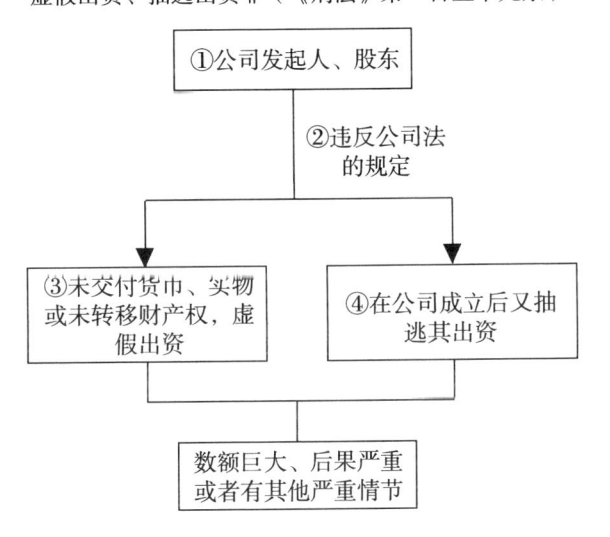

```
          ①公司发起人、股东
                 │
          ②违反公司法
             的规定
           ┌─────┴─────┐
           ▼           ▼
    ③未交付货币、实物  ④在公司成立后又抽
    或未转移财产权，虚    逃其出资
    假出资
           └─────┬─────┘
                 ▼
          数额巨大、后果严重
          或者有其他严重情节
```

201 非营利性民办学校还存在股东和股东会吗?

所谓股东,是指通过投资而享有股份/股权比例对应权利的主体,其最本质的权利就是可以取得股息/红利等基于投资而享有的财产权利。但2016年11月7日第二次修订的《民办教育促进法》已经明确规定,非营利性民办学校举办者不能取得办学收益。即,非营利性民办学校的举办者、出资人不能再基于对学校的出资而索要合理回报、取得办学收益。

因此,在营非选择过渡期结束后,非营利性民办学校也不应当再存在所谓的"股东"和"股东会",举办者应当依据《民办教育促进法》《民办教育促进法实施条例》等法律法规行使自身的合法权益。

202 民办学校举办者与公司股东权利有哪些不同?

《公司法》第四条第二款规定:"公司股东对公司依法享有资产收益、参与重大决策和选择管理者等权利。"结合《公司法》的相关规定,我们可以把公司股东的权利分为财产权、管理权和委托权三大类:

财产权	管理权	委托权
收益权	知情权	管理者选择权
分红权	质询权	管理者薪酬决定权
异议股东回购请求权	表决权	管理者职责赋予权
退股权	召集和主持股东大会权	
优先受让权	违法决议撤销权	
优先认购新股权	提案权	
	请求公司解散权	

续表

财产权	管理权	委托权
	诉讼权	
	参与决策权	

《民办教育促进法》第五条第二款规定："国家保障民办学校举办者、校长、教职工和受教育者的合法权益。"结合《民办教育促进法》及相关法律法规的规定，我们也可以把民办学校举办者的权利大致分为选择权、财产权和管理权三大类：

权利类型	具体权利
选择权	选择举办什么类别、性质、办学层次、规模的学校。
财产权	营利性民办学校举办者可以取得办学收益，学校终止时可以取得剩余财产。
财产权	非营利性民办学校举办者不能取得办学收益，但学校终止时，现有民办学校举办者可以依据有关政策取得补偿或奖励。
财产权	举办者变更时，可以依据其依法享有的合法权益与继任举办者协议约定变更收益。
管理权	举办者可以依据学校《章程》规定的权限和程序参与学校的办学管理。
管理权	举办者可以参与或委派代表参与学校决策机构，从而享有对学校重大事项的决策权。
管理权	民办学校举办者变更的，须由举办者提出。

203 哪些主体属于民办学校的利益关联方？

根据《民办教育促进法实施条例》的规定，民办学校的举办者、实际控制人、校长、理事、董事、监事、财务负责人等以及与上述组织或者个人之间存在互相控制和影响关系、可能导致民办学校利益被转移的组织或者个人均为民办学校的利益关联方。

除上述规定外,区分非营利性民办学校和营利性民办学校,关联方还可参照下列规定进行判断。

根据《〈民间非营利组织会计制度〉若干问题的解释》的规定,关联方是指一方控制、共同控制另一方或对另一方施加重大影响,以及两方或两方以上同受一方控制、共同控制或重大影响的相关各方。以下各方构成民间非营利组织的关联方:

①该民间非营利组织的设立人及其所属企业集团的其他成员单位。

②该民间非营利组织控制、共同控制或施加重大影响的企业。

③该民间非营利组织设立的其他民间非营利组织。

④由该民间非营利组织的设立人及其所属企业集团的其他成员单位共同控制或施加重大影响的企业。

⑤由该民间非营利组织的设立人及其所属企业集团的其他成员单位设立的其他民间非营利组织。

⑥该民间非营利组织的关键管理人员及与其关系密切的家庭成员。关键管理人员,是指有权力并负责计划、指挥和控制民间非营利组织活动的人员。与关键管理人员关系密切的家庭成员,是指在处理与该组织的交易时可能影响该个人或受该个人影响的家庭成员。关键管理人员一般包括:民间非营利组织负责人、理事、监事、分支(代表)机构负责人等。

⑦该民间非营利组织的关键管理人员或与其关系密切的家庭成员控制、共同控制或施加重大影响的企业。

⑧该民间非营利组织的关键管理人员或与其关系密切的家庭成员设立的其他民间非营利组织。

根据《企业会计准则第36号——关联方披露》的规定,一方控制、共同控制另一方或对另一方施加重大影响,以及两方或两方以上同受一方控制、共同控制或重大影响的,构成关联方。下列各方构成企业的关联方:

①该企业的母公司。

②该企业的子公司。

③与该企业受同一母公司控制的其他企业。

④对该企业实施共同控制的投资方。

⑤对该企业施加重大影响的投资方。

⑥该企业的合营企业。

⑦该企业的联营企业。

⑧该企业的主要投资者个人及与其关系密切的家庭成员。主要投资者个人，是指能够控制、共同控制一个企业或者对一个企业施加重大影响的个人投资者。

⑨该企业或其母公司的关键管理人员及与其关系密切的家庭成员。关键管理人员，是指有权力并负责计划、指挥和控制企业活动的人员。与主要投资者个人或关键管理人员关系密切的家庭成员，是指在处理与企业的交易时可能影响该个人或受该个人影响的家庭成员。

⑩该企业主要投资者个人、关键管理人员或与其关系密切的家庭成员控制、共同控制或施加重大影响的其他企业。

204 民办学校与关联方进行交易是违法违规行为吗？

除义务教育学校外，法律法规并未禁止民办学校与利益关联方进行交易，合规且必要的关联交易不仅不会损害学校利益，还可能促进民办学校获得更好发展。但需要注意的是，自 2021 年 9 月 1 日新修订的《民办教育促进法实施条例》实施后，单体小学、单体初中、九年一贯制学校、十二年一贯制学校、完全中学等包含义务教育办学层次在内的民办学校，关联交易已经被明令禁止。

205 非营利性民办学校举办者通过关联交易获取收益，应当符合哪些要求？

《民办教育促进法实施条例》禁止义务教育学校开展关联交易，因此，能够合规实施关联交易的非营利性民办学校不包含义务教育学校。

综合法律法规的有关规定，非营利性非义务教育民办学校举办者通过关联交易从学校取得收益，应当符合以下要求：

第一，交易应当确保真实存在。实践中不乏一些民办学校举办者利用虚假关联交易的方式套取学校办学结余的情形，如虚构工程项目、虚增交易金额、安排不在学校实际工作的亲属从学校领取工资等，这些做法都具有很高的处罚风险，涉嫌构成职务侵占罪、虚开增值税专用发票罪、虚开发票罪等刑事责任。

第二，交易应当做到程序规范。根据《民办教育促进法实施条例》的规定，民办学校与利益关联方进行交易的，应当遵循公开、公平、公允原则，合理定价、规范决策。因此，举办者与学校进行关联交易，应当按照学校章程及规章制度要求进行审批，重大交易应当经过理事会或董事会集体决策；交易还应当通过招标、询价、比选等方式确保公开、公平和公允，没有市场价格可供参考的产品、服务，应当进行价值评估，保留好相关资料文件。

第三，交易应当争取各方共赢。根据《民办教育促进法实施条例》的规定，民办学校与利益关联方进行交易，不得损害国家利益、学校利益和师生权益，举办者通过关联交易损害相关方利益的，轻则将受到行政处罚，构成犯罪的，依法追究刑事责任。因此，民办学校举办者与学校实施关联交易，应当努力做到国家、学校、师生等各方共赢，如国家取得税收利益、学校实现更好发展、师生享受更优服务等，只有各方共赢的交易才是可持续的交易。

第四，交易应当披露相关信息。《民办教育促进法实施条例》第四十五条第二款规定："民办学校应当建立利益关联方交易的信息披露制度。教育、人力资源社会保障以及财政等有关部门应当加强对非营利性民办学校与利益关联方签订协议的监管，并按年度对关联交易进行审查。"因此，披露关联交易信息是民办学校的法定义务，必须认真履行。而关联交易的披露方式主要由民办学校内部制度进行规定，但应当落实《民间非营利组织会计制度》的要求，在会计报表附注中披露关联方关系的性质、交易类型及交易要素。

此外，有的地方行政机关已经出台了专门针对民办学校关联交易的管理办法，民办学校开展关联交易应当遵从相关规定要求。例如，2024年1月8日，上海市教育委员会印发的《上海市民办学校关联交易管理办法（试行）》。

206 民办学校的哪些行为属于关联交易？

非营利性民办学校适用《民间非营利组织会计制度》，根据《〈民间非营利组织会计制度〉若干问题的解释》规定，关联方交易是指关联方之间转移资源、劳务或义务的行为，而不论是否收取价款。关联方交易的类型通常包括以下各项：

①购买或销售商品及其他资产；

②提供或接受劳务；

③提供或接受捐赠；

④提供资金；

⑤租赁；

⑥代理；

⑦许可协议；

⑧代表民间非营利组织或由民间非营利组织代表另一方进行债务结算；

⑨关键管理人员薪酬。

```
                          交易类型                    关联主体
                    ┌─────────────────┐         ┌──────────────────┐
                    │购买或销售商品    │         │共同控制或能够施加│
                    │及其他资产        │         │重大影响的企业    │
                    ├─────────────────┤  ┌─设立人及其所属企业─以及┤
                    │提供或接受        │  │  集团的其他成员单位    │
                    │劳务              │  │      ┌──────────────────┤
                    ├─────────────────┤  │      │设立或共同设立的其│
                    │提供或接受        │──┤      │他民间非营利组织  │
                    │捐赠              │  │      └──────────────────┘
相互转移资源、劳务或├─────────────────┤  │      ┌──────────────────┐
义务而无论是否收取价款│提供资金        │──┼─学校控制/共同控制或    │
  ┌──────────────┐  ├─────────────────┤  │  施加重大影响的企业    │
  │非营利性民办学校│──│租赁              │  │      └──────────────────┘
  └──────────────┘  ├─────────────────┤  │      ┌──────────────────┐
                    │代理              │──┼─学校设立的其他民间    │
                    ├─────────────────┤         │非营利组织        │
                    │许可协议          │         └──────────────────┘
                    ├─────────────────┤         ┌──────────────────┐
                    │代表对方进行      │         │控制/共同控制或施加│
                    │债务结算          │  ┌─学校关键管理人员及─以及┤
                    ├─────────────────┤  │  其关系密切的家庭成员  │
                    │关键管理人员      │──┤      ┌──────────────────┤
                    │薪酬              │         │设立的其他民间非营│
                    └─────────────────┘         │利组织            │
                                                 └──────────────────┘
```

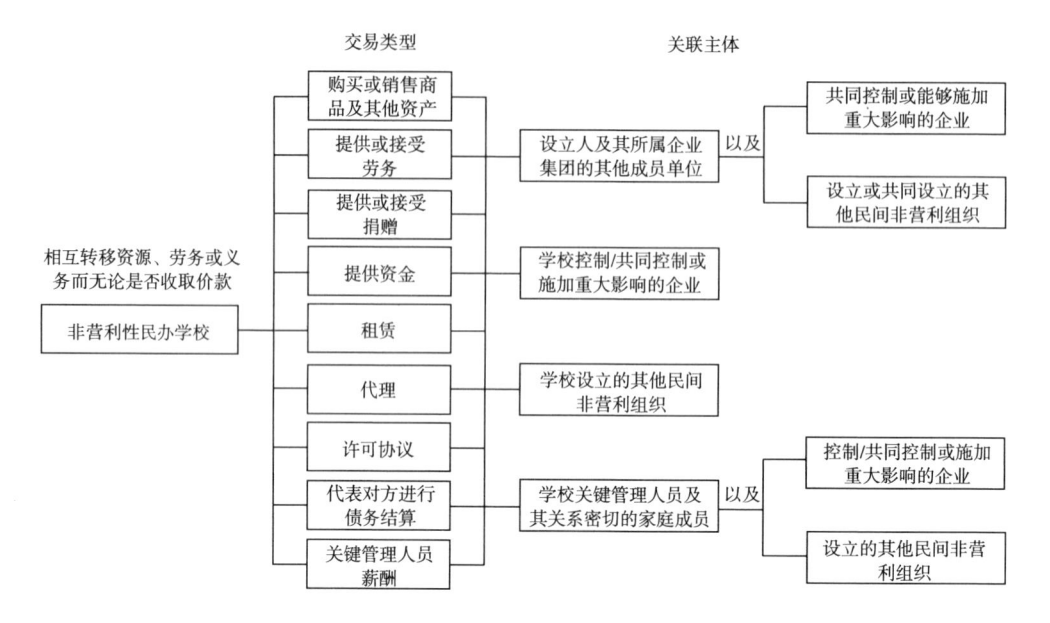

《〈民间非营利组织会计制度〉若干问题的解释》规定的关联交易情形

营利性民办学校适用《企业会计准则》，根据《企业会计准则第36号——关联方披露》的规定，关联方交易是指关联方之间转移资源、劳务或义务的行为，而不论是否收取价款。关联方交易的类型通常包括下列各项：

①购买或销售商品；

②购买或销售商品以外的其他资产；

③提供或接受劳务；

④担保；

⑤提供资金（贷款或股权投资）；

⑥租赁；

⑦代理；

⑧研究与开发项目的转移；

⑨许可协议；

⑩代表企业或由企业代表另一方进行债务结算；

⑪关键管理人员薪酬。

交易类型	关联主体
购买或销售商品	学校的母公司或作为举办者的公司
购买或销售商品以外的其他资产	学校投资的子公司
提供或接受劳务	与学校受同一母公司控制的其他企业
担保	对学校实施共同控制的投资方
提供资金：贷款或股权投资	对学校施加重大影响的投资方
租赁	学校的合营企业
代理	学校的联营企业
研究与开发项目的转移	学校的主要投资者个人及其关系密切的家庭成员
许可协议	学校关键管理人员及其关系密切的家庭成员
代表对方进行债务结算	学校母公司关键管理人员及其关系密切的家庭成员
关键管理人员薪酬	控制/共同控制或施加重大影响的企业

相互转移资源、劳务或义务而无论是否收取价款 —— 营利性民办学校

《企业会计准则第36号——关联方披露》规定的关联交易情形

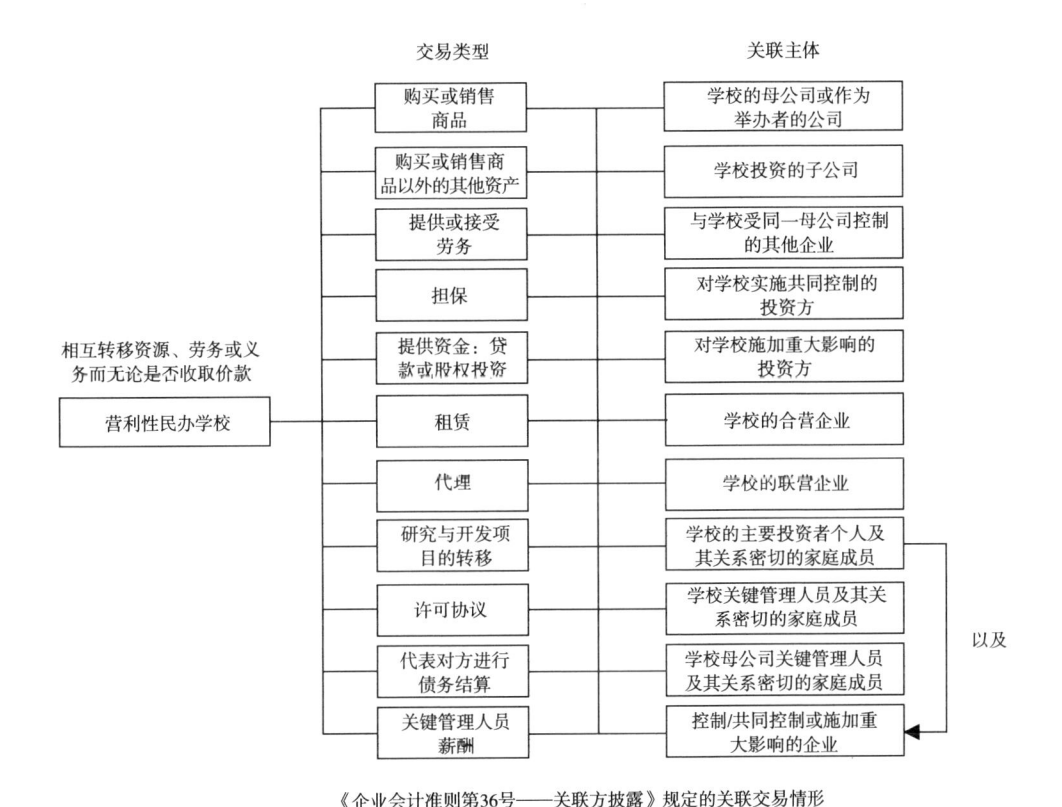

207 民办学校常见的关联交易形态有哪些？

民办学校常见的关联交易有租赁关系，如学校与利益关联方之间相互租赁土地、房产、机动车或其他固定资产；有资金提供，学校的利益关联方向学校提供资金支持，通过借贷或投资入股等方式提供；有服务购买，如后勤服务、知识产权服务、咨询顾问服务等；有货物采购，如办公用品、教学用品、教辅资料等；有工程承接，承接学校校园校舍的工程建设、装饰装修、维修维护等；还有关键管理人员薪酬，如理事长/董事长、理事/董事、校长、监事、财务负责人等人员的工资薪金；等等。

208 民办义务教育学校关键管理人员领取薪酬违规吗？

无论是从《民办教育促进法实施条例》来看，还是从《民间非营利组织会计制度》《企业会计准则》来看，关键管理人员领取薪酬均属于关联交易行为。那么，依据《民办教育促进法实施条例》的规定，实施义务教育的民办学校不得与利益关联方进行交易。是否就是说，民办义务教育学校的校长、理事、董事、监事、财务负责人均不能从学校领取薪酬了呢？

对此，作者认为关键管理人员领取薪酬并不是《民办教育促进法实施条例》所要禁止的义务教育学校的关联交易行为，否则将会带来三个方面的突出问题：

第一，违反法律。一般而言，民办学校的关键管理人员都是学校的内部工作人员，是遵守学校规章制度、与学校确立劳动关系的劳动者、教职工，其合法权益受到《劳动法》《劳动合同法》《教师法》等法律规定的保护。《民办教育促进法》第三十一条第一款也明确规定："民办学校应当依法保障教职工的工资、福利待遇和其他合法权益，并为教职工缴纳社会保险费。"《民办教育促进法实施条例》作为行政法规，其效力是低于法律规定的，如果其规定涉及禁止教职工领取薪酬，将因为违反上位法而无效。

第二，自相矛盾。《民办教育促进法实施条例》自身就有关于保障教职工待遇的条款，其第三十六条规定："民办学校应当依法保障教职工待遇，按照学校登记的法人类型，按时足额支付工资，足额缴纳社会保险费和住房公积金。……实施学前教育、学历教育的民办学校应当从学费收入中提取一定比例建立专项资金或者基金，由学校管理，用于教职工职业激励或者增加待遇保障。"因此，《民办教育促进法实施条例》关于禁止义务教育学校关联交易的规定，不应当适用于关键管理人员领取薪酬的行为。

第三，无法落实。《民办教育促进法实施条例》第四十五条规定："实施义务教育的民办学校不得与利益关联方进行交易。……前款所称利益关联方是指民办学校的举办者、实际控制人、校长、理事、董事、监事、财务负责人等以及与上述组织或者个人之间存在互相控制和影响关系、可能导致民办学校利益被转移的组织或者个人。"如果按照上述规定禁止义务教育学校关联方领取薪酬，那么将使以工资薪金为主要生活来源的有关人员失去生活保障，也将使民办义务教育学校无法正常运转。因此，从实际操作看，将关键管理人员领取薪酬看作关联交易加以禁止，这也必然是无法落实的要求。

209 民办学校举办者可以从学校领取工资薪金吗？

举办者能否从学校领取工资要看其是否在学校实际任职，举办者如果仅以举办者身份在学校领取工资，则没有法律依据。因为举办者仅仅是一种表明其与学校关系的身份，而不是民办学校内部的岗位职务，如果举办者没有同时担任学校的特定职务、遵守学校内部管理制度，则并不属于学校的教职工，就没有领取工资薪金的权利基础。

《民办教育促进法》规定，民办学校应当依法保障教职工的工资、福利待遇和其他合法权益，并为教职工缴纳社会保险。因此，如果举办者还同时担任学校的特定职务，如董事长/理事长、董事/理事、监事等，是遵守学校劳动人事制度、服从学校管理要求、与学校确立劳动关系的人员，则依法可以享受与其职务相适应的工资薪金和福利待遇。

210 举办者是公办大学在职教师，还可以从民办学校领取工资薪金吗？

举办者如果是公办大学的在职教师，在民办学校兼职应当获得所在公办学校的许可，在不影响其履行公办教师职责的情况下，可以与民办学校形成非全日制用工关系，从而领取工资薪金。

非全日制用工是一种特殊的劳动用工关系，劳动者在同一用人单位一般平均每日工作时间不超过四小时，每周工作时间累计不超过二十四小时，劳动报酬结算支付周期最长不得超过十五日。根据《劳动合同法》第六十九条的规定："非全日制用工双方当事人可以订立口头协议。从事非全日制用工的劳动者可以与一个或者一个以上用人单位订立劳动合同；但是，后订立的劳动合同不得影响先订立的劳动合同的履行。"

211 民办学校法定代表人可以从学校领取工资薪金吗？

根据《民办教育促进法》的规定，民办学校的法定代表人由理事长、董事长或校长担任。因此，通常情况下民办学校的法定代表人都是在学校担任实际职务的人员，属于学校的内部教职工，依法可以领取工资薪金、享受相关待遇。

但在实践中，仍然存在有民办学校法定代表人没有担任学校其他职务的情况。在此种情况下，法定代表人仅有身份权，可以代表民办学校行使民事权利，但并不会因此就与学校形成劳动关系、成为学校内部教职工。因此，法定代表人仅凭该身份，则没有从学校领取工资薪金的法律依据。

212 民办学校举办者为公司的，其高管和员工可以在学校领取工资薪金吗？

除非是采取非全日制用工的方式，否则一名劳动者不应当与两家单位建立劳动关系。也就是说，如果举办者公司的高管、员工已经与举办者公司构成全日制的劳动用工关系，就不应当再与民办学校形成劳动关系，即使在民办学校兼职，领取的也应当是劳务报酬而不是工资薪金。

如果举办者公司的高管、员工并没有在民办学校担任职务和实际工作，却从民办学校领取工资薪金，则涉嫌侵害民办学校的财产利益，属于违法行为，情节严重的还可能追究相关责任人员的刑事责任。

213 举办者从学校领取过高工资薪金，存在什么风险？

举办者如果并未担任学校的相关职务，则没有从学校领取工资薪金的合法依据。而举办者同时担任学校相关岗位职务的，领取的工资薪金应当与其岗位职务的相关贡献相适应，不能过分高于当地（设区的市级地区）民办学校相同或类似岗位职务的平均工资水平。

如果举办者工资薪金明显高于合理水平，则涉嫌以工资薪金名义转移学校办学结余或抽逃出资，可能会被认定为"侵占学校法人财产或者非法从学校获取利益"，依法将被给予行政处罚，构成犯罪的，依法追究刑事责任[①]。

214 如何判断举办者领取的工资薪金是否过高？

对于工资薪金标准的上限，法律法规并无明确规定，需要把握的关键在于工资薪金是举办者付出劳动的对价，而非投入资金的回报。只要工资薪金标准与举办者在学校的工作岗位、贡献相匹配，就不会存在过高的问题。

在判断上，民办学校还可以参考《国家税务总局关于企业工资薪金及职工福利费扣除问题的通知》（国税函〔2009〕3号），此通知规定："税务机关在对工资薪金进行合理性确认时，可按以下原则掌握：

（一）企业制订了较为规范的员工工资薪金制度；

（二）企业所制订的工资薪金制度符合行业及地区水平；

（三）企业在一定时期所发放的工资薪金是相对固定的，工资薪金的调整

---

① 《民办教育促进法实施条例》第六十二条。

是有序进行的；

（四）企业对实际发放的工资薪金，已依法履行了代扣代缴个人所得税义务。

（五）有关工资薪金的安排，不以减少或逃避税款为目的。"

215 管理者安排不在学校工作的亲友从学校领取工资，存在什么风险？

这属于职务侵占行为，可能因为构成职务侵占罪而被追究刑事责任。《刑法》第二百七十一条第一款对职务侵占罪的规定是："公司、企业或者其他单位的工作人员，利用职务上的便利，将本单位财物非法占为己有，数额较大的，处三年以下有期徒刑或者拘役，并处罚金；数额巨大的，处三年以上十年以下有期徒刑，并处罚金；数额特别巨大的，处十年以上有期徒刑或者无期徒刑，并处罚金。"

职务侵占罪（《刑法》第二百七十一条第一款）

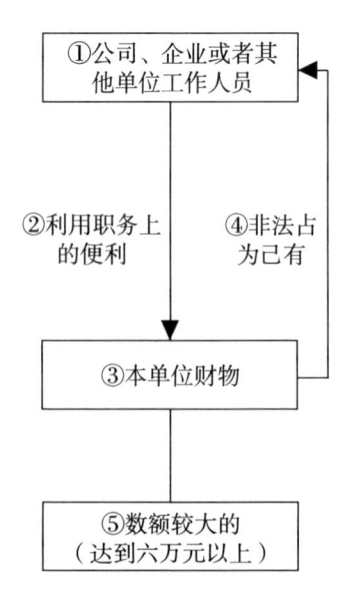

```
        ①公司、企业或者其
        他单位工作人员
              │
    ②利用职务上      ④非法占
      的便利          为己有
              ↓
        ③本单位财物
              │
              ↓
        ⑤数额较大的
       （达到六万元以上）
```

从上述法条分析，构成职务侵占罪需要同时具备几个条件：

第一，犯罪主体需要为公司、企业或者其他单位的工作人员。如果是国家工作人员，或者国有主体中从事公务的人员（包括国有公司、企业或者其他国有单位中从事公务的人员，以及国有公司、企业或者其他国有单位委派到非国有公司、企业以及其他单位从事公务的人员），侵吞公共财物，构成的则是贪污罪，而不是职务侵占罪。民办学校的工作人员，只要不是国家机关或者国有主体委派到学校从事公务的人员，都符合职务侵占罪的主体要求。

第二，犯罪形式为利用自己职务上的便利。如果不是利用职务便利，那可能构成盗窃罪，而不是职务侵占罪。利用自己职务上的便利，包括利用本人职务、岗位范围内的权力，或者利用了本人的职权、地位等所形成的便利条件，如学校负责保管教学设备、办公用品的人员把学校教学设备、办公用品占为己有，这是利用本人职务范围内的权力，如果是学校的理事长、校长，利用隶属关系、雇佣关系，让具体管理财产物资的人员把属于学校的财产物资转移给自己或自己的亲友占为己有，那就是利用了本人职权、地位等所形成的便利条件，都属于利用职务便利的范畴。

第三，侵占的是本单位财物。如果占有的是其他单位财物，或者其他人的财物，可能构成侵占罪，而不是职务侵占罪。

第四，有非法占为己有的意图和行为。如果只是借用财物，有用后归还的意图，则不能构成职务侵占罪；如果是将本单位资金挪作他用，不构成职务侵占罪，但可能会构成挪用资金罪。学校管理者安排不在学校工作的亲友领取工资，显然具有非法占有学校财产的故意。

第五，职务侵占要构成犯罪，还需要达到数额较大的程度。根据2016年最高人民法院、最高人民检察院颁布实施的《关于办理贪污贿赂刑事案件适用法律若干问题的解释》规定，职务侵占数额达到六万元的，即为《刑法》第二百七十一条中数额较大的标准。

216 民办义务教育学校所使用的房产土地在举办者名下，如何处理？

学校使用举办者的房产土地，无论是否支付租金，都属于关联交易行为；而民办义务教育学校的关联交易行为又被《民办教育促进法实施条例》所禁止，因此，民办义务教育学校使用举办者的房产土地办学属于违规行为。

对于违规行为，学校及举办者应当积极寻找替代方案，解决违规问题；对于一时无法找到替代方案解决问题的（如有的县城或市区无法找到其他合适的办学场地，使用举办者的房产土地办学是学校唯一或者最佳选择），民办学校应当向主管行政机关说明情况，尽可能争取从有利于学校运营发展的角度来处理有关问题。

217 民办学校向关联方借款并支付利息，算是变相分配办学结余吗？

这一问题要区分不同情况来看待。如果是实施义务教育的民办学校，关联交易是禁止行为，无论因何理由向关联方借款，无论是否支付利息，即使具有比较充分的合理理由，毕竟也属于违规行为。如果是其他类型的民办学校，关联交易是允许的，但要考虑借款的实际目的和利率支付水平。在学校并不缺乏资金的情况下故意向其出借资金、通过收取高额利息转移办学结余，这当然属于变相分配办学结余，是"侵占学校法人财产或者非法从学校获取利益"[①]的行为；在学校确实缺乏建设资金的情况下，关联方向学校出借资金并收取适当的利息，并不损害学校利益，是合规且必要的关联交易行为。

[①] 《民办教育促进法实施条例》第六十二条。

218 民办学校对外借款支付利息，利率标准应限定在什么范围内？

法律法规并未规定民办学校对外借款的利息利率标准，实践中，有三个指标可供参考：

第一，在遵循"三公"原则的情况下可以取得贷款的利率水平。即在遵循公开、公平、公允原则的情况下，民办学校可以取得的贷款利率水平。如果民办学校能以较低的利率水平取得贷款，却向关联方借款并支付明显较高的利息，则不具有合理性，涉嫌利用关联交易侵占学校利益。

第二，企业所得税允许扣除的范围。根据《企业所得税法实施条例》的规定，非金融企业向非金融企业借款的利息支出，不超过按照金融企业同期同类贷款利率计算的数额的部分，可以允许在企业所得税前扣除。换句话说，超过金融企业同期同类贷款利率的数额，则不得在企业所得税前扣除，应当调增应纳税所得额。

第三，法律保护的上限。《最高人民法院关于审理民间借贷案件适用法律若干问题的规定》（2020年第二次修正）明确，出借人请求借款人按照合同约定利率支付利息的，人民法院应予支持，但是双方约定的利率超过合同成立时一年期贷款市场报价利率四倍的除外。

219 民办学校关联交易应当遵循哪些原则要求？

根据《民办教育促进法实施条例》的有关规定，民办学校关联交易应当遵循以下原则要求：

①主体合规。实施义务教育的民办学校不得与利益关联方进行交易，因此，只要是包含义务教育阶段的学校，如完全中学、九年一贯制学校、十二年

一贯制学校等，都不是可以进行关联交易的合规主体。

②程序合法。决策应当规范，涉及重大交易，应当经决策机构规范决策；信息应当披露，学校应当依法建立与利益关联方交易的信息披露制度，并依据制度要求做好信息披露；过程应当公正，遵循公开、公平、公允原则，做好询价、比选、招投标等相关工作。

③内容真实。关联交易应当是有真实业务发生的，保证合同、资金、发票、货物/服务的"四流"一致，如果存在虚构交易、虚开发票行为，相关人员具有很高的刑事责任风险。

④独立交易。关联交易虽为关联方之间的交易，但应当遵循独立交易原则，符合互利共赢的商业逻辑，合理定价、规范决策、科学实施，其底线是不得损害国家利益、学校利益和师生权益。

民办学校开展关联交易应当遵循好上述原则，否则将承担相应法律责任。《民办教育促进法实施条例》规定，"与实施义务教育的民办学校进行关联交易，或者与其他民办学校进行关联交易损害国家利益、学校利益和师生权益的"[1] 将依法给予行政处罚，构成犯罪的，依法追究刑事责任。

220 民办学校应当如何对关联方交易进行信息披露？

《民办教育促进法实施条例》仅要求民办学校应当建立利益关联方交易的信息披露制度，至于具体如何实施并未作出明确规定。民办学校在具体操作中，可参考其他相关规定执行。

例如，《〈民间非营利组织会计制度〉若干问题的解释》规定，民间非营利组织与关联方发生关联交易的，应当在会计报表附注中披露该关联方关系的性质、交易类型及交易要素，其中交易要素至少应当包括：①交易的金额。②未

---

[1] 《民办教育促进法实施条例》第六十二条。

结算项目的金额、条款和条件。③未结算应收项目的坏账准备金额。④定价政策。

例如,《企业会计准则第 36 号——关联方披露》规定,企业无论是否发生关联方交易,均应当在附注中披露与母公司和子公司有关的下列信息:①母公司和子公司的名称。②母公司和子公司的业务性质、注册地、注册资本(或实收资本、股本)及其变化。③母公司对该企业或者该企业对子公司的持股比例和表决权比例。企业与关联方发生关联方交易的,应当在附注中披露该关联方关系的性质、交易类型及交易要素。交易要素至少应当包括:①交易的金额。②未结算项目的金额、条款和条件,以及有关提供或取得担保的信息。③未结算应收项目的坏账准备金额。④定价政策。

此外,部分地方已经对此作出了更加细致的规定要求。《上海市民办学校关联交易管理办法(试行)》第十六条规定:"民办学校应当建立利益关联方交易的信息披露机制,将关联交易信息披露工作纳入学校信息公开的整体工作中,及时、真实、准确、完整地披露关联交易信息,不得存在虚假记载、误导性陈述或者重大遗漏。民办学校应当在关联交易事项经决策后的 20 个工作日内逐项披露以下关联交易信息:

(一)利益关联各方的基本信息;

(二)关联交易情况,包括关联交易的标的内容、交易条件和金额、定价依据、履约期限;

(三)行政部门要求披露的其他信息。

民办学校拟披露的关联交易信息属于国家秘密、商业秘密、敏感信息等,按照本办法规定披露可能损害相关利益方合法权益的或者造成不良影响的,应当向教育行政部门申请不作公开披露。"

221 营利性与非营利性民办学校在关联交易的监管上有何不同？

《民办教育促进法实施条例》第四十五条第二款规定："民办学校应当建立利益关联方交易的信息披露制度。教育、人力资源社会保障以及财政等有关部门应当加强对非营利性民办学校与利益关联方签订协议的监管，并按年度对关联交易进行审查。"

也就是说，营利性民办学校的关联交易主要采取"主动披露+社会监督"的方式进行监管，政府监管力度相对较小；非营利性民办学校则采取"主动披露+社会监督+政府监管+年度审查"的方式进行监管，监管会更加严格。

从当前部分地方出台的规定看，关联交易管理并未对营利性民办学校和非营利性民办学校加以区分。《上海市民办学校关联交易管理办法（试行）》第二条规定："在本市实施除义务教育以外的其他学历教育、学前教育的民办学校（以下简称'民办学校'），其关联交易的开展和监督管理适用本办法。实施义务教育的民办学校不得与利益关联方进行交易。"第二十条规定："教育行政部门会同财政、税务、民政、市场监管等部门开展民办学校年度检查和年度报告时，将关联交易作为重要内容。民办学校关联交易年度审查工作可以与年度检查和年度报告工作合并开展。"

222 不同类型的关联企业在法律规范上有什么区别？

民办学校常见的关联企业类型包括有限责任公司、股份有限公司、个人独资企业、合伙企业、个体工商户等，企业类型不同，法律法规对其要求也有明显不同。

①有限责任公司。有限责任公司，简称有限公司，由 50 个以下的股东出

资设立，每个股东以其所认缴的出资额为限对公司承担有限责任，公司以其全部资产对公司债务承担全部责任。虽然法律规定公司股东与公司之间财产独立，但如果公司股东存在滥用公司法人独立地位和股东有限责任逃避债务，严重损害公司债权人利益的，应当对公司债务承担连带责任。另外，如果是只有一个股东的一人有限责任公司，也应特别注意股东与公司之间的财产独立，当公司存在债务纠纷时，如果一人有限责任公司的股东不能证明公司财产独立于股东自己的财产的，应当对公司债务承担连带责任。

②股份有限公司。股份有限公司是由 1 人以上 200 人以下为发起人发起设立的组织体，公司的资本总额平分为金额相等的股份，可以向社会公开发行股票筹资，股票可以依法转让，股东以其所认购股份对公司承担有限责任，公司以其全部资产对公司债务承担责任。每一股对应一份表决权，股东以其所认购持有的股份，享受权利、承担义务。股份有限公司必须设立一定的组织机构，如股东大会、董事会、监事会和经理等，对公司实行规范化的内部管理。

③个人独资企业。个人独资企业是个人出资经营、归个人所有和控制、由个人承担经营风险和享有全部经营收益的企业，企业的投资者对企业债务承担无限责任。投资者可以自行管理企业事务，也可以委托或者聘用他人负责企业的事务管理，投资人对受托人或者被聘用人员职权的限制，不得对抗善意第三人；但受托人或者聘用人员管理企业事务时违反双方订立的合同，给投资人造成损失的，应当承担民事赔偿责任。

④合伙企业。合伙企业是指由自然人、法人和其他组织设立的组织体，包括普通合伙企业和有限合伙企业两种。普通合伙企业的所有合伙人对合伙企业的债务承担无限连带责任，有限合伙企业则包括普通合伙人和有限合伙人，前者对合伙企业债务承担无限连带责任，后者则只以其认缴的出资额为限对合伙企业债务承担责任。合伙企业成立的基础在于合伙协议，合伙人签订合伙协议并登记后，合伙企业即告成立。

⑤个体工商户。自然人从事工商经营，经依法登记为个体工商户。《民法

典》第五十六条第一款规定："个体工商户的债务，个人经营的，以个人财产承担；家庭经营的，以家庭财产承担；无法区分的，以家庭财产承担。"也就是说，以个人名义申请登记的个体工商户，个人经营、收益也归个人的，则债务也由个人承担；以家庭共同财产投资，或者收益的主要部分供家庭成员消费的，其债务由家庭共有财产清偿；在夫妻关系存续期间，一方从事个体工商户经营，其收入作为夫妻共有财产的，其债务由夫妻共有财产清偿。

223 不同类型的关联企业如何纳税？

不同类型的企业在税收上的主要区别在于企业所得税，有限责任公司、股份有限公司均需要缴纳企业所得税，缴纳完企业所得税后的净利润在分配到个人投资者时，再缴纳个人所得税。根据《企业所得税法》及其实施条例的有关规定，一般企业的企业所得税税率为25%，符合条件的小型微利企业减按20%的税率征收企业所得税（根据现行税收政策[①]，自2023年1月1日至2027年12月31日，对小型微利企业减按25%计算应纳税所得额），国家重点扶持的高新技术企业，减按15%的税率征收企业所得税。

个人独资企业、合伙企业、个体工商户等非公司性质的企业则无须缴纳企业所得税，每一纳税年度的收入总额减除成本、费用以及损失后的余额，作为投资者个人（如果投资者是公司，依然需要缴纳企业所得税）的生产经营所得，适用5%—35%的五级超额累进税率，计算征收个人所得税。

---

① 《财政部、税务总局关于进一步支持小微企业和个体工商户发展有关税费政策的公告》（财政部、税务总局公告2023年第12号）。

224 关联企业没有实际提供产品、服务而从学校收费，存在什么风险？

关联企业没有实际为学校提供相关产品、服务，却从学校收取费用，这属于"侵占学校法人财产或者非法从学校获取利益"的行为，轻则按照《民办教育促进法实施条例》第六十二条的有关规定给予相关责任人员行政处罚；重则可能构成犯罪，相关责任人员将被追究职务侵占罪的刑事责任。

225 关联企业与学校没有实际交易而提供发票，存在什么风险？

没有实际交易而提供发票，属于虚开发票行为，如果虚开发票金额不大的，依据《发票管理办法》的有关规定，由税务机关没收违法所得，处50万元以下的罚款。

虚开发票达到一定金额的，则构成犯罪，将被公安机关依据《刑法》关于"虚开增值税专用发票罪"[1]"虚开发票罪"[2]的有关规定追究刑事责任。

---

[1] 《刑法》第二百零五条。
[2] 《刑法》第二百零五条之一。

虚开增值税专用发票罪（《刑法》第二百零五条）

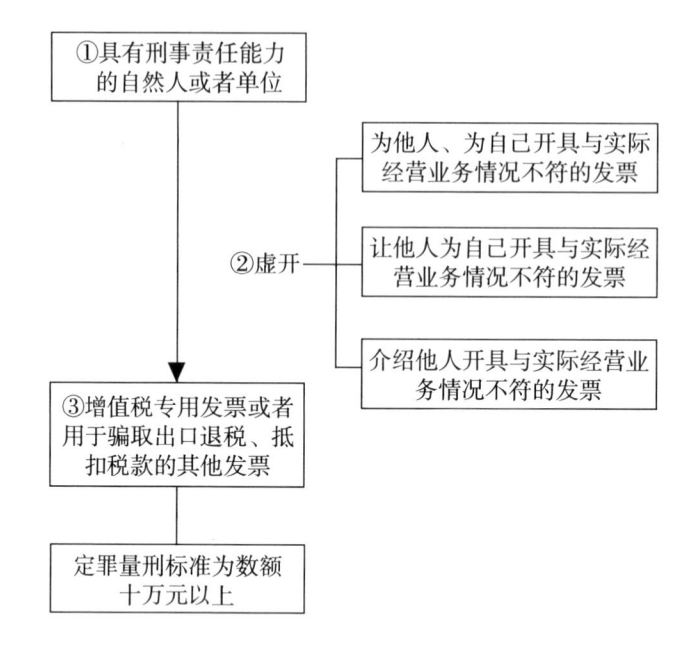

- ① 具有刑事责任能力的自然人或者单位
- ② 虚开
  - 为他人、为自己开具与实际经营业务情况不符的发票
  - 让他人为自己开具与实际经营业务情况不符的发票
  - 介绍他人开具与实际经营业务情况不符的发票
- ③ 增值税专用发票或者用于骗取出口退税、抵扣税款的其他发票
- 定罪量刑标准为数额十万元以上

虚开发票罪（《刑法》第二百零五条之一）

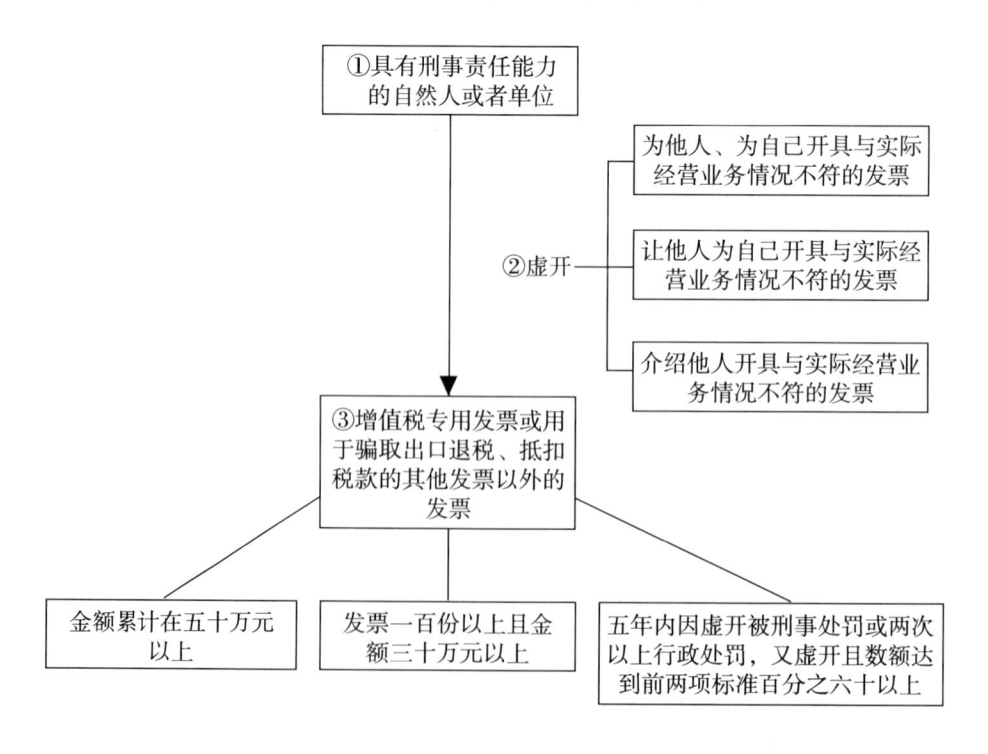

- ① 具有刑事责任能力的自然人或者单位
- ② 虚开
  - 为他人、为自己开具与实际经营业务情况不符的发票
  - 让他人为自己开具与实际经营业务情况不符的发票
  - 介绍他人开具与实际经营业务情况不符的发票
- ③ 增值税专用发票或用于骗取出口退税、抵扣税款的其他发票以外的发票
  - 金额累计在五十万元以上
  - 发票一百份以上且金额三十万元以上
  - 五年内因虚开被刑事处罚或两次以上行政处罚，又虚开且数额达到前两项标准百分之六十以上

226 关联企业欠学校一些债务，但已经注销了，学校还需要追回相关款项吗？

需要追回。一方面，关联企业如果是个人独资企业、合伙企业、个体工商户，出资人需要对企业债务承担无限责任（有限合伙人除外），不因企业注销而免除偿还责任。另一方面，关联企业向学校借款，属于关联交易行为，借款未还而注销，属于利用关联交易损害学校利益的行为，相关责任人员依法将被给予行政处罚，构成犯罪的，依法追究刑事责任。

227 民办学校及其关联主体通过实施虚假破产逃避债务，将承担什么责任？

民办学校及其关联主体通过虚假破产逃避债务，如果民办学校及其关联主体仍然存续的，需要继续偿还债务。如果已经注销的，需要由举办者、股东等直接负责的人员承担相应责任，构成犯罪的，依法追究刑事责任。

《刑法》第一百六十二条之二规定："公司、企业通过隐匿财产、承担虚构的债务或者以其他方法转移、处分财产，实施虚假破产，严重损害债权人或者其他人利益的，对其直接负责的主管人员和其他直接责任人员，处五年以下有期徒刑或者拘役，并处或者单处二万元以上二十万元以下罚金。"

《最高人民检察院、公安部关于公安机关管辖的刑事案件立案追诉标准的规定（二）》第九条规定："公司、企业通过隐匿财产、承担虚构的债务或者以其他方法转移、处分财产，实施虚假破产，涉嫌下列情形之一的，应予立案追诉：（一）隐匿财产价值在五十万元以上的；（二）承担虚构的债务涉及金额在五十万元以上的；（三）以其他方法转移、处分财产价值在五十万元以上的；（四）造成债权人或者其他人直接经济损失数额累计在十万元以上的；

（五）虽未达到上述数额标准，但应清偿的职工的工资、社会保险费用和法定补偿金得不到及时清偿，造成恶劣社会影响的；（六）其他严重损害债权人或者其他人利益的情形。"

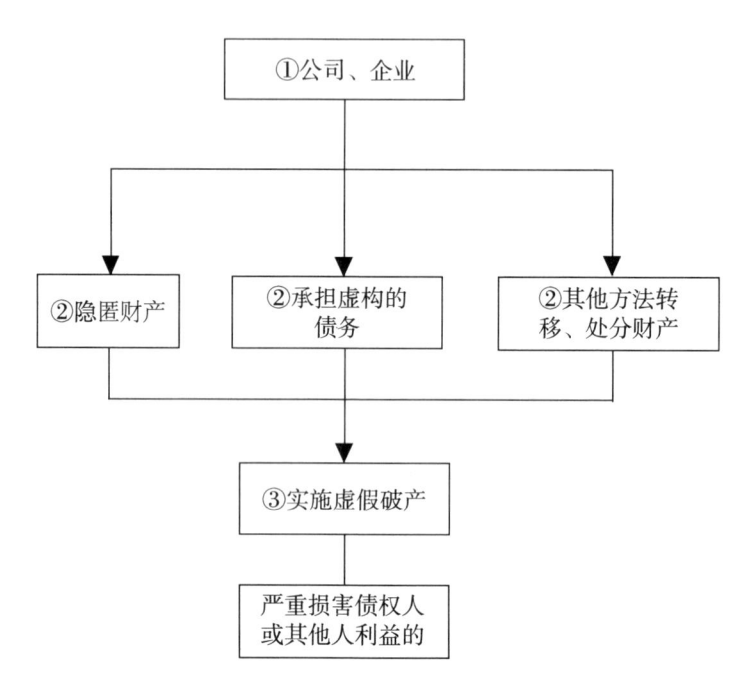

虚假破产罪（《刑法》第一百六十二条之二）

```
              ┌─────────────┐
              │ ①公司、企业  │
              └──────┬──────┘
         ┌───────────┼───────────┐
         ▼           ▼           ▼
    ┌────────┐  ┌────────┐  ┌──────────┐
    │②隐匿财产│  │②承担虚构│  │②其他方法转│
    │        │  │  的债务  │  │ 移、处分财产│
    └────────┘  └────┬───┘  └──────────┘
                     ▼
              ┌─────────────┐
              │ ③实施虚假破产 │
              └──────┬──────┘
                     ▼
              ┌─────────────┐
              │严重损害债权人│
              │或其他人利益的│
              └─────────────┘
```

处罚对象为对公司、企业直接负责
的主管人员和其他直接责任人员

228 开展合作办学，学校提供办学资质并收取租金可以吗？

不可以。这属于以合作办学名义出租办学许可证，是违法行为。根据《民办教育促进法》《民办教育促进法实施条例》的规定，"伪造、变造、买卖、出租、出借办学许可证的"，由县级以上人民政府教育行政部门责令限期改正，并予以警告，有违法所得的，退还所收费用后没收违法所得；情节严重的，责令停止招生、吊销办学许可证，有关责任人员1年至5年内不得新成为民办学校举办者或实际控制人、决策机构或者监督机构组成人员；情节特别严重、社会影响恶劣的，有关责任人员永久不得新成为民办学校举办者或实际控制人、决策机构或者监督机构组成人员。

229 学校向学生和家长收取代收代付费用，可以取得差价吗？

学校代收代付的费用不能取得差价。根据教育部等五部门印发的《关于进一步加强和规范教育收费管理的意见》规定，为在校学生提供学习、生活所需的相关便利服务，以及组织开展研学旅行、课后服务、社会实践等活动，对应由学生或学生家长承担的部分，可根据自愿和非营利原则收取服务性费用；相关服务由学校之外的机构或个人提供的，学校可代收代付相关费用；国家已明令禁止的或明确规定由财政保障的项目不得纳入服务性收费和代收费，学校不得擅自设立服务性收费和代收费项目；学校不得在代收费中获取差价。

230 学校实际控制人或管理者从学校代收费中取得差价，存在什么风险？

学校在代收费中是不应该取得差价的，如果取得差价，那就不是代收费，而是学校的服务性收费，差价则为学校从该服务性收费中取得的利润。如果学校实际控制人或管理者利用职务便利将该部分差价拿走，则是侵占学校的利益，属于"侵占学校法人财产或者非法从学校获取利益"的行为，轻则违反《民办教育促进法实施条例》的有关规定，将被给予行政处罚，重则可能构成职务侵占罪，具有被依法追究刑事责任的风险。

231 学校实际控制人或管理者收受学校供应商、服务商回扣，存在什么风险？

学校实际控制人或管理者收受商业贿赂或取得回扣的行为，属于"损害学校利益或师生权益"的行为，违反《民办教育促进法》《民办教育促进法实施条例》的有关规定，轻则会被处以行政处罚，重则可能被追究刑事责任。

《刑法》第一百六十三条规定："公司、企业或者其他单位的工作人员，利用职务上的便利，索取他人财物或者非法收受他人财物，为他人谋取利益，数额较大的，处三年以下有期徒刑或者拘役，并处罚金……公司、企业或者其他单位的工作人员在经济往来中，利用职务上的便利，违反国家规定，收受各种名义的回扣、手续费，归个人所有的，依照前款的规定处罚……"

根据最高人民法院、最高人民检察院颁布实施的《关于办理贪污贿赂刑事案件适用法律若干问题的解释》规定，上述"数额较大"的标准仅为六万元。因此，学校实际控制人或管理者收取回扣的行为具有较高的刑事风险，很可能构成非国家工作人员受贿罪。

非国家工作人员受贿罪（《刑法》第一百六十三条）

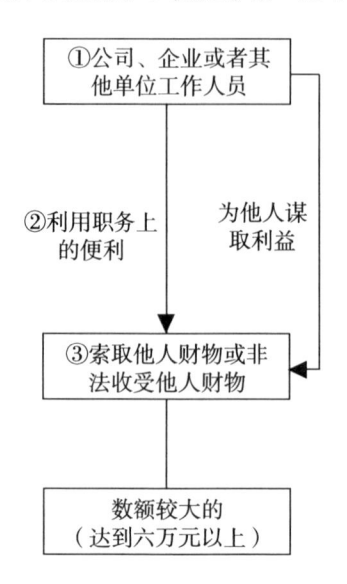

① 公司、企业或者其他单位工作人员

② 利用职务上的便利 为他人谋取利益

③ 索取他人财物或非法收受他人财物

数额较大的（达到六万元以上）

232 学校食堂可以赚取利润和取得收益吗?

学校食堂存在些许结余是可以的,毕竟食堂为确保师生饮食安全、维持和改善师生伙食质量,也需要有添置更换设施设备等各项支出。但需要把握的是,一方面学校食堂不能留存过多结余,否则可能需要退还给学生或调减下一年度伙食收费标准,另一方面食堂的结余也不能用于分配,应当坚持非营利性。

教育部等五部门印发的《关于进一步加强和规范教育收费管理的意见》规定,学校自主经营的食堂向自愿就餐的学生收取伙食费,应坚持公益性原则,不得以营利为目的。财政部、教育部印发的《中小学校财务制度》进一步明确:"中小学校食堂应当坚持公益性和非营利性原则。学校自主经营食堂为学生提供就餐服务的,财务活动纳入学校财务部门统一管理,可在学校现有账户下分账核算,真实反映收支状况,并定期公开账务。如有结余,应当转入下一会计年度继续使用。学校采用委托方式经营食堂为学生提供就餐服务的,应当加强监督管理,不得向被委托方转嫁建设、修缮等费用。学校采用配餐或托餐方式为学生提供就餐服务的,餐费可由学校统一收取并按照代收费管理。"

233 学校食堂可以对外承包和委托经营吗?

国家市场监督管理总局等四部门印发的《关于落实主体责任强化校园食品安全管理的指导意见》规定,学校、幼儿园要落实食品安全校长(园长)负责制,具备条件的中小学、幼儿园食堂原则上采用自营方式供餐,不再引入社会力量承包或者委托经营食堂,不再签订新的承包或者委托经营合同。

不过上述规定只是原则性要求,具体如何实施和落实,还需要看学校所在地的具体规定和要求。

234 举办者可以以自身名义对外租赁学校资产并取得收益吗？

不可以。学校是独立的法人，其房产对外出租，应当由学校获取收益，举办者以自身名义对外出租学校的房产土地等各类资产并取得收益，涉嫌"侵占学校法人财产或者非法从学校获取利益"。

当然，如果是具有合法依据的租赁行为，则并不在上述禁止之列。例如，不禁止关联交易的民办学校，举办者遵守公开、公平、公允的原则，通过支付合理费用租赁学校的闲置房产，举办者在征得学校同意的情况下，再将这些闲置房产对外转租的，就并不存在合规方面的问题。

235 民办学校所使用的房产土地对外抵押、担保，有法律效力吗？

需要区分情况看待，符合条件的抵押担保仍然有效。

《民法典》第三百九十九条规定："下列财产不得抵押：……（三）学校、幼儿园、医疗机构等为公益目的成立的非营利法人的教育设施、医疗卫生设施和其他公益设施……"

《最高人民法院关于适用〈中华人民共和国民法典〉有关担保制度的解释》第六条第一款规定："以公益为目的的非营利性学校、幼儿园、医疗机构、养老机构等提供担保的，人民法院应当认定担保合同无效，但是有下列情形之一的除外：（一）在购入或者以融资租赁方式承租教育设施、医疗卫生设施、养老服务设施和其他公益设施时，出卖人、出租人为担保价款或者租金实现而在该公益设施上保留所有权；（二）以教育设施、医疗卫生设施、养老服务设施和其他公益设施以外的不动产、动产或者财产权利设立担保物权。"

从上述法条和司法解释可以得出结论，学校的教育设施不得抵押有两个条件：第一，该教育设施需要已经登记在学校名下，是学校所拥有的，而非租借的;第二,该学校为"非营利法人",如果是营利性民办学校的财产,则并不在法律禁止的范围内。虽然,2016年12月30日颁布实施的《营利性民办学校监督管理实施细则》第三十条规定:"营利性民办学校拥有法人财产权,存续期间,学校所有资产由学校依法管理和使用,任何组织和个人不得侵占、挪用、抽逃。营利性民办学校举办者不得抽逃注册资本,不得用教育教学设施抵押贷款、进行担保,办学结余分配应当在年度财务结算后进行。"但这里指的是举办者不得用学校的教育教学设施抵押贷款,却并不影响学校自身以其教育教学设施进行抵押担保。

相关案例1:

2012年10月,某银行L支行与郑某签订了《个人借款/担保合同》,约定L支行向后者发放个人经营贷款250万元,贷款担保方式为抵押,贷款期限为5年,贷款用途为装修幼儿园,并约定了贷款利率、还款方式以及逾期罚息。郑某以个人房产及土地为上述借款提供抵押担保,并办理了抵押登记。郑某举办的幼儿园则一直在该土地、房产上办学。当月,L支行向郑某发放贷款250万元,郑某收到贷款后累计偿还本息至2014年12月,后续本金及利息就再未偿还。L支行催收未果,向法院提起诉讼。法院经审理后,判决郑某向L支行还本付息,L支行可以在拍卖、变卖郑某的土地房屋等抵押物所得的价款内优先受偿。

相关案例2:

2014年8月27日,某小额贷款公司与何某签订《贷款合同书》,约定何某向小贷公司借款55万元用于资金周转,借款期限6个月,月利率1.49%,合同手续费4%;同日,小贷公司与某技工学校签订《机动车辆抵押合同》,约定技校以其所拥有的小汽车为何某的借款提供抵押担保。2015年1月27日起,何某违反合同约定未返还本金和利息。小贷公司诉至法院。法院判决何某偿还小贷公司本金及利息,小贷公司对技校提供用于抵押的车辆享有优先受偿权。

236 民办学校终止办学时，举办者可以取得补偿或奖励吗？

民办学校终止办学时举办者是否可以取得补偿或奖励，需要看学校设立的时间、选择登记的性质，以及是否有剩余财产等具体情况。根据《国务院关于鼓励社会力量兴办教育促进民办教育健康发展的若干意见》的规定，只有在2016年11月7日前设立的、选择登记为非营利性的民办学校，在终止时，民办学校的财产依法清偿后有剩余的，才会按照国家有关规定给予出资者相应的补偿或者奖励，其余剩余财产继续用于其他非营利性学校办学。

237 民办学校终止办学时，举办者的补偿和奖励可以同时获得吗？

根据《国务院关于鼓励社会力量兴办教育促进民办教育健康发展的若干意见》的规定，举办者可以获得的是"补偿或者奖励"。但从各省、自治区、直辖市的规定看，大多规定是可以同时取得"补偿和奖励"，只是取得补偿和奖励的条件是不同的。不过只有少数省份规定了取得补偿和奖励的具体计算标准，如江西省规定，补偿金额=（出资金额+折算利息）-（合理回报+折算利息）；奖励金额=年度学费收入×（0.1×合格次数-0.5×不合格次数），其中年度学费收入指的是近5年内的最高年度学费总收入，合格次数和不合格次数是从2017年9月1日至今的年检结论。

第七章　财务管理合规

"各单位必须依法设置会计帐簿，并保证其真实、完整。"

"单位负责人对本单位的会计工作和会计资料的真实性、完整性负责。"

"会计机构、会计人员依照本法规定进行会计核算，实行会计监督。"

——《会计法》

238 民办学校应当建立怎样的财务管理体制？

民办学校应当建立由理事会、董事会等决策机构统一领导的财务管理体制。其中，中小学校应当指定专人主管财务工作，配备财务、会计人员，并根据需要合理设置财务部门，对学校的各类经济活动实施管理、核算和监督；财务主管人员应当依法依规履行职责，参与学校重大建设项目、重要办学资源配置、重要资产处置、大额资金使用等重大事项的决策①。高等学校根据规模大小可以实行"统一领导、集中管理"或"统一领导、分级管理"的财务管理制度，学校应当单独设置一级财务机构，配备专业化一级财务机构负责人，在理事会、董事会等决策机构和分管领导的领导下，统一管理学校财务工作；校内非独立法人单位因工作需要设置财务机构的，作为学校二级财务机构，遵守学校统一制定的财务规章制度，接受一级财务机构的统一领导、监督和检查②。

239 民办学校会计人员应当符合哪些要求？

根据财政部《会计人员管理办法》的规定，会计人员包括从事出纳，稽核，资产、负债和所有者权益（净资产）的核算，收入、费用（支出）的核算，财务成果的核算，财务会计报告编制，会计监督，会计机构内会计档案管理等具体会计工作的人员。会计人员从事会计工作，应当符合：①遵守《中华人民共和国会计法》和国家统一的会计制度等法律法规；②具备良好的职业道德；③按照国家有关规定参加继续教育；④具备从事会计工作所需要的专业能力（具有会计类专业知识，基本掌握会计基础知识和业务技能，能够独

---

① 《中小学校财务制度》第七条。
② 《高等学校财务制度》第六条、第八条、第九条。

立处理基本会计业务)。

根据《中小学校财务制度》和《高等学校财务制度》的规定，学校财务、会计人员应当具备与其工作岗位相适应的专业能力，熟悉国家财经法律、法规、规章和方针、政策，掌握财会和教育教学业务管理的有关知识。

240 民办学校会计制度应当如何适用？

非营利性民办学校应当适用《民间非营利组织会计制度》，营利性民办学校则应当适用《企业会计制度》《企业会计准则》，符合《中小企业划型标准规定》所规定的小型企业标准（教职工人数合计100人以下）的营利性民办学校，也可适用《小企业会计准则》。

《民间非营利组织会计制度》第二条规定："本制度适用于在中华人民共和国境内依法设立的符合本制度规定特征的民间非营利组织。民间非营利组织包括依照国家法律、行政法规登记的社会团体、基金会、民办非企业单位和寺院、宫观、清真寺、教堂等。适用本制度的民间非营利组织应当同时具备以下特征：（一）该组织不以营利为宗旨和目的；（二）资源提供者向该组织投入资源不取得经济回报；（三）资源提供者不享有该组织的所有权。"

《企业会计制度》第二条规定："除不对外筹集资金、经营规模较小的企业，以及金融保险企业以外，在中华人民共和国境内设立的企业（含公司，下同），执行本制度。"《企业会计准则——基本准则》第二条规定："本准则适用于在中华人民共和国境内设立的企业（包括公司，下同）。"《小企业会计准则》第二条第一款规定："本准则适用于在中华人民共和国境内依法设立的、符合《中小企业划型标准规定》所规定的小型企业标准的企业。"

民办学校会计制度适用	
学校类型	会计制度
非营利性民办学校	《民间非营利组织会计制度》
符合小企业标准的营利性民办学校	《小企业会计准则》或《企业会计准则》
超过小企业标准的营利性民办学校	《企业会计制度》及《企业会计准则》

241 民办学校以前适用会计制度错误，应当怎么进行调整？

《会计法》第十八条规定："各单位采用的会计处理方法，前后各期应当一致，不得随意变更；确有必要变更的，应当按照国家统一的会计制度的规定变更，并将变更的原因、情况及影响在财务会计报告中说明。"

民办学校进行会计制度变更，一般应当在年初进行，这样具有连续性。会计制度变更除按照上述规定在财务会计报告中说明外，还应当在电子税务局对会计制度备案信息进行变更操作。

242 民办学校应当如何按照权责发生制进行会计核算？

民办学校无论适用《民间非营利组织会计制度》还是适用《企业会计制度》，都应当按照权责发生制进行会计核算。即，凡是当期已经实现的收入，不论款项是否收付，都应当作为当期的收入；凡是不属于当期的收入，即使款项已在当期收付，也不应当作为当期的收入。且会计核算应当及时进行，不得提前或延后。同时，在进行会计核算时，收入与其成本、费用应当相互配比，同一会计期间内的各项收入和与其相关的费用，应当在该会计期间内确认。

以学费收入的账务处理为例，在开学之初收到一学期学费时，会计科目为：

借：现金/银行存款

贷：预收账款——学费

然后按照学校的上课时间进行分摊，通常上学期在9月至次年1月进行分摊，下学期在3月至6月进行分摊（具体根据学校实际情况确定）。每月分摊时：

借：预收账款——学费

贷：提供服务收入/主营业务收入——学费收入

243 民办学校未设置会计账簿，应当怎么处理？

根据《会计法》的规定，民办学校必须依法设置会计账簿，并保证其真实、完整；未依法设置会计账簿的，由县级以上人民政府财政部门责令限期改正，对单位可处以三千元以上五万元以下的罚款，对直接负责的主管人员和其他直接责任人员可处以二千元以上二万元以下罚款。

根据《民办教育促进法实施条例》的规定，未按照国家统一的会计制度进行会计核算、编制财务会计报告，财务、资产管理混乱的民办学校，可视情节轻重处以责令限期改正、责令停止招生、吊销办学许可证等行政处罚，构成犯罪的，依法追究刑事责任。

因此，如果民办学校还未建账的，应当及时建账，学校可以先把当期的账建起来，然后再逐步还原以前的业务，特别是较大金额的业务应当完整、准确记录，近三年至五年账务也应当尽可能做到相对准确。

244 刚接手的学校，发现以前财务管理混乱，如何整改规范？

民办学校举办者变更，进行财务清算是法定必经程序，如果继任举办者一方接手后发现财务清算存在问题，可以以接手时作为时间节点，再组织一次资产清查或专项审计，按照实际情况进行账务调整，做到账实相符和账账相符，并在今后按照规范的要求进行账务处理。如发现前任举办者存在职务侵占、挪用资金等损害学校利益行为，应当以学校名义要求相关人员退回资金和非法侵占的学校财物。

245 民办学校应当如何管理所属的资产？

根据《中小学校财务制度》和《高等学校财务制度》的规定，资产是指学校依法直接支配的各类经济资源，包括流动资产、固定资产、在建工程、无形资产、对外投资、文物文化资产等。

在资产的管理上，学校应当建立健全资产管理制度，明确资产使用人和管理人的岗位责任，加强和规范资产配置、使用和处置管理，维护资产安全完整，提高资产使用效率；如有国有资产的，应当按照规定设置国有资产台账；定期或者不定期对资产进行盘点、对账，出现资产盘盈盘亏的，应当按照财务、会计和资产管理制度有关规定处理，做到账实相符和账账相符；学校对于需要办理权属登记的资产应当依法及时办理。

246 什么是限定性资产和非限定性资产？

只有适用《民间非营利组织会计制度》的非营利性民办学校才会涉及限定性资产和非限定性资产的分类问题。非营利性民办学校资产减去负债后的余额为净资产，净资产按照其是否受到限制，分为限定性净资产和非限定性净资产。如果资产或者资产所产生的经济利益（如资产的投资收益和利息等）的使用受到资产提供者或者国家有关法律法规的时间限制或用途限制，则由此形成的净资产为限定性净资产，对于法律法规直接设置限制的净资产也属于限定性净资产；除此之外的其他净资产，即为非限定性净资产。

247 民办学校应如何区分固定资产与存货？

实务中，不乏学校对固定资产和存货区分不清的情形。

固定资产是指使用期限超过一年，单位价值在 1000 元以上，并在使用过程中基本保持原有物质形态的资产；单位价值虽未达到规定标准，但耐用时间在一年以上的大批同类物资，也应作为固定资产管理。

存货则是指学校在开展教育教学活动及其他活动中为耗用或者出售而储存的资产，包括材料、燃料、包装物和低值易耗品以及未达到固定资产标准的用具、装具、动植物等。存货与现金、存款、应收及预付款项等同属于流动资产。

248 民办学校可以进行对外投资吗？

对外投资是指学校依法利用货币资金、实物、无形资产等方式向其他单位的投资。根据《中小学校财务制度》和《高等学校财务制度》的规定，义务教育阶段学校不得对外投资，非义务教育阶段学校应当严格控制对外投资，不得使用财政拨款及其结余进行对外投资，不得从事股票、期货、基金、企业债券等投资。

然而，上述规定主要适用于公办学校，社会力量举办的民办学校只是"可以参照执行"。因此，民办学校对外投资一方面还要看地方政策是否有其他禁止性规定，另一方面也不得违反《民办教育促进法》的相关规定要求，如"民办学校收取的费用应当主要用于教育教学活动、改善办学条件和保障教职工待遇"[①] 等。

---

① 《民办教育促进法》第三十八条。

249 民办学校现金使用的范围是什么？

民办学校使用现金应当遵循国务院颁布的《现金管理暂行条例》的有关规定，在限定的范围内使用现金：

①职工工资、津贴；

②个人劳务报酬；

③根据国家规定颁发给个人的科学技术、文化艺术、体育等各种奖金；

④各种劳保、福利费用以及国家规定的对个人的其他支出，如退休金、抚恤金、学生奖学金、助学金、教职工困难生活补助等；

⑤向个人收购农副产品和其他物资的价款；

⑥出差人员必须随身携带的差旅费；

⑦结算起点以下的零星支出（结算起点为1000元）；

⑧中国人民银行确定需要支付现金的其他支出，如采购地点不确定、交换不便、抢险救灾以及其他特殊情况，办理结算不够方便、必须使用现金支出的情形，这类支出需要书面向开户银行申请，获得批准方可使用。

除上述第⑤、⑥项两项外，其他各项支付给个人的款项中，支付现金每人不得超过1000元，超过使用现金限额的部分，应当在银行转存为储蓄存款或以支票、银行本票的方式予以支付；确需全额支付现金的，需要经开户银行审核。

250 民办学校银行账户管理使用有什么规定要求？

民办学校所有银行账户应当实行统一管理，只得开设一个基本存款账户，同类业务不得多头开户，不得出借资金账户，不得利用资金账户为其他单位或个人提供经济担保，不得将学校资金归集到学校账户以外的其他账户进行管理和使用。

此外，根据《民办教育促进法实施条例》的规定，非营利性民办学校收取费用、开展活动的资金往来，应当使用在有关主管部门备案的账户，有关主管部门应当对该账户实施监督；营利性民办学校收入应当全部纳入学校开设的银行结算账户，办学结余分配应当在年度财务结算后进行。

251 教育集团可以将举办的多所学校的资金进行归集使用吗？

不可以。每一所民办学校都是一个独立的法人主体，只要民办学校继续存续的，所有资产应当由民办学校自身依法管理和使用，任何组织和个人不得侵占。教育集团将旗下民办学校资金进行归集管理，损害了民办学校法人的独立财产权，达到一定金额和条件即构成挪用资金罪，相关责任人员具有很高的刑事责任风险。

252 举办者及其关联公司可以借用学校资金开展投资经营活动吗？

不可以。举办者及其关联公司借用学校资金开展投资经营活动，一方面违反了《民办教育促进法》及其实施条例的相关规定，依法将受到行政处罚，另一方面，借用资金达到一定金额和时间的，涉嫌挪用资金罪，相关责任人员具有较高的刑事责任风险。

《刑法》第二百七十二条第一款规定："公司、企业或者其他单位的工作人员，利用职务上的便利，挪用本单位资金归个人使用或者借贷给他人，数额较大、超过三个月未还的，或者虽未超过三个月，但数额较大、进行营利活动的，或者进行非法活动的，处三年以下有期徒刑或者拘役；挪用本单位资金数额巨大的，处三年以上七年以下有期徒刑；数额特别巨大的，处七年以上有期徒刑。"

《最高人民检察院、公安部关于公安机关管辖的刑事案件立案追诉标准的规定（二）》第七十七条规定："公司、企业或者其他单位的工作人员，利用职务上的便利，挪用本单位资金归个人使用或者借贷给他人，涉嫌下列情形之一的，应予立案追诉：

（一）挪用本单位资金数额在五万元以上，超过三个月未还的；

（二）挪用本单位资金数额在五万元以上，进行营利活动的；

（三）挪用本单位资金数额在三万元以上，进行非法活动的。

具有下列情形之一的，属于本条规定的'归个人使用'：

（一）将本单位资金供本人、亲友或者其他自然人使用的；

（二）以个人名义将本单位资金供其他单位使用的；

（三）个人决定以单位名义将本单位资金供其他单位使用，谋取个人利益的。"

253 教职工向学校借款 10 万元，借期一年，有挪用资金的风险吗？

这需要视具体情况而定。如果教职工是因为家庭经济严重困难等原因向学校借款，而学校也通过规范的决策和审批程序对教职工发放借款，则相关人员不存在挪用资金的风险；而如果该教职工本身具有挪用学校资金的职务便利，或者该教职工的亲属具有挪用学校资金的职务便利，教职工取得借款后是用于投资经营活动或赌博、行贿等违法犯罪活动，则相关责任人员具有挪用资金罪的较高刑事责任风险。

254 民办学校应收账款长期未能收回的，可以作坏账处理吗？

根据《财政部、国家税务总局关于企业资产损失税前扣除政策的通知》（财税〔2009〕57号）第四条的规定，除贷款类债权外的应收、预付账款，符合下列条件之一的，减除可收回金额后确认的无法收回的应收、预付款项，可以作为坏账损失在计算应纳税所得额时扣除：（一）债务人依法宣告破产、关闭、解散、被撤销，或者被依法注销、吊销营业执照，其清算财产不足清偿的；（二）债务人死亡，或者依法被宣告失踪、死亡，其财产或者遗产不足清偿的；（三）债务人逾期3年以上未清偿，且有确凿证据证明已无力清偿债务的；（四）与债务人达成债务重组协议或法院批准破产重整计划后，无法追偿的；（五）因自然灾害、战争等不可抗力导致无法收回的。

民办学校对往来款计提坏账准备的，应当按照谨慎性原则参照上述规定进行处理。如果是对于关联方的债权，还需要结合实际情况进行考量，若关联方利用注销、吊销等方式恶意逃避债务、损害学校利益，很可能被认定为"侵占学校法人财产或者非法从学校获取利益"或"利用关联交易损害学校利益"的行为，具有行政处罚甚至追究刑事责任的潜在风险。

255 民办学校在哪些情形下需要进行财务清算？

只要是学校理事会/董事会认为必要的时候，民办学校都可以组织进行财务清算。但有几类情形是法定必须进行财务清算的：

①学校分立或合并时。《民办教育促进法》第五十三条第一款规定："民办学校的分立、合并，在进行财务清算后，由学校理事会或者董事会报审批机关批准。"

②学校举办者变更时。《民办教育促进法》第五十四条规定："民办学校

举办者的变更，须由举办者提出，在进行财务清算后，经学校理事会或者董事会同意，报审批机关核准。"

③学校终止时。《民办教育促进法》第五十八条规定："民办学校终止时，应当依法进行财务清算。民办学校自己要求终止的，由民办学校组织清算；被审批机关依法撤销的，由审批机关组织清算；因资不抵债无法继续办学而被终止的，由人民法院组织清算。"

④学校分类登记为营利性时。《民办学校分类登记实施细则》第十五条规定："现有民办学校选择登记为营利性民办学校的，应当进行财务清算，经省级以下人民政府有关部门和相关机构依法明确土地、校舍、办学积累等财产的权属并缴纳相关税费，办理新的办学许可证，重新登记，继续办学。"

256 民办学校财务清算的程序是怎样的？

民办学校财务清算结合不同目的和情形，具体程序会有较大区别，而且不同地区也有不同规定，需要具体情况具体分析。

例如，《成都市关于现有民办学校分类登记工作的通知》要求，现有民办学校选择登记为营利性民办学校的，按照以下程序进行财务清算：

①由举办者（或其代表）、校（院、园）长、法律顾问、教职工代表等成立清算组；

②由清算组委托有资质的第三方机构进行财务清算；

③明确学校截至 2017 年 8 月 31 日的举办者出资、土地、校舍、办学积累、财政投入、社会捐赠等资金资产及其权属、债权债务情况；

④办学积累、财政投入（补助）、捐赠收入等不得作为举办者出资；

⑤举办者未缴足开办资金的，应予补足；

⑥经相关部门和机构依法确认办学土地、校舍、办学积累等财产权属后，举办者依法缴纳相关税费、补缴划拨土地出让金；

⑦清算组应将《清产核资报告》报学校理事会审议通过；

⑧除财政投入、社会捐赠等按照相关规定处理外，分类登记前的开办资金转为分类登记后的注册资金且金额保持不变；

⑨经清算确认的所有资产（包括举办者投入、办学积累、债务资金等形成的资产）及其相关权利义务由重新登记后的营利性民办学校承继，必须全额用于该营利性民办学校办学，其中实物应及时交付，货币资金应及时转入重新登记后的营利性民小学校开立的基本存款账户，土地、房屋等不动产应在完成企业法人登记后一年内变更至重新登记后的营利性民办学校名下。

再如，《浙江省民办学校财务清算办法》规定，民办学校终止时自行组织财务清算的，应当执行如下程序：

①成立由举办者、理事会或董事会代表、学校行政班子代表、教职工代表、律师、会计师参加的清算组，人数不少于5人，且为奇数；

②学校财务部门按清算组的要求将会计报表、财务账册、财产目录、债权人和债务人名册等清算相关资料，移交给清算组；

③编制教职工和学生安置方案；

④清算组自成立之日起15日内，在发布清算公告的同时，书面通知债权人申报债权，并自清算组成立之日起45日内，在有区域影响力的媒体上发布两次公告，两次间隔时间不少于20日；

⑤清算组在清算基准日起90日内，将申报的债权核实结果书面通知债权人，并在与清算公告相同媒介渠道公告；

⑥清查财产，编制资产负债表和财产清单；

⑦在对民办学校的资产进行估价的基础上，制订清算方案；

⑧执行清算方案。

257 在学校财务清算中弄虚作假存在什么风险？

最大的风险是可能会构成妨害清算罪。《刑法》第一百六十二条规定："公司、企业进行清算时，隐匿财产，对资产负债表或者财产清单作虚伪记载或者在未清偿债务前分配公司、企业财产，严重损害债权人或者其他人利益的，对其直接负责的主管人员和其他直接责任人员，处五年以下有期徒刑或者拘役，并处或者单处二万元以上二十万元以下罚金。"

而根据《最高人民检察院、公安部关于公安机关管辖的刑事案件立案追诉标准的规定（二）》的规定，在财务清算中，隐匿财产价值在五十万元以上，或者对资产负债表或者财产清单作虚伪记载涉及金额在五十万元以上，或者造成债权人、其他人直接经济损失数额累计在十万元以上，就需要以涉嫌妨害清算罪进行立案追诉。

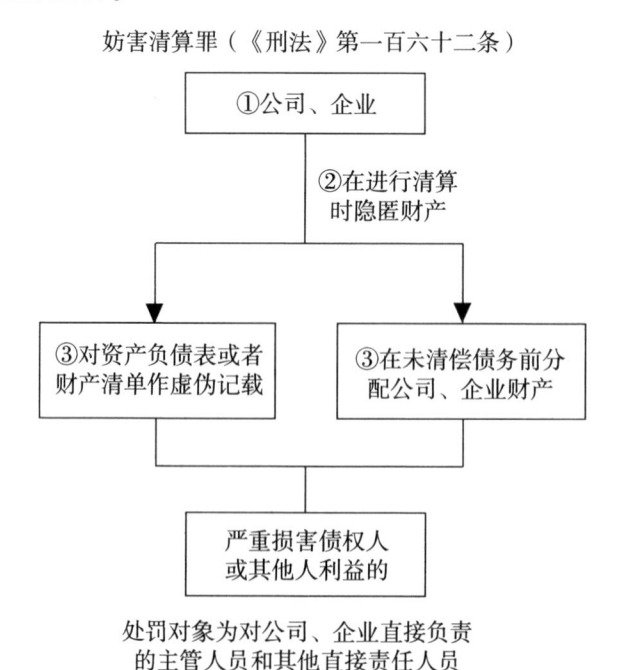

妨害清算罪（《刑法》第一百六十二条）

```
①公司、企业
    │
    ② 在进行清算
       时隐匿财产
    │
 ┌──┴──┐
③对资产负债表或者   ③在未清偿债务前分
 财产清单作虚伪记载    配公司、企业财产
 └──┬──┘
    │
 严重损害债权人
 或其他人利益的
```

处罚对象为对公司、企业直接负责
的主管人员和其他直接责任人员

258 不属于学校的固定资产、不动产，在学校账上计提折旧有什么风险？

实务中，存在一些与公办学校共用校园校舍，或者租借使用其他学校、公司、个人的不动产、固定资产办学的民办学校，错误地将这些不属于本校的不动产、固定资产在学校账上计提折旧，这客观上造成了民办学校虚列成本，如果因此减轻了民办学校的纳税义务，属于偷逃税款行为，需要补缴税款、滞纳金，并被处以罚款；如果欠缴税款达到一定金额且拒不接受税务机关行政处罚，还可能构成逃税罪被追究刑事责任。

259 有真实交易但无法取得发票，可以让第三方代开吗？

不可以，代开发票行为具有较高风险。对于这个问题，可以从三个方面来进行认识理解：

首先，代开发票不能进行进项税额抵扣。只要是代开的发票，就无法使开票方与销售方一致，根据《国家税务总局关于加强增值税征收管理若干问题的通知》（国税发〔1995〕192号）的规定："纳税人购进货物或应税劳务，支付运输费用，所支付款项的单位，必须与开具抵扣凭证的销货单位、提供劳务的单位一致，才能够申报抵扣进项税额，否则不予抵扣。"《国家税务总局关于纳税人虚开增值税专用发票征补税款问题的公告》（国家税务总局公告2012年第33号）规定："税务机关对纳税人虚开增值税专用发票的行为，应按《中华人民共和国税收征收管理办法》及《中华人民共和国发票管理办法》的有关规定给予处罚。纳税人取得虚开的增值税专用发票，不得作为增值税合法有效的扣税凭证抵扣其进项税额。"

其次，即使签订三方协议也不能使代开行为合法化。交易已经发生，通过签订三方协议的方式，并不能改变购买方与销售方的真实交易关系，第三方的加入实质上就是为了代开发票，而所开具的发票也必然与实际业务情况不符，反而符合虚开发票的定义。《发票管理办法》第二十一条第二款规定："任何单位和个人不得有下列虚开发票行为：（一）为他人、为自己开具与实际经营业务情况不符的发票；（二）让他人为自己开具与实际经营业务情况不符的发票；（三）介绍他人开具与实际经营业务情况不符的发票。"第三十五条规定："违反本办法的规定虚开发票的，由税务机关没收违法所得；虚开金额在1万元以下的，可以并处5万元以下的罚款；虚开金额超过1万元的，并处5万元以上50万元以下的罚款；构成犯罪的，依法追究刑事责任。非法代开发票的，依照前款规定处罚。"

最后，代开发票行为具有较高的刑事责任风险。《刑法》第二百零五条规定了"虚开增值税专用发票罪"，第二百零五条之一规定了"虚开发票罪"。在司法实践中，虚开行为只要被认定为具有骗取国家税款目的，就会涉嫌上述两个罪名。骗取国家税款目的，主要存在两种形式：一是为了抵扣税款或骗取出口退税而虚开发票，主要是让他人为自己虚开；二是放任他人虚开发票，主要是明知他人虚开发票是用于抵扣税款或骗取退税，仍为他人开具或介绍第三方开具发票。在"代开型"虚开行为模式中，上述两种骗税目的均存在。

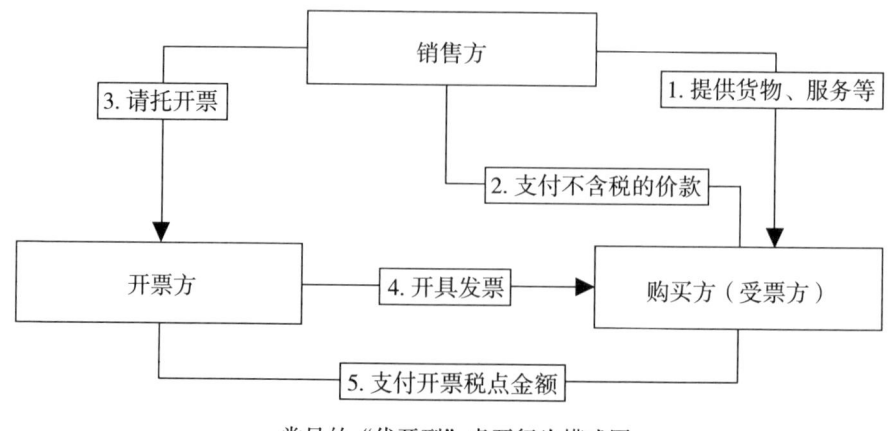

常见的"代开型"虚开行为模式图

国家税务机关是合法代开发票的唯一主体。"代开型"虚开行为表面上看并不会造成税款流失，只是纳税主体发生了变化，但事实上，让他人代开而不是去税务机关代开发票，开票方、购买方（受票方）、销售方（介绍方）均存在谋取不法利益的情形。购买方因销售方不直接为其开具发票，实际支付的货款或服务款等价款数额必然降低，其从开票方取得发票时支付的税点金额往往低于实际应纳税额；现实中，开票方往往也是不具有其他经营业务的空壳公司，并不会真实缴纳税款，在利用开票获取不法利益后，会通过逃匿造成国家税款的损失；对于介绍方而言，为了出售货物或提供服务，明知购买方为了抵扣税款而介绍开票方为其开具发票，破坏了国家的发票管理秩序。

260 学校无法取得发票的成本支出，是否可以入账？

记账凭证多种多样，并不仅限于发票，没有发票的支出入账是没有问题的，但如果应当取得发票而未取得的，需要调增应纳税所得额，不得在企业所得税汇算清缴时作为成本进行扣除。

《企业所得税税前扣除凭证管理办法》（国家税务总局公告2018年第28号）第八条规定，税前扣除凭证按照来源分为内部凭证和外部凭证。内部凭证是指企业自制用于成本、费用、损失和其他支出核算的会计原始凭证；外部凭证是指企业发生经营活动和其他事项时，从其他单位、个人取得的用于证明其支出发生的凭证，包括但不限于发票、财政票据、完税凭证、收款凭证、分割单等。第九条规定，企业在境内发生的支出项目属于增值税应税项目的，对方为已办理税务登记的增值税纳税人，其支出以发票作为税前扣除凭证，对方为依法无需办理税务登记的单位或者从事小额零星经营业务的个人，其支出以税务机关代开的发票或者收款凭证及内部凭证作为税前扣除凭证，收款凭证应载明收款单位名称、个人姓名及身份证号、支出项目、收款金额等相关信息。

261 学校食堂采购物资常常无法取得发票，应当如何处理？

该问题应当视具体情况而采取不同的处理方法。

如果采购对象均为小商小贩，可以凭收据入账。根据《企业所得税税前扣除凭证管理办法》（国家税务总局公告 2018 年第 28 号）的规定，从事小额零星经营业务的个人可以向购买方提供收据（应载明收款单位名称、个人姓名及身份证号、支出项目、收款金额等相关信息），购买方可以用收据作为税前扣除凭证。这里的小额零星经营业务的判断标准是个人从事应税项目经营业务的销售额不超过增值税的起征点。

如果是食堂就餐人数不多的学校，可以采取定点采购方式。比如说每月采购蔬菜开支不到 10 万元的，可以选择有营业执照的蔬菜商贩或专门销售蔬菜的超市定点采购，这些商贩或超市一般为小规模纳税人，按照现行政策每月销售额不超过 10 万元是可以享受免增值税政策的。学校在这类商家采购蔬菜，属于大客户，又在其免税范围内，自然可以开票。

如果是食堂就餐人数较多，可以选择大型菜市场或大型蔬菜供应商、农村合作社等进行合作，如果是非义务教育学校，也可以由举办者成立食材供应公司向学校提供食材，取得发票也是不成问题的。

262 学校的一些零星业务收费，可以由财务部门以外的其他业务部门收取吗？

《民办教育促进法实施条例》规定，非营利性民办学校收取费用、开展活动的资金往来，应当使用在有关主管部门备案的账户；营利性民办学校收入应当全部纳入学校开设的银行结算账户。因此，原则上学校收取的费用均应当由财务部门用学校账户统一收取，确有必要由其他业务部门或个人代为收取的，应当完善相关财务制度和监管措施，防止出现职务侵占和挪用资金等损害学校利益及师生权益的违法行为。

263 学校自营的食堂、超市账目单独核算，没有并入学校账目可以吗？

根据《会计法》《民间非营利组织会计制度》《企业会计制度》等相关规定，会计核算应当以实际发生的交易或者事项为依据，如实反映法人主体全部的财务状况、业务活动情况和现金流量等信息；以同一主体提供服务的收费应当反映在该主体的收入中，相对应的支出也应反映在该主体的支出中。因此，如果食堂、超市为学校自营，与学校同为一个法人主体，则应当并入学校账目进行核算；如合并一个账套不利于核算便利的，也可先单独设置账套进行核算，但在年度终了时，应当将所有账套的收入和成本进行合并，并出具财务报表，以保证学校的会计核算真实、完整。

264 非营利性民办学校应当如何履行财务会计报告制度？

根据《民办教育促进法》的规定，民办学校应当在每个会计年度结束时制作财务会计报告，委托会计师事务所依法进行审计，并公布审计结果。

根据《民间非营利组织会计制度》的规定，财务会计报告由会计报表、会计报表附注和财务情况说明书组成。非营利性民办学校的财务会计报告中的会计报表至少应当包含资产负债表、业务活动表和现金流量表。会计报表附注至少应当包含：①重要会计政策及其变更情况的说明；②理事会/董事会成员和员工的数量、变动情况以及获得薪金等报酬情况的说明；③会计报表重要项目及其增减变动情况的说明；④资产提供者设置了时间或用途限制的相关资产情况的说明；⑤受托代理业务情况的说明，包括受托代理资产的构成、计价基础和依据、用途等；⑥重大资产减值情况的说明；⑦公允价值无法可靠取得的受赠资产和其他资产的名称、数量、来源和用途等情况的说明；⑧对外承诺和或有事项情况的说明；⑨接受劳务捐赠情况的说明；⑩资产负债表日后非调整事项的说明；⑪有助于理解和分析会计报表需要说明的其他事项。财务情况说明书至少应当对下列情况作出说明：①学校的宗旨、组织结构以及人员配备等情况；②学校业务活动基本情况，年度计划和预算完成情况，产生差异的原因分析，下一会计期间业务活动计划和预算等；③对学校业务活动有重大影响的其他事项。

265 营利性民办学校应当如何履行财务会计报告制度？

营利性民办学校同样需要在每个会计年度结束时制作财务会计报告，委托会计师事务所依法进行审计，并公布审计结果。

财务会计报告由会计报表、会计报表附注和财务情况说明书组成。营利性民办学校向外提供的会计报表至少应当包括：①资产负债表；②利润表；③现金流量表；④所有者权益变动表。会计报表附注至少应当包括：①学校的基本情况；②财务报表的编制基础；③遵循企业会计准则的声明；④重要会计政策和会计估计；⑤会计政策和会计估计变更以及差错更正的说明；⑥报表重要项目说明；⑦有和承诺事项、资产负债表日后非调整事项、关联方关系及其交易等需要说明的事项；⑧有助于理解和分析会计报表需要说明的其他事项。财务情况说明书至少应当对下列情况作出说明：①学校经营的基本情况；②利润实现和分配情况；③资金增减和周转情况；④对学校财务状况、经营成果和现金流量有重大影响的其他事项。

266 民办学校计提奖助学金和发展基金有什么区别？

两者从来源、计提比例和用途上都有明显的区别。

根据《国务院关于鼓励社会力量兴办教育促进民办教育健康发展的若干意见》的规定："民办学校要建立健全奖助学金评定、发放等管理机制，应从学费收入中提取不少于5%的资金，用于奖励和资助学生。"奖助学金是直接从学费收入中提取，最低比例为5%，没有上限限制，民办学校只要收取学费，就应该计提奖助学金，奖助学金只能用于奖励资助学生。

根据《民办教育促进法实施条例》第四十六条的规定："……非营利性民办学校应当从经审计的年度非限定性净资产增加额中，营利性民办学校应当从经审计的年度净收益中，按不低于年度非限定性净资产增加额或者净收益的10%的比例提取发展基金，用于学校的发展。"发展基金是从非限定性净资产增加额或净收益中提取，如果学校当年收不抵支，没有非限定性净资产增加额或净收益则无须提取。提取的最低比例为10%，没有上限限制，发展基金也只能用于学校发展建设相关的支出。

267 民办学校计提的奖助学金和发展基金必须当年用完吗？

这个没有法律法规的强制性要求，并不是必须当年用完。但民办学校计提的奖助学金应当在每年实际使用，按照学校的奖助学金评定和发放机制进行管理使用，不能一直原封不动留存在账面上。对于发展基金则没有这方面的要求，学校如果当年没有使用需求，也可以持续积累到实际需要时再投入使用；至于营利性民办学校是否可以参照适用《公司法》的要求（《公司法》要求法定公积金达到公司注册资本百分之五十以上可不再提取），发展基金提取到一定比例则无须再提取，这个没有明确的规定，学校的发展基金也不能简单等同于公司的法定公积金。

268 哪些会计资料应当进行归档保存，需要保存多长时间？

根据财政部、国家档案局《会计档案管理办法》的规定，民办学校的下列会计资料应当进行归档保存：

①会计凭证，包括原始凭证和记账凭证；

②会计账簿，包括总账、明细账、日记账、固定资产卡片及其他辅助性账簿；

③财务会计报告，主要是年度财务会计报告，如有月度、季度、半年度财务会计报告的也需归档保存；

④其他会计资料，包括银行存款余额调节表、银行对账单、纳税申报表、会计档案移交清册、会计档案保管清册、会计档案销毁清册、会计档案鉴定意见书及其他具有保存价值的会计资料。

会计档案的保管期限分为永久、定期两类，定期保管期限一般分为10年和30年，保管期限从会计年度终了后的第一天开始起算。

各项会计资料保管期限			
序号	档案名称	保管期限	备注
一	会计凭证		
1	原始凭证	30年	
2	记账凭证	30年	
二	会计账簿		
1	总账	30年	
2	明细账	30年	
3	日记账	30年	
4	固定资产卡片		固定资产报废清理后保管5年
5	其他辅助性账簿	30年	

续表

各项会计资料保管期限				
序号	档案名称	保管期限	备注
三	财务会计报告		
1	月度、季度、半年度财务会计报告	10年	
2	年度财务会计报告	永久	
四	其他会计资料		
1	银行存款余额调节表	10年	
2	银行对账单	10年	
3	纳税申报表	10年	
4	会计档案移交清册	30年	
5	会计档案保管清册	永久	
6	会计档案销毁清册	永久	
7	会计档案鉴定意见书	永久	

269 隐匿销毁会计凭证、会计账簿要承担什么责任？

《刑法》第一百六十二条之一规定："隐匿或者故意销毁依法应当保存的会计凭证、会计账簿、财务会计报告，情节严重的，处五年以下有期徒刑或者拘役，并处或者单处二万元以上二十万元以下罚金。单位犯前款罪的，对单位判处罚金，并对其直接负责的主管人员和其他直接责任人员，依照前款的规定处罚。"

根据《最高人民检察院、公安部关于公安机关管辖的刑事案件立案追诉标准的规定（二）》的规定，隐匿、故意销毁的会计凭证、会计帐簿、财务会计报告涉及金额在五十万元以上的，或者依法应当向司法机关、行政机关、有关主管部门等提供而隐匿、故意销毁或者拒不交出会计凭证、会计帐簿、财务会计报告的，均应当立案追诉。

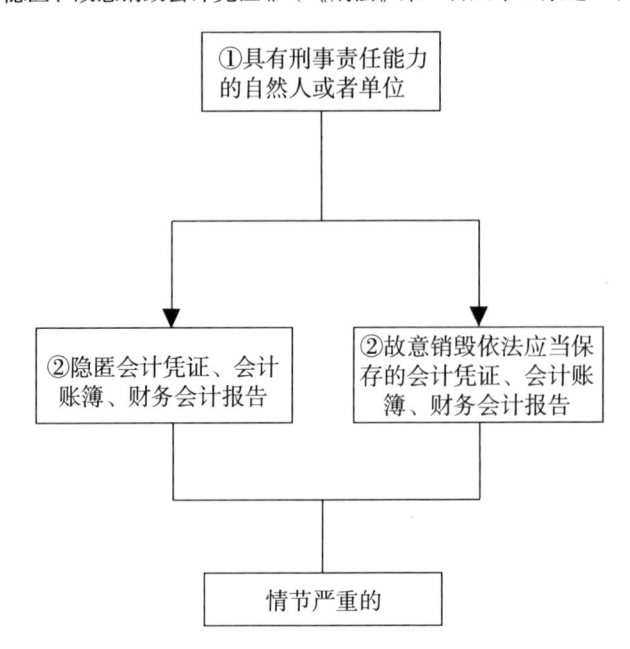

隐匿、故意销毁会计凭证罪（《刑法》第一百六十二条之一）

```
        ①具有刑事责任能力
         的自然人或者单位
         /              \
        /                \
②隐匿会计凭证、会计    ②故意销毁依法应当保
  账簿、财务会计报告      存的会计凭证、会计账
                         簿、财务会计报告
                \    /
              情节严重的
```

对于隐匿或故意销毁依法应当保存的会计凭证、会计帐簿、财务会计报告，尚不构成犯罪的，由县级以上人民政府财政部门予以通报，可以对单位并处五千元以上十万元以下的罚款；对其直接负责的主管人员和其他直接责任人员，可以处三千元以上五万元以下的罚款，相关会计人员五年内不得从事会计工作[①]。

相关案例：

2020年11月25日中午，时任某小学财务会计的何某毅得知巡视组将到该小学检查的消息后，将财务室一些应当保存的会计凭证、会计账簿等资料带离学校，并隐藏在何某（另案处理）住宅里，随后又让何某将会计凭证、会计账簿等资料转移到一民宅中。

2020年11月27日，何某毅因涉嫌犯隐匿会计凭证、会计账簿罪被抓获并羁押，11月28日，该校校长苏某仲也因涉嫌犯隐匿会计凭证、会计账簿罪被

---

① 《会计法》第四十四条。

抓获并刑事拘留。

经某会计师事务所审计，涉案金额分别如下：（1）账簿中学生作业本及校服记载的金额合计2044034.03元；（2）增值税普通发票、多媒体教学平台设备维护服务协议、多媒体教学平台维护验收结算表及其他资料记载项目：60套多媒体教学平台1年维护费48000元；（3）增值税普通发票、某小学电脑维护合同书、验收及结算书及其他资料分别记载项目：125台电脑1年维护费62500元；（4）增值税普通发票、验收及结算书、某小学一月至八月份电脑和多媒体教学平台维修费分别记载项目28600元；（5）房屋、租赁合同记载的合同标的金额每年35000元，租赁期限10年，10年租金共计350000元。根据合同的付款约定，截至报告日，应收租金271250元。合计为：2454384.03元。

同时查出，校长苏某仲受贿24万元，分别是收受小学教学楼工程承建方陈某1好处费15万元；收受学校体育器材、文具供应商郑某好处费5万元；收受教学楼维修等工程承建方陈某2好处费4万元。

2021年10月26日，法院判决：苏某仲犯受贿罪，判处有期徒刑一年六个月，缓刑三年，并处罚金人民币20万元；何某毅犯隐匿会计凭证、会计账簿罪，判处有期徒刑十个月，缓刑一年六个月，并处罚金人民币2万元；苏某仲退还的赃款人民币24万元，予以没收并上缴国库。

270 民办学校代收费应当如何入账与开具发票？

民办学校代收费无须入账，因为代收费并不是学校的收入，学校需要全额转交。如果学校从中取得差价，那就不再是代收费，收费就成了学校的提供服务收入或销售商品收入，该收入如果不符合免税条件则需要缴纳增值税，为取得该收入而支付的费用成为学校提供服务成本或销售商品成本，取得的差价则是学校的收益。

在真正的代收费中，应当由实际取得收入的主体向支付费用的学生或家长开发票；如果是学校取得差价的所谓"代收费"，则仍然应当由学校来向学生或家长开具发票。

271 关于教职工工资的发放日期，有什么规定要求？

发放日期主要看学校与教职工的约定，但每月至少发放一次。根据《工资支付暂行规定》的相关要求，工资必须在用人单位与劳动者约定的日期支付；如遇节假日或休息日，则应提前在最近的工作日支付；工资至少每月支付一次，实行周、日、小时工资制的可按周、日、小时支付工资。

不能按规定支付教职工工资，存在受到行政处罚的风险。《民办教育促进法实施条例》规定，民办学校违反国家规定聘任、解聘教师或者未依法保障教职工待遇的，由县级以上人民政府教育行政部门、人力资源社会保障行政部门或者其他有关部门责令限期改正，并予以警告；情节严重的，责令停止招生、吊销办学许可证；构成犯罪的，依法追究刑事责任。

272 教职工因过失造成学校财产损失，是否可以从其工资中进行扣除赔偿？

可以从工资中抵扣，但有比例限制，且支付工资不得低于最低工资标准。《工资支付暂行规定》第十六条规定，因劳动者本人原因给用人单位造成经济损失的，用人单位可按照劳动合同的约定要求其赔偿经济损失；经济损失的赔偿，可从劳动者本人的工资中扣除；但每月扣除的部分不得超过劳动者当月工资的20%；若扣除后的剩余工资部分低于当地月最低工资标准，则按最低工资标准支付。

273 教职工加班工资的计算基数，可以用当地最低工资标准来确定吗？

实践中，如果直接以当地最低工资标准来确定教职工的加班工资计算基数，一旦发生争议往往不会得到仲裁机构和法院的支持。

劳动和社会保障部印发的《对〈工资支付暂行规定〉有关问题的补充规定》明确，加班工资是"根据加班加点的多少，以劳动合同确定的正常工作时间工资标准的一定倍数所支付的劳动报酬，即凡是安排劳动者在法定工作日延长工作时间或安排在休息日工作而又不能补休的，均应支付给劳动者不低于劳动合同规定的劳动者本人小时或日工资标准150%、200%的工资；安排在法定休假节日工作的，应另外支付给劳动者不低于劳动合同规定的劳动者本人小时或日工资标准300%的工资"。

除此之外，对于加班工资计算基数，各地的工资支付规定往往还会做出进一步的细化明确。例如，上海就规定加班工资计算基数按以下原则确定（但不得低于本市最低工资标准）：

①劳动合同对劳动者月工资有明确约定的，按劳动合同约定的劳动者所在岗位相对应的月工资确定；实际履行与劳动合同约定不一致的，按实际履行的劳动者所在岗位相对应的月工资确定。

②劳动合同对劳动者月工资未明确约定，集体合同（工资专项集体合同）对岗位相对应的月工资有约定的，按集体合同（工资专项集体合同）约定的与劳动者岗位相对应的月工资确定。

③劳动合同、集体合同（工资专项集体合同）对劳动者月工资均无约定的，按劳动者正常出勤月的工资（包括计时工资、计件工资、奖金、津贴、

补贴）的 70% 确定[①]。

274 教职工在个人报销中弄虚作假、虚列开支，达到多少金额算是情节严重？

民办学校对于教职工报销与工作相关的费用，应当依据学校财务制度认真审核、据实报销，如果在支付相关款项后发现教职工弄虚作假、虚列开支的，应当追回相关款项，按照学校内部制度对教职工进行处理。如果金额较大且教职工拒不配合退回款项，而学校又掌握了确凿证据的，也可以向公安机关作报案处理，根据各省的规定不同，一般骗取金额在 3000 元至 1 万元以上可以构成诈骗罪中"数额较大"的标准。

275 许多业务用学校公共账户办理不太方便，出纳使用单独的个人卡供学校使用可以吗？

《民办教育促进法实施条例》明确规定，非营利性民办学校收取费用、开展活动的资金往来，应当使用在有关主管部门备案的账户；营利性民办学校收入应当全部纳入学校开设的银行结算账户，办学结余分配应当在年度财务结算后进行。因此，无论什么原因和理由，民办学校公款私存、私卡公用都是违规行为，而且这种违规行为如果把握不好度，还容易衍生出一系列违法犯罪行为，如偷逃税款、职务侵占、挪用资金、行贿受贿等，具有较高的刑事责任风险，需要民办学校相关负责人和会计人员高度警惕。

---

① 《上海市企业工资支付办法》第二条、第九条。

第八章　税款缴纳合规

"法律、行政法规规定负有纳税义务的单位和个人为纳税人。法律、行政法规规定负有代扣代缴、代收代缴税款义务的单位和个人为扣缴义务人。纳税人、扣缴义务人必须依照法律、行政法规的规定缴纳税款、代扣代缴、代收代缴税款。"

——《税收征收管理法》

276 民办学校增值税基本是免的，还用进行申报吗？

定期进行纳税申报是民办学校的法定义务，即使享受免税待遇，也不能免除纳税申报的责任，何况民办学校也并非所有收费项目都是免缴增值税的。

根据《税收征收管理法》的规定，纳税人必须依照法律、行政法规规定或者税务机关依照法律、行政法规的规定确定的申报期限、申报内容如实办理纳税申报，报送纳税申报表、财务会计报表以及税务机关根据实际需要要求纳税人报送的其他纳税资料；纳税人未按照规定的期限办理纳税申报和报送纳税资料的，由税务机关责令限期改正，可以处二千元以下罚款，情节严重的，可以处二千元以上一万元以下罚款。

277 民办托儿所、幼儿园可以享受什么增值税优惠政策？

根据《财政部、国家税务总局关于全面推开营业税改征增值税试点的通知》[1]（财税〔2016〕36号文件附件3《营业税改征增值税试点过渡政策的规定》），托儿所、幼儿园提供的保育和教育服务免征增值税。这里的托儿所、幼儿园是指经县级以上教育部门审批成立、取得办园许可证的实施0—6岁学前教育的机构。民办托儿所、幼儿园免征增值税的收入是指，在报经当地有关部门备案并公示的收费标准范围内收取的教育费、保育费；超过规定收费标准的收费，以开办实验班、特色班和兴趣班等为由另外收取的费用以及与幼儿入园挂钩的赞助费、支教费等超过规定范围的收入，均不属于免征增值税的收入。

---

[1] 注：部分失效，下文不再提示。

278 从事学历教育的民办学校可以享受什么增值税优惠政策？

根据《财政部、国家税务总局关于全面推开营业税改征增值税试点的通知》（财税〔2016〕36号文件附件3《营业税改征增值税试点过渡政策的规定》），从事学历教育的学校提供的教育服务收入免征增值税。

理解好这一规定，一方面要理解好什么是从事学历教育的学校。从事学历教育的学校包括：①普通学校。②经地（市）级以上人民政府或者同级政府的教育行政部门批准成立、国家承认其学员学历的各类学校。③经省级及以上人力资源社会保障行政部门批准成立的技工学校、高级技工学校。④经省级人民政府批准成立的技师学院。上述这些学校中的民办学校均包括在内。但职业培训机构等国家不承认学历的教育机构不能归为上述免税政策的"从事学历教育的学校"范畴。

另一方面要理解好什么是教育服务收入，把握免税收入的种类。根据规定，提供教育服务免征增值税的收入，是指对列入规定招生计划的在籍学生提供学历教育服务取得的收入，具体包括：经有关部门审核批准并按规定标准收取的：①学费；②住宿费；③课本费；④作业本费；⑤考试报名费；⑥学校食堂提供餐饮服务取得的伙食费。也就是说，除这六类之外的收入，包括学校以各种名义收取的赞助费、择校费、非学历教育收费，以及学校取得的商品销售收入、资产处置收入、房屋租赁收入、课后服务收入等，均不属于免征增值税的范围。

279 外国人子女学校可以享受学历教育的增值税优惠政策吗？

《财政部、国家税务总局关于全面推开营业税改征增值税试点的通知》（财税〔2016〕36号文件附件3《营业税改征增值税试点过渡政策的规定》）

明确，学历教育是指受教育者经过国家教育考试或者国家规定的其他入学方式，进入国家有关部门批准的学校或者其他教育机构学习，获得国家承认的学历证书的教育形式。具体包括：①初等教育（普通小学、成人小学）。②初级中等教育（普通初中、职业初中、成人初中）。③高级中等教育（普通高中、成人高中和中等职业学校）。④高等教育（普通本专科、成人本专科、网络本专科、研究生、高等教育自学考试、高等教育学历文凭考试）。

而外国人子女学校是为给外籍人员子女在中国境内接受教育提供方便而批准设立的学校，其招生对象仅限于在中国境内持有居留证件的外籍人员子女，学校不得招收境内中国公民的子女入学[①]。因此，外国人员子女学校并不属于我国学历教育体系内的学校，也不能享受"从事学历教育的学校提供的教育服务收入免征增值税"的税收优惠政策。

280 中外合作办学的教育服务收入可以享受什么增值税优惠政策？

根据《关于明确中外合作办学等若干增值税征管问题的公告》（国家税务总局公告2018年第42号）规定，境外教育机构与境内从事学历教育的学校开展中外合作办学，提供学历教育服务取得的收入免征增值税。这里的中外合作办学，是指中外教育机构按照《中外合作办学条例》的有关规定，合作举办的以中国公民为主要招生对象的教育教学活动。这里的"学历教育""从事学历教育的学校""提供学历教育服务取得的收入"的范围，按照《财政部、国家税务总局关于全面推开营业税改征增值税试点的通知》（财税〔2016〕36号文件附件3《营业税改征增值税试点过渡政策的规定》）的有关规定执行。

---

① 《关于开办外籍人员子女学校的暂行管理办法》第一条、第八条。

281 民办学校提供培训服务可以享受什么增值税优惠政策?

培训服务属于非学历教育服务,无论是短期培训,如职业技能培训、考试培训等,还是长期培训,如学生专长培训、高三复读培训等,都不能享受"从事学历教育的学校提供的教育服务收入免征增值税"的优惠政策。

根据《关于进一步明确全面推开营改增试点有关再保险、不动产租赁和非学历教育等政策的通知》(财税〔2016〕68号)规定,一般纳税人提供非学历教育服务,可以选择适用简易计税方法按照3%征收率计算应纳税额。

此外,需要注意的是,《财政部、国家税务总局关于全面推开营业税改征增值税试点的通知》(财税〔2016〕36号文件附件3《营业税改征增值税试点过渡政策的规定》)虽然有规定"举办进修班、培训班取得的全部归该学校所有的收入"免征增值税,但这里特指的免税主体是"政府举办的从事学历教育的高等、中等和初等学校(不含下属单位)",民办学校并不在该范围内。

282 提供教育辅助服务可以享受什么增值税优惠政策?

根据《关于明确金融、房地产开发、教育辅助服务等增值税政策的通知》(财税〔2016〕140号)的规定,一般纳税人提供教育辅助服务,可以选择简易计税方法按照3%征收率计算缴纳增值税。关于教育辅助服务的类型,税收政策仅列举了教育测评、考试、招生等服务,但在实践中,课程开发、教材开发、师资培训、教具供应等为教育提供支持性工作的服务内容都可以归类为教育辅助服务。

283 小规模纳税人是小微企业吗?

这是两个完全不同的概念。

小规模纳税人是增值税纳税人身份,区别于一般纳税人。《财政部、国家税务总局关于全面推开营业税改征增值税试点的通知》(财税〔2016〕36号文件附件1《营业税改征增值税试点实施办法》)第三条规定:"纳税人分为一般纳税人和小规模纳税人。应税行为的年应征增值税销售额(以下称应税销售额)超过财政部和国家税务总局规定标准的纳税人为一般纳税人,未超过规定标准的纳税人为小规模纳税人……"而根据《财政部、国家税务总局关于全面推开营业税改征增值税试点的通知》(财税〔2016〕36号文件附件2《营业税改征增值税试点有关事项的规定》)的规定,年应税销售额标准为500万元。

小微企业则是企业所得税的概念,区别于其他规模较大的企业。

《企业所得税法》第二十八条第一款规定:"符合条件的小型微利企业,减按20%的税率征收企业所得税。"《财政部、税务总局关于进一步支持小微企业和个体工商户发展有关税费政策的公告》(财政部、税务总局公告2023年第12号)第五条第一款规定:"本公告所称小型微利企业,是指从事国家非限制和禁止行业,且同时符合年度应纳税所得额不超过300万元、从业人数不超过300人、资产总额不超过5000万元等三个条件的企业。"

284 小规模纳税人当前有什么税收优惠政策?

根据《财政部、税务总局关于增值税小规模纳税人减免增值税政策的公告》(财政部、税务总局公告2023年第19号)规定,截至2027年12月31日,对于月销售额10万元以下(含本数)的增值税小规模纳税人,免征增值税;小规模纳税人适用3%征收率的应税销售收入,减按1%征收率征收增值税，适用3%预征率的预缴增值税项目，减按1%预征率预缴增值税。

285 民办学校年度收入超过500万元，还可以保持小规模纳税人身份吗？

仅有非营利性民办学校可以。《增值税暂行条例实施细则》第二十九条规定："年应税销售额超过小规模纳税人标准的其他个人按小规模纳税人纳税；非企业性单位、不经常发生应税行为的企业可选择按小规模纳税人纳税。"非营利性民办学校属于非企业性单位，依据上述规定可以选择按小规模纳税人身份进行纳税。

286 民办学校申请免税资格认定需要符合哪些条件？

民办学校申请免税资格认定应当同时满足下列条件[①]：
①必须是登记为民办非企业单位的非营利性民办学校；
②必须实际从事非营利办学活动；
③取得的收入除用于与学校有关的、合理的支出外，全部用于章程规定的非营利性事业；
④除发放合理的工资薪金外，财产及孳息不用于分配；
⑤根据学校章程，学校注销后的剩余财产用于公益性或者非营利性目的；
⑥举办者和出资人对学校的财产不保留或者享有任何财产权利；
⑦学校教职工工资福利开支合理，不存在变相分配学校财产的情形，其中，教职工平均工资薪金水平不得超过税务登记所在地的地级市及以上地区的民办学校教职工工资水平的两倍，教职工福利按照国家有关规定执行；

---
① 参见财政部、税务总局《关于非营利组织免税资格认定管理有关问题的通知》（财税〔2018〕13号）。

⑧对取得的应纳税收入及其有关的成本、费用、损失应与免税收入及其有关的成本、费用、损失分别核算。

287 民办学校应当如何进行免税资格认定？

根据财政部、税务总局《关于非营利组织免税资格认定管理有关问题的通知》（财税〔2018〕13号）的规定，符合免税资格认定申请条件的非营利性民办学校，经省级及以上登记管理机关批准设立或登记的，应向其所在地省级税务主管机关提出免税资格申请；经地级市或县级登记管理机构批准设立或登记的，分别向其所在地的地市级或县级税务主管机关提出免税资格申请。申请时需报送以下材料：

①申请报告；
②学校章程；
③法人登记证及办学许可证复印件；
④上一年度学校资金来源及使用情况、办学活动的明细情况；
⑤上一年度的工资薪金情况专项报告，包括薪酬制度、教职工整体平均工资薪金水平、工资福利占总支出比例、重要人员工资薪金信息（至少包括工资薪金水平排名前10的人员）；
⑥具有资质的中介机构鉴证的上一年度财务报表和审计报告；
⑦学校的年检结果资料；
⑧当地财政、税务部门要求提供的其他材料。

288 民办学校取得免税资格认定是否就不用纳税了？

不是的。依据目前的政策而言，非营利性民办学校取得非营利组织免税资格认定后，仅能将部分收入作为企业所得税免税收入。根据《财政部、国家税务总局关于非营利组织企业所得税免税收入问题的通知》（财税〔2009〕122号）的规定，非营利组织企业所得税免税收入范围包括：①接受其他单位或者个人捐赠的收入；②除《企业所得税法》第七条规定的财政拨款以外的其他政府补助收入，但不包括因政府购买服务取得的收入；③按照省级以上民政、财政部门规定收取的会费；④不征税收入和免税收入孳生的银行存款利息收入；⑤财政部、国家税务总局规定的其他收入。

289 在计算企业所得税应纳税所得额时，哪些支出是要进行调增的？

民办学校所有依据税法和税收政策不能作为支出项目的扣除，都应当在计算应纳税所得额时进行调整，包括：

①公益捐赠支出超过年度利润总额12%的部分（准予结转以后三年内扣除）；

②教职工福利超过教职工工资薪金总额14%的部分；

③工会经费超过工资薪金总额2%的部分；

④职工教育经费超过工资薪金总额8%的部分；

⑤业务招待费超过实际发生额60%及超过当年办学收入5‰的部分；

⑥招生宣传费超过当年办学收入15%的部分（超过部分可在以后年度结转扣除）；

⑦营利性民办学校向出资人、举办者支付的办学收益；

⑧企业所得税税款、滞纳金；

⑨罚金、罚款和被没收财物的损失；

⑩非公益捐赠支出及赞助支出；

⑪未经核定的准备金支出；

⑫与取得收入无关的其他支出；

⑬不符合规定的折旧摊销费用；

⑭超过规定标准支付的借款利息支出；

⑮其他不符合扣除要求的支出。

290 民办学校以前年度发生的亏损可以结转以后年度抵扣吗？

民办学校是企业所得税的纳税义务人，同样受《企业所得税法》的约束调整，而根据《企业所得税法》第十八条的规定："企业纳税年度发生的亏损，准予向以后年度结转，用以后年度的所得弥补，但结转年限最长不得超过五年。"因此，民办学校无论是营利性或非营利性，办学出现亏损时，是可以结转到以后年度，用以后年度的盈余进行弥补的，只是最长结转期限不能超过五年。

291 民办学校可以享受小微企业税收优惠吗？

可以的。根据《财政部、税务总局关于进一步支持小微企业和个体工商户发展有关税费政策的公告》（财政部、税务总局公告2023年第12号）规定，小微企业的条件包括：

①从事国家非限制和禁止行业；

②年度应纳税所得额不超过300万元；

③从业人数不超过300人；

④资产总额不超过5000万元。

民办学校所处的行业不存在限制和禁止问题，只要符合上述条件中的后三个，就可以登记为小微企业。

应纳税所得额，是指民办学校每一纳税年度的收入总额，减除不征税收入、免税收入、各项扣除以及允许弥补的以前年度亏损后的余额。从业人数，既包括与民办学校建立劳动关系的教职工数量,也包括接受劳务派遣、构成劳务关系的人数。资产总额则仅指民办学校自身的资产,不包含民办学校所使用但登记在举办者名下的其他资产。

民办学校符合小微企业条件的,截至 2027 年 12 月 31 日,减按 25% 计算应纳税所得额,按 20% 的税率缴纳企业所得税。也就是说,小微企业的企业所得税实际税率仅为 5%。

292 民办学校可以享受高新技术企业税收优惠吗?

《企业所得税法》第二十八条第二款规定:"国家需要重点扶持的高新技术企业,减按 15% 的税率征收企业所得税。"科技部、财政部、税务总局联合印发的《高新技术企业认定管理办法》第二条规定:"本办法所称的高新技术企业是指:在《国家重点支持的高新技术领域》内,持续进行研究开发与技术成果转化,形成企业核心自主知识产权,并以此为基础开展经营活动,在中国境内(不包括港、澳、台地区)注册的居民企业。"

从目前的情况看,从事学历教育的民办学校通常并不符合《高新技术企业认定管理办法》附件中列明的《国家重点支持的高新技术领域》的相关要求。但从事非学历教育的民办学校或者民办学校的关联企业,却有可能享受到高新技术企业税收优惠。《国家重点支持的高新技术领域》第五部分第(七)项中就包含了"互联网教育",其内容包括:应用互联网技术,创新服务模式和集成方案设计技术,面向个人、企业提供数字化学习资源和工具、智能设备和网络学习环境等服务的支撑技术;面向教育机构提供教育工具、教育平台运营及维护、内容制作及发布服务的支撑技术等。

293 企业所得税税前扣除凭证有哪些？

税前扣除凭证按照来源分为内部凭证和外部凭证，内部凭证是学校自制用于成本、费用、损失和其他支出核算的会计原始凭证，外部凭证则是学校发生办学活动和其他事项时，从其他单位、个人取得用于证明其支出发生的凭证，包括但不限于发票、财政票据、完税凭证、收款凭证、分割单等①。

294 学校因销售方被税务机关认定为非正常户而无法补开发票，相关支出如何税前扣除？

学校在采购物资、服务中，如果因为销售方或服务提供方注销、撤销、被认定为非正常户等原因无法补开发票，可以凭以下资料证实支出真实性后，其支出允许税前扣除：

①无法补开发票原因的证明资料（包括工商注销、机构撤销、列入非正常户、破产公告等证明资料）；

②相关业务活动的合同或者协议；

③采用非现金方式支付的付款凭证；

④货物运输的证明资料或提供服务的相关证明资料；

⑤货物入库、出库内部凭证或相关服务成果资料；

⑥学校会计核算记录以及其他资料。

其中前三项为必备资料，如果学校未能按要求提供相关支出真实性的证明材料，则相关支出无法税前扣除。

---

① 《企业所得税税前扣除凭证管理办法》第八条。

295 民办学校用私卡发一部分工资来降低个税,风险大吗?

风险很大。用私卡发放教职工工资,意味着学校用私卡收取学校公款,存在民事纠纷、行政处罚、刑事责任等多种风险,可能涉嫌偷逃税款、挪用资金、职务侵占等多种违法犯罪。而用私卡发工资来降低个税的行为,本身就是偷税行为,一旦被税务检查发现,教职工需要补缴税款、滞纳金,学校也将面临少缴税款百分之五十以上三倍以下的罚款。

296 对于工资薪金较高的教职工,有什么合规的降低税负的方法?

根据《个人所得税法》的规定,居民个人工资薪金所得与劳务报酬所得、稿酬所得、特许权使用费所得四项所得合称为"综合所得",按纳税年度合并计算个人所得税,适用百分之三至百分之四十五的超额累进税率。

全年综合所得税率表

级数	全年应纳税所得额	税率(%)	速算扣除数
1	不超过 36000 元的	3	0
2	超过 36000 元至 144000 元的部分	10	2520
3	超过 144000 元至 300000 元的部分	20	16920
4	超过 300000 元至 420000 元的部分	25	31920
5	超过 420000 元至 660000 元的部分	30	52920
6	超过 660000 元至 960000 元的部分	35	85920
7	超过 960000 元的部分	45	181920

对于教职工而言,工资薪金通常是其计算个人所得税综合所得的主要来源,而综合所得的个人所得税计算公式如下:

综合所得应纳个人所得税=（居民全年综合所得收入-法定减除费用6万元-专项扣除-专项附加扣除-依法确定的其他扣除-符合条件的公益慈善事业捐赠）×本级税率-速算扣除数

从该公式我们就可以看出如何合规降低综合所得的个人所得税，比如说可以合理减少综合所得收入，通过增加免费餐饮、教育培训、通勤保障、住房保障等教职工所需福利的方式，适当减少教职工工资薪金；再比如说可以使扣除项目最大化，用好相关政策规定，把专项扣除、专项附加扣除以及依法确定的其他扣除尽量做到最大化；而对于工资薪金较高的教职工，还可以降低本级税率，通过用好全年一次性奖金的税收优惠政策，能够有效降低本级税率，减少应纳个人所得税。

根据相关规定[①]，居民个人取得全年一次性奖金，不并入当年综合所得，以全年一次性奖金收入除以12个月得到的数额，按照月度税率表，单独计算纳税。

应纳税额=全年一次性奖金收入×适用税率-速算扣除数

月度税率表			
级数	全月应纳税所得额	税率（%）	速算扣除数
1	不超过3000元的	3	0
2	超过3000元至12000元的部分	10	210
3	超过12000元至25000元的部分	20	1410
4	超过25000元至35000元的部分	25	2660
5	超过35000元至55000元的部分	30	4410
6	超过55000元至80000元的部分	35	7160
7	超过80000元的部分	45	15160

---

① 《关于调整个人取得全年一次性奖金等计算征收个人所得税方法问题的通知》（国税发〔2005〕9号）、《关于个人所得税法修改后有关优惠政策衔接问题的通知》（财税〔2018〕164号）。

297 计算个人所得税时的专项扣除、专项附加扣除指的是什么?

《个人所得税法》第六条规定:"应纳税所得额的计算:

(一)居民个人的综合所得,以每一纳税年度的收入额减除费用六万元以及专项扣除、专项附加扣除和依法确定的其他扣除后的余额,为应纳税所得额。

……本条第一款第一项规定的专项扣除,包括居民个人按照国家规定的范围和标准缴纳的基本养老保险、基本医疗保险、失业保险等社会保险费和住房公积金等;专项附加扣除,包括子女教育、继续教育、大病医疗、住房贷款利息或者住房租金、赡养老人等支出……"

自2022年1月1日起,专项附加扣除还增加了照护3岁以下婴幼儿的项目。

298 个人所得税专项附加扣除的项目应当如何适用?

从目前的税收政策规定看[1],个人所得税专项附加扣除包括子女教育、继续教育、大病医疗、住房贷款利息或者住房租金、赡养老人、婴幼儿照护等7个项目,具体适用方法如下:

①子女教育。纳税人子女接受全日制学历教育的相关支出,按照每个子女每月2000元的标准定额扣除。学历教育包括义务教育、高中阶段教育、高等教育,年满3岁至小学入学的学前教育也按学历教育执行。父母可以选择由其中一方按标准的100%扣除,也可以双方分别按50%扣除。

②继续教育。纳税人在中国境内接受学历(学位)继续教育的支出,在学历(学位)教育期间按照每月400元定额扣除。同一学历(学位)继续教

---

[1] 《国务院关于印发个人所得税专项附加扣除暂行办法的通知》《国务院关于设立3岁以下婴幼儿照护个人所得税专项附加扣除的通知》《国务院关于提高个人所得税有关专项附加扣除标准的通知》。

育的扣除期限不能超过 48 个月。纳税人接受技能人员职业资格继续教育、专业技术人员职业资格继续教育的支出，在取得相关证书的当年，按照 3600 元定额扣除。

③大病医疗。在一个纳税年度内，纳税人发生的与基本医保相关的医药费用支出，扣除医保报销后个人负担（指医保目录范围内的自付部分）累计超过 15000 元的部分，由纳税人在办理年度汇算清缴时，在 80000 元限额内据实扣除。扣除可以选择由本人或者配偶扣除，未成年子女发生的医药费可以选择由父母一方扣除。

④住房贷款利息。纳税人本人或者配偶单独或者共同使用商业银行或者住房公积金个人住房贷款为本人或者其配偶购买中国境内住房，发生的首套住房贷款利息支出，在实际发生贷款利息的年度，按照每月 1000 元的标准定额扣除，扣除期限最长不超过 240 个月。纳税人只能享受一次首套住房贷款的利息扣除。

⑤住房租金。纳税人在主要工作城市没有自有住房而发生的住房租金支出，可以按照以下标准定额扣除：第一项，直辖市、省会（首府）城市、计划单列市以及国务院确定的其他城市，扣除标准为每月 1500 元。第二项，除第一项所列城市以外，市辖区户籍人口超过 100 万的城市，扣除标准为每月 1100 元；市辖区户籍人口不超过 100 万的城市，扣除标准为每月 800 元。纳税人的配偶在纳税人的主要工作城市有自有住房的，视同纳税人在主要工作城市有自有住房。纳税人及其配偶在一个纳税年度内不能同时分别享受住房贷款利息和住房租金专项附加扣除。

⑥赡养老人。纳税人赡养一位及以上被赡养人（年满 60 周岁）的赡养支出，统一按照以下标准定额扣除：第一项，纳税人为独生子女的，按照每月 3000 元的标准定额扣除；第二项，纳税人为非独生子女的，由其与兄弟姐妹分摊每月 3000 元的扣除额度，每人分摊的额度不能超过每月 1500 元。可以由赡养人均摊或者约定分摊，也可以由被赡养人指定分摊。约定或者指定分摊的须签订书面分摊协议，指定分摊优先于约定分摊。具体分摊方式和额度在一个

纳税年度内不能变更。

⑦婴幼儿照护。纳税人照护3岁以下婴幼儿子女的相关支出，按照每个婴幼儿每月2000元的标准定额扣除。父母可以选择由其中一方按扣除标准的100%扣除，也可以选择由双方分别按扣除标准的50%扣除，具体扣除方式在一个纳税年度内不能变更。

299 计算个人所得税时，"依法确定的其他扣除"指的是什么？

依据《个人所得税法实施条例》的规定，依法确定的其他扣除，包括个人缴付符合国家规定的企业年金、职业年金，个人购买符合国家规定的商业健康保险、税收递延型商业养老保险的支出，以及国务院规定可以扣除的其他项目。

①年金。根据《财政部、人力资源社会保障部、国家税务总局关于企业年金、职业年金个人所得税有关问题的通知》及《财政部、国家税务总局关于个人所得税法修改后有关优惠政策衔接问题的通知》规定，在年金缴费环节，个人缴费部分不超过本人缴费工资计税基数的4%标准内的部分，暂不缴纳个人所得税；年金基金投资运营收益分配计入个人账户时，个人暂不缴纳个人所得税；个人达到退休年龄领取企业年金、职业年金时，不并入综合所得；全额单独计算应纳税款，按月领取的，适用月度税率表计算纳税，按年领取的，适用综合所得税率表计算纳税。

②商业健康保险。根据《财政部、国家税务总局、保监会关于将商业健康保险个人所得税试点政策推广到全国范围实施的通知》规定，对个人购买符合规定的商业健康保险产品的支出，允许在当年（月）计算应纳税所得额时予以税前扣除，扣除限额为2400元/年（200元/月）。

③商业养老保险。商业养老保险个人所得税优惠还处于试点阶段，根据《财政部、税务总局、人力资源社会保障部等关于开展个人税收递延型商业养老保险试点的通知》及《财政部、国家税务总局关于个人取得有关收入适用

个人所得税应税所得项目的公告》规定，个人缴费税前扣除标准为当月工资薪金、连续性劳务报酬收入的6%和1000元孰低办法确定；领取养老金收入时，其中25%部分予以免税，其余75%部分按照10%的比例税率计算缴纳个人所得税。

300 计算个人所得税时，"符合条件的公益慈善事业捐赠"指的是什么？

捐赠的数额比例、捐赠的方式和用途均需要符合相关规定，才能称为"符合条件的公益慈善事业捐赠"，从而在计算个人应纳税所得额时进行扣除。

《个人所得税法》第六条第三款规定："个人将其所得对教育、扶贫、济困等公益慈善事业进行捐赠，捐赠额未超过纳税人申报的应纳税所得额百分之三十的部分，可以从其应纳税所得额中扣除；国务院规定对公益慈善事业捐赠实行全额税前扣除的，从其规定。"

《个人所得税法实施条例》第十九条规定："个人所得税法第六条第三款所称个人将其所得对教育、扶贫、济困等公益慈善事业进行捐赠，是指个人将其所得通过中国境内的公益性社会组织、国家机关向教育、扶贫、济困等公益慈善事业的捐赠……"

301 学校向债权人支付利息不代扣代缴个人所得税，承担什么风险？

根据《个人所得税法》的规定，个人取得利息收入适用比例税率纳税，税率为百分之二十，以支付利息的单位或者个人为扣缴义务人。

因此，学校债权人如果为自然人，取得利息收入依法需要缴纳百分之二十的个人所得税，学校作为支付所得的单位，具有代扣代缴的法定义务。如果学校未履行代扣代缴义务，由税务机关向纳税人追缴税款，对学校处应扣未扣税款百分之五十以上三倍以下的罚款。

302 教职工的个人所得税是按照应发工资计算，还是按照实发工资计算？

回答这一问题首先要清晰界定什么是应发工资和实发工资，如果应发工资是指包含需要个人承担的社保费用的总工资，实发工资是指扣除需要个人承担的社保费用后实际到手的工资，那么简单来说，教职工的个人所得税应当使用实发工资来乘以本级税率并减除速算扣除数。因为根据《个人所得税法》的规定，按照国家规定的范围和标准缴纳的基本养老保险、基本医疗保险、失业保险等社会保险费和住房公积金等项目是应当作为专项扣除，在计算个人所得税时进行扣除。

在个人所得税年度汇算清缴时，工资薪金所得应当并入综合所得，按照如下公式进行计算：

综合所得应纳个人所得税=（居民全年综合所得收入-法定减除费用6万元-专项扣除-专项附加扣除-依法确定的其他扣除-符合条件的公益慈善事业捐赠）×本级税率-速算扣除数

303 如何界定工资、薪金所得和劳务报酬所得？

工资、薪金所得是指个人因任职或者受雇取得的工资、薪金、奖金、年终加薪、劳动分红、津贴、补贴以及与任职或者受雇有关的其他所得。个人与民办学校签订劳动合同，或者虽未签订劳动合同，但实际上隶属于民办学校、存在劳动关系的，如一些实习生、临时工、季节工等，他们从民办学校取得的与任职或者受雇相关的收入都应当归类为"工资、薪金所得"。

而劳务报酬所得则是指个人独立从事各种技艺、提供各项劳务取得的报酬,这些人员虽然为民办学校提供劳务,但与民办学校并不存在雇佣与被雇佣关系,并不隶属于民办学校、不遵守学校的内部规章制度,与民办学校是平等的民事法律关系。

根据《个人所得税法》的规定,个人取得劳务报酬所得、稿酬所得(收入额减按实际收入的百分之七十计算)、特许权使用费所得的,以所得收入减除百分之二十的费用后的余额为收入额,与工资、薪金一起并入综合所得,计算缴纳个人所得税。

304 民办学校支付劳务报酬如何扣缴个人所得税?

《个人所得税扣缴申报管理办法(试行)》第八条第一款至第三款规定,"扣缴义务人向居民个人支付劳务报酬所得、稿酬所得、特许权使用费所得时,应当按照以下方法按次或者按月预扣预缴税款:

劳务报酬所得、稿酬所得、特许权使用费所得以收入减除费用后的余额为收入额;其中,稿酬所得的收入额减按百分之七十计算。

减除费用:预扣预缴税款时,劳务报酬所得、稿酬所得、特许权使用费所得每次收入不超过四千元的,减除费用按八百元计算;每次收入四千元以上的,减除费用按收入的百分之二十计算"。

民办学校向个人支付劳务报酬所得,按照上述减除方法得到应纳税所得额,然后按照下表适用税率计算应当扣缴的个人所得税。

级数	预扣预缴应纳税所得额	预扣率(%)	速算扣除数
1	不超过20000元	20	0
2	超过20000元至50000元的部分	30	2000
3	超过50000元的部分	40	7000

305 教职工离职时的经济补偿金是否也需要代扣代缴个人所得税？

教职工与学校解除劳动关系时取得的一次性补偿收入（包括经济补偿金、生活补助费和其他补助费），如果在当地上年职工平均工资3倍数额以内的，免征个人所得税；超过3倍的部分，不并入当年综合所得，单独适用综合所得税率表，计算纳税[①]。

306 教职工从民办学校取得赔偿，学校需要代扣代缴个人所得税吗？

需要区分情况，如果是可以归为工资薪金的赔偿，应当按照工资薪金所得代扣代缴个人所得税，比如试用期超出法定期限而支付的经济赔偿；如果是可以归为一次性经济补偿收入的，超出3倍社会平均工资的部分也应当单独计算缴纳个人所得税。除此之外因个人损失获得的赔偿，无须缴纳个人所得税，学校也就没有代扣代缴的义务。

307 营利性民办学校举办者为个人，取得办学收益应当如何缴纳个人所得税？

营利性民办学校举办者依法是可以取得办学收益的，办学收益的分配依照《公司法》等有关法律法规进行处理。也就是说，举办者取得办学收益相当于公司股东从投资的公司中取得利润，如果是自然人，就应当按照股息、红利所

---

① 《财政部、国家税务总局关于个人所得税法修改后有关优惠政策衔接问题的通知》（财税〔2018〕164号）。

得缴纳个人所得税，适用百分之二十的比例税率，由学校作为扣缴义务人代扣代缴个人所得税。

308 向兼职教师和退休返聘教师发放的工资，个人所得税如何计算扣缴？

教师兼职取得的收入，应当按照"劳务报酬所得"应税项目缴纳个人所得税；退休返聘教师因任职取得的收入，则应当按照"工资、薪金所得"应税项目计算缴纳个人所得税①。相关个人所得税均由学校在发放时履行代扣代缴义务。

需要注意的是，根据税收政策的规定②，教师退休返聘再任职按"工资、薪金所得"缴纳个税的，应当同时满足以下条件：

①受聘教师与学校签订一年以上（含一年）劳动合同（协议），存在长期或连续雇佣与被雇佣关系；

②受聘教师因事假、病假、休假等原因不能正常出勤时，仍享受固定或基本工资收入；

③受聘教师与学校其他正式教职工享受同等福利、社保、培训及其他待遇（其中社保问题还应当遵循《社会保险法》的相关规定）；

④受聘教师的职务晋升、职称评定等工作由学校负责组织。

也就是说，教师退休返聘再任职，需要与学校构成相对稳定的、形式上的"劳动关系"，才能按照"工资、薪金所得"计算缴纳个人所得税，否则也应当按照"劳务报酬所得"计算缴纳个人所得税。

另外，《最高人民法院关于审理劳动争议案件适用法律问题的解释（一）》第三十二条第一款规定："用人单位与其招用的已经依法享受养老保险待遇或者领

---

① 《国家税务总局关于个人兼职和退休人员再任职取得收入如何计算征收个人所得税问题的批复》（国税函〔2005〕382号）。

② 《国家税务总局关于离退休人员再任职界定问题的批复》（国税函〔2006〕526号）。

取退休金的人员发生用工争议而提起诉讼的，人民法院应当按劳务关系处理。"

从上述规定看，司法解释与税收政策的相关要求存在一定的矛盾之处，需要民办学校在适用时结合具体情况加以把握。

309 举办者将所属的房屋出租或免租金提供给学校使用，需要缴纳房产税吗？

需要，只有学校自有的房产自行使用，才符合免征房产税的条件。

举办者将所属的房屋租赁给学校使用并收取租金的，应当由举办者依照房产租金收入计算缴纳房产税，税率为租金收入的12%；如果举办者将所属的房屋免租提供给学校使用，则由举办者按照房产余值缴纳房产税，税率为房产余值的1.2%①。

根据《财政部、税务总局关于进一步支持小微企业和个体工商户发展有关税费政策的公告》（财政部、税务总局公告2023年第12号）规定，自2023年1月1日至2027年12月31日，对增值税小规模纳税人、小型微利企业和个体工商户减半征收房产税。因此，如果举办者为个人，或者登记为小规模纳税人、小型微利企业的，房产税减半征收。

310 民办学校房产由举办者公司和学校同时使用的，房产税要怎么交？

应当区分不同使用主体而分别对待，举办者使用的部分需要缴纳房产税，学校自用的部分无须缴纳房产税。

根据《财政部、国家税务总局关于房产税若干具体问题的解释和暂行规定》②（〔86〕财税地字第008号）的规定，纳税单位与免税单位共同使用的房

---

① 《房产税暂行条例》第四条。
② 注：部分失效。下文不再提示。

屋，按各自使用的部分划分，分别征收或免征房产税。

311 民办学校对外承包商铺收取承包费，或者自行经营超市，需要缴纳房产税吗？

根据《财政部、国家税务总局关于教育税收政策的通知》（财税〔2004〕39号）规定："对国家拨付事业经费和企业办的各类学校、托儿所、幼儿园自用的房产……免征房产税……"从这一税收政策来看，只有学校自身使用自有的房产才是免征房产税的，如果将自有房产提供给其他主体来开办和经营商铺，那就不再符合"学校自用"这一条件，无论是否收取租金，都需要缴纳房产税。

另外，学校即使是自行使用商铺经营超市、洗衣店、面包房等店铺，也需要缴纳房产税，因为《财政部、国家税务总局关于房产税若干具体问题的解释和暂行规定》（〔86〕财税地字第008号）进一步明确，企业办的各类学校、医院、托儿所、幼儿园自用的房产，是指这些单位本身的业务用房，对于非本身业务用的生产、营业用房不属于免税范围，应征收房产税。

312 民办学校占用耕地建房、办学，需要缴纳耕地占用税吗？

首先需要明确的是，民办学校在耕地上建房、办学，改变耕地的用途并造成毁坏的，属于违法行为，达到一定标准的，可能构成《刑法》第三百四十二条的非法占用农用地罪。

如果民办学校并未改变所使用耕地的用途，比如职业院校租用耕地来作为农业相关专业学生的实训基地，则是合法占用、合规使用行为，依据《耕地占用税法》的相关规定，学校占用耕地免征耕地占用税。

313 民办学校需要缴纳城镇土地使用税吗？

自用的土地并不需要。虽然在城市、县城、建制镇范围内使用土地的单位和个人都是城镇土地使用税的纳税义务人，但根据《财政部、国家税务总局关于教育税收政策的通知》（财税〔2004〕39号）的规定，对国家拨付事业经费和企业办的各类学校、托儿所、幼儿园自用的土地，免征城镇土地使用税。

314 民办学校取得土地、房屋权属，需要缴纳契税吗？

需要区分不同情况，如果是营利性民办学校，则需要缴纳契税，如果是非营利性民办学校，符合条件的可以免征契税。

根据《契税法》的规定，非营利性学校承受土地使用权、房屋所有权用于办公、教学、医疗、科研的可以免征契税。《关于贯彻实施契税法若干事项执行口径的公告》（财政部、国家税务总局公告2021年第23号）则进一步明确了免征契税的相关条件：

①享受契税免税优惠的非营利性学校应当是登记为事业单位或民办非企业单位的非营利法人。

②学校的具体范围为经县级以上人民政府或者其教育行政部门批准成立的大学、中学、小学、幼儿园，实施学历教育的职业教育学校、特殊教育学校、专门学校，以及经省级人民政府或者其人力资源社会保障行政部门批准成立的技工院校。

③相关房屋和土地，用于办公的，限于办公室（楼）以及其他直接用于办公的土地、房屋；用于教学的，限于教室（教学楼）以及其他直接用于教学的土地、房屋；用于医疗的，限于门诊部以及其他直接用于医疗的土地、房屋；用于科研的，限于科学实验的场所以及其他直接用于科研的土地、房屋。

315 民办学校需要缴纳印花税吗?

需要缴纳。根据《印花税法》的规定，只要是在中国境内书立应税凭证、进行证券交易的单位和个人，都是印花税的纳税人。印花税的税目税率表如下：

印花税税目税率表		
税目	税率	备注
合同（指书面合同） 借款合同	借款金额的万分之零点五	指银行业金融机构、经国务院银行业监督管理机构批准设立的其他金融机构与借款人（不包括同业拆借）的借款合同
融资租赁合同	租金的万分之零点五	
买卖合同	价款的万分之三	指动产买卖合同（不包括个人书立的动产买卖合同）
承揽合同	报酬的万分之三	
建设工程合同	价款的万分之三	
运输合同	运输费用的万分之三	指货运合同和多式联运合同（不包括管道运输合同）
技术合同	价款、报酬或者使用费的万分之三	不包括专利权、专有技术使用权转让书据
租赁合同	租金的千分之一	
保管合同	保管费的千分之一	
仓储合同	仓储费的千分之一	
财产保险合同	保险费的千分之一	不包括再保险合同

续表

印花税税目税率表				
产权转移书据	土地使用权出让书据	价款的万分之五	转让包括买卖（出售）、继承、赠与、互换、分割
	土地使用权、房屋等建筑物和构筑物所有权转让书据（不包括土地承包经营权和土地经营权转移）	价款的万分之五	
	股权转让书据（不包括应缴纳证券交易印花税的）	价款的万分之五	
	商标专用权、著作权、专利权、专有技术使用权转让书据	价款的万分之三	
营业账簿	实收资本（股本）、资本公积合计金额的万分之二点五		
证券交易	成交金额的千分之一		

民办学校可以享受的印花税优惠政策主要是两个：一个是对与高校学生签订的高校学生公寓租赁合同，免征印花税[①]；另一个是对于财产所有人将财产赠送给学校所立的书据，免征印花税[②]。

[①] 《关于高校学生公寓房产税印花税政策的通知》（财税〔2019〕14号）、《关于延长部分税收优惠政策执行期限的公告》（财政部、国家税务总局公告2022年第4号）。

[②] 《财政部、国家税务总局关于教育税收政策的通知》（财税〔2004〕39号）。

316 民办学校需要缴纳车船税吗?

如果民办学校拥有或者管理符合规定的车辆、船舶，需要缴纳车船税。根据《车船税法》的规定，在中国境内属于本法所附《车船税税目税额表》规定的车辆、船舶的所有人或者管理人，为车船税的纳税人，应当缴纳车船税。

《车船税税目税额表》如下，车辆的具体适用税额由省、自治区、直辖市人民政府确定，船舶的具体适用税额由国务院颁布的《车船税法实施条例》确定。

<table>
<tr><th colspan="5">车船税税目税额表</th></tr>
<tr><th colspan="2">税目</th><th>计税单位</th><th>年基准税额</th><th>备注</th></tr>
<tr><td rowspan="7">乘用车[按发动机气缸容量（排气量）分档]</td><td>1.0升（含）以下的</td><td rowspan="7">每辆</td><td>60元至360（含）元</td><td rowspan="7">核定载客人数9人（含）以下</td></tr>
<tr><td>1.0升以上至1.6升（含）的</td><td>300元至540（含）元</td></tr>
<tr><td>1.6升以上至2.0升（含）的</td><td>360元至660（含）元</td></tr>
<tr><td>2.0升以上至2.5升（含）的</td><td>660元至1200（含）元</td></tr>
<tr><td>2.5升以上至3.0升（含）的</td><td>1200元至2400（含）元</td></tr>
<tr><td>3.0升以上至4.0升（含）的</td><td>2400元至3600（含）元</td></tr>
<tr><td>4.0升以上的</td><td>3600元至5400（含）元</td></tr>
</table>

续表

车船税税目税额表				
税目		计税单位	年基准税额	备注
商用车	客车	每辆	480 元至 1440 元	核定载客人数 9 人以上，包括电车
商用车	货车	整备质量每吨	16 元至 120 元	包括半挂牵引车、三轮汽车和低速载货汽车等
挂车		整备质量每吨	按照货车税额的 50% 计算	
其他车辆	专用作业车	整备质量每吨	16 元至 120 元	不包括拖拉机
其他车辆	轮式专用机械车	整备质量每吨	16 元至 120 元	不包括拖拉机
摩托车		每辆	36 元至 180 元	
船舶	机动船舶	净吨位每吨	3 元至 6 元	拖船、非机动驳船分别按照机动船舶税额的 50% 计算
船舶	游艇	艇身长度每米	600 元至 2000 元	

317 偷税行为是如何认定的？

根据《税收征收管理法》对偷税的定义，偷税行为手段上包括四种方式：①伪造、变造、隐匿、擅自销毁账簿、记账凭证；②在账簿上多列支出或者不列、少列收入；③经税务机关通知申报而拒不申报；④进行虚假的纳税申报，造成"不缴或者少缴应纳税款"的客观结果。

以《税收征收管理法》列举的定义方式，纳税人或扣缴义务人应当符合上述四种手段之一，并造成不缴或者少缴应纳税款的结果，才会构成偷税。但在实践中，一些采取隐瞒手段逃避缴纳税款的方式已经超出了上述四种手段的范围，严格来说可能并不符合"偷税"的认定条件。即使如此，民办学校仍然应当谨慎使用降低税负的相关方法手段，有的方式方法可能不构成"偷税"，但仍然可能因为违反纳税申报义务、发票管理办法而被行政处罚，甚至存在被追究刑事责任的风险。

318 偷税的处罚标准和税务机关的自由裁量权是怎么规定的？

从《税收征收管理法》的规定来看，对纳税人或扣缴义务人偷税的，由税务机关追缴其不缴或者少缴的税款、滞纳金，并处不缴或者少缴税款的百分之五十以上五倍以下的罚款[①]。

但税务机关在实际操作中，并不能在百分之五十以上至五倍以下的幅度内对纳税人随意处罚，这是因为：

首先，《国家税务总局关于规范税务行政裁量权工作的指导意见》（国税发〔2012〕65号）明确要求，税务行政裁量必须遵循合理裁量和公正裁量原则，税务机关行使行政裁量权应当符合立法目的和法律原则，维护纳税人的合法权益，同时要平等对待纳税人，同样的情形同等处理，对事实、性质、情节及社会危害程度等因素基本相同的税务事项，应当给予基本相同的处理。

其次，很多地方都细化了税务裁量的执行基准。例如，国家税务总局上海市、江苏省、浙江省、安徽省、宁波市税务局就共同发布了《长江三角洲区域登记、账证、征收、检查类税务违法行为行政处罚裁量基准》，规定对偷税行为的处罚标准为：1. 违法行为较轻且配合税务机关检查的，或者在税务机

---

① 《税收征收管理法》第六十三条。

关对其违法行为作出税务处理前主动补缴税款和滞纳金的，处不缴或少缴税款百分之五十以上一倍以下的罚款；2. 五年内二次违反本条规定的，或者逃避、拒绝税务检查的，或者有其他不配合税务机关检查情形的，处不缴或少缴税款一倍以上二倍以下的罚款；3. 违法行为手段恶劣、社会影响较大、危害后果严重的，或者有其他严重情节的，处不缴或少缴税款二倍以上五倍以下的罚款。

最后，对于纳税人的罚款，除了要遵循《税收征收管理法》外，还需要遵守《行政处罚法》的相关要求。例如，《行政处罚法》第三十二条规定："当事人有下列情形之一，应当从轻或者减轻行政处罚：（一）主动消除或者减轻违法行为危害后果的；（二）受他人胁迫或者诱骗实施违法行为的；（三）主动供述行政机关尚未掌握的违法行为的；（四）配合行政机关查处违法行为有立功表现的；（五）法律、法规、规章规定其他应当从轻或者减轻行政处罚的。"第三十三条第一款规定："违法行为轻微并及时改正，没有造成危害后果的，不予行政处罚。初次违法且危害后果轻微并及时改正的，可以不予行政处罚。"

319 逃避缴纳税款什么情况下会构成逃税罪？

《刑法》第二百零一条规定："纳税人采取欺骗、隐瞒手段进行虚假纳税申报或者不申报，逃避缴纳税款数额较大并且占应纳税额百分之十以上的，处三年以下有期徒刑或者拘役，并处罚金；数额巨大并且占应纳税额百分之三十以上的，处三年以上七年以下有期徒刑，并处罚金。

扣缴义务人采取前款所列手段，不缴或者少缴已扣、已收税款，数额较大的，依照前款的规定处罚。

对多次实施前两款行为，未经处理的，按照累计数额计算。

有第一款行为，经税务机关依法下达追缴通知后，补缴应纳税款，缴纳滞纳金，已受行政处罚的，不予追究刑事责任；但是，五年内因逃避缴纳税款受过刑事处罚或者被税务机关给予二次以上行政处罚的除外。"

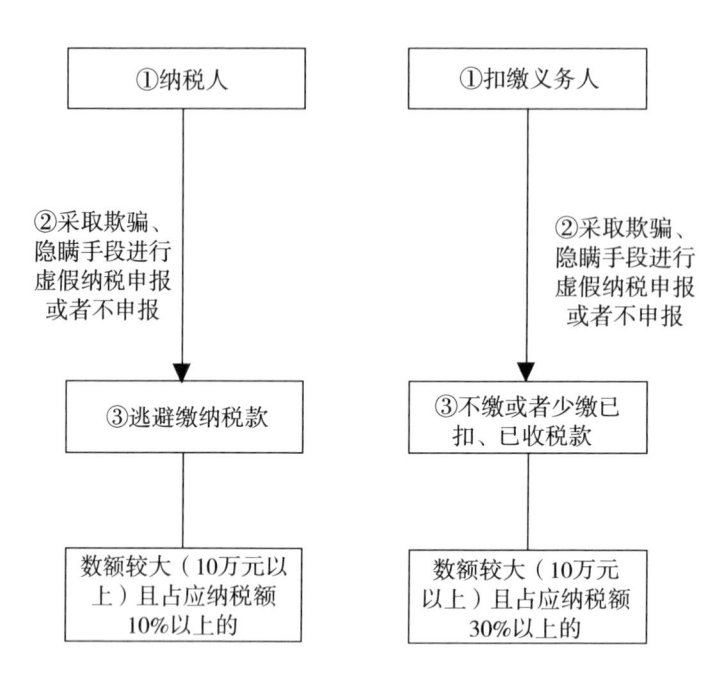

逃税罪（《刑法》第二百零一条）

```
①纳税人                          ①扣缴义务人
   ↓                                ↓
②采取欺骗、                     ②采取欺骗、
隐瞒手段进行                    隐瞒手段进行
虚假纳税申报                    虚假纳税申报
或者不申报                       或者不申报
   ↓                                ↓
③逃避缴纳税款                 ③不缴或者少缴已
                                  扣、已收税款
   ↓                                ↓
数额较大（10万元以             数额较大（10万元以
上）且占应纳税额               上）且占应纳税额
10%以上的                        30%以上的
```

理解逃税罪需要把握几个要点：

第一，对手段的抽象概括适用范围更广。"采取欺骗、隐瞒手段进行虚假纳税申报或者不申报"这一抽象的描述，弥补了《税收征收管理法》列举偷税手段的欠缺，覆盖范围更加广泛。

第二，行政处罚前置可免予刑事责任追究。有"初犯补税不追责原则"，纳税人构成逃税罪的，如果经税务机关依法下达追缴通知后，补缴应纳税款，缴纳滞纳金，已受行政处罚的，不予追究刑事责任。

第三，在立案后补缴税款不能免除刑事责任。《最高人民检察院、公安部关于公安机关管辖的刑事案件立案追诉标准的规定（二）》第五十二条规定："……纳税人在公安机关立案后再补缴应纳税款、缴纳滞纳金或者接受行政处罚的，不影响刑事责任的追究。"

相关案例：

上海 H 教育进修学校为注册在上海市的民办非企业单位，唐某某为 H 教育进修学校法定代表人。唐某某于 2013 年至 2015 年管理 H 教育进修学校期间，采取少列或不列收入、不申报等手段，逃避国家税款，累计金额为人民币 113 万余元。其中，2013 年逃避税款人民币 434451.85 元，占全年应缴各项税款的 56.79%；2014 年逃避税款人民币 468620.30 元，占全年应缴各项税款的 59.74%；2015 年逃避税款人民币 227084.04 元，占全年应缴各项税款的 56.02%。经国家税务局稽查局于 2017 年 6 月 22 日、7 月 13 日先后两次向 H 教育进修学校发出书面催缴通知后，H 教育进修学校、唐某某仍拒不缴纳。

2017 年 10 月 24 日，唐某某接公安民警电话通知后主动至公安机关投案，并如实供述上述犯罪事实。案发后，唐某某的家属自愿帮助被告单位上海 H 教育进修学校和被告人唐某某向税务机关退缴了 116 万余元税款、罚金等。

法院经审理认为，被告单位上海 H 教育进修学校采取欺骗、隐瞒手段逃避缴纳税款，数额巨大并且占应纳税额 30% 以上，被告人唐某某系被告单位直接负责的主管人员，依照法律规定，被告单位及被告人唐某某均已构成逃税罪。依法对被告单位上海 H 教育进修学校应处罚金，对被告人唐某某应处三年以上七年以下有期徒刑，并处罚金。公诉机关指控的罪名成立。被告单位及被告人唐某某有自首情节，依法可以从轻或减轻处罚。案发后，被告人唐某某在家属帮助下已至税务部门补缴了 50 余万元逃税税款及 60 余万元罚款及滞纳金，其余 60 万余元逃税税款业已预缴至本院，可酌情从轻处罚。综上，本院采纳控辩双方要求对被告人唐某某减轻处罚的意见，并采纳辩护人提出对被告人唐某某适用缓刑的辩护意见。

判决如下：一、被告单位上海 H 教育进修学校犯逃税罪，判处罚金人民币四十四万元。二、被告人唐某某犯逃税罪，判处有期徒刑一年，宣告缓刑二年，并处罚金人民币二万元。

第九章　安全管理合规

"各级各类学校要树立预防为先的理念，落实安全标准，健全安全管理制度，完善安全风险排查和防范机制，压实安全责任，加强学生的安全教育、法治教育、生命教育和心理健康教育，建立并严格执行学校教职工聘用资质检查制度，从源头上预防和消除安全风险，杜绝责任事故。"

——《教育部等五部门关于完善安全事故处理
机制维护学校教育教学秩序的意见》

320 民办学校安全管理工作主要包含哪些内容？

民办学校安全管理工作应当按照《国务院办公厅关于加强中小学幼儿园安全风险防控体系建设的意见》《中小学幼儿园安全管理办法》《中小学、幼儿园安全防范要求》《中小学校岗位安全工作指导手册》《教育部等五部门关于完善安全事故处理机制维护学校教育教学秩序的意见》《民办高等学校办学管理若干规定》等国家政策文件规定的要求，建立健全校内安全工作领导机构，主要抓好以下工作：

①确立学校安全校长（园长）/法定代表人负责制，建立全员安全工作岗位责任制和一岗双责制度，与全体教职工签订岗位安全责任书，全面落实安全事故责任追究制，确保学校安全工作规范、有序落实；

②确立学校安全工作目标，制订安全工作方案，根据岗位职责分配相应任务，并定期开展安全检查和工作总结，对发现的问题抓好整改；

③健全学校安全预警机制，制订突发事件应急预案，完善事故预防措施，及时排除安全隐患，不断提高学校安全工作管理水平；

④加强师生的安全教育、法治教育、生命教育和心理健康教育，抓好相关安全培训，提高师生安全意识和防护能力；

⑤事故发生后启动应急预案、对伤亡人员实施救治和责任追究等。

需要注意的是，学校的安全管理工作只有学校自身用力是远远不够的，地方各级人民政府的教育、公安、司法行政、建设、交通、文化、卫生、工商、质检、新闻出版等有关部门都应当按照职责分工，依法履行学校周边治理和学校安全的监督与管理职责。因此，民办学校除了自身认真履行安全管理职责外，还应当积极对接有关部门，寻求更多的支持与帮助。

321 举办者对民办学校安全工作需要履行哪些职责?

举办者对其举办的民办学校安全工作应当履行下列职责[①]:

①保证学校符合基本办学标准,保证学校围墙、校舍、场地、教学设施、教学用具、生活设施和饮用水源等办学条件符合国家安全质量标准。

②配置紧急照明装置和消防设施与器材,保证学校教学楼、图书馆、实验室、师生宿舍等场所的照明、消防条件符合国家安全规定。

③定期对校舍安全进行检查,对需要维修的,及时予以维修;对确认的危房,及时予以改造。

有条件的,学校举办者还应当为学校购买责任保险。

322 谁是民办学校安全管理工作的第一责任人?

根据《中小学幼儿园安全管理办法》《国务院办公厅关于加强中小学幼儿园安全风险防控体系建设的意见》《关于加强学校食堂卫生安全与营养健康管理工作的通知》的规定要求,学校应当建立校内安全工作领导机构,实行校长、园长负责制,学校校长、幼儿园园长是学校内部安全工作的第一责任人。根据《民办高等学校办学管理若干规定》的要求,民办高校的法定代表人为学校安全和稳定工作第一责任人。

但在实践中,还需要具体看学校的实际管理控制人是谁,谁在安全管理工作上起主导作用。有的民办学校无论是发展建设大计还是日常管理工作,实际上都是由学校董事长或理事长说了算,那么在安全工作责任认定上,也会把董事长或理事长作为第一责任人来对待,在法院判例中,不乏民办学校出现重大

---

① 《中小学幼儿园安全管理办法》第十四条。

安全责任事故后追究董事长或理事长相关刑事责任的案例。

相关案例：

2004年10月，经县教育局批准，李某某开办了幼儿园，任董事长。2006年以来，幼儿园先后购买4辆面包车用作校车接送幼儿。2011年3月李某某为了多拉学生，私自让人将四辆校车座椅全部拆除后进行了改装，核载7人至9人的面包车乘载40名至50名幼儿，严重超载。2011年11月16日，杨某驾驶核载9人经过改装的校车接幼儿到校，车上乘坐幼儿62人、护送教师1人。9时15分，当车沿公路由西向东行驶时，与相对方行驶的重型自卸货车发生正面相撞，致驾驶员杨某及4名幼儿当场死亡，教师王某及16名幼儿经抢救无效死亡，其余42名幼儿重伤17人、轻伤8人、轻微伤17人。法院认为李某某作为幼儿园主管人员和机动车辆所有人，违反交通运输管理法规，擅自改变机动车结构，并指使校车驾驶员超载驾驶，致使发生重大交通事故，判决李某某犯交通肇事罪，判处有期徒刑七年[①]。

323 对于学生的安全保护，民办学校应当履行哪些职责？

民办学校对于学生的安全保护，主要是需要落实好《未成年人保护法》第三章"学校保护"的相关要求：

学校应当根据未成年学生身心发展特点，进行社会生活指导、心理健康辅导、青春期教育和生命教育；学校、幼儿园应当建立安全管理制度，对未成年人进行安全教育，完善安保设施、配备安保人员，保障未成年人在校、在园期间的人身和财产安全；不得在危及未成年人人身安全、身心健康的校舍和其他设施、场所中进行教育教学活动；安排参加文化娱乐、社会实践等集体活动，应当保护未成年人的身心健康，防止发生人身伤害事故；学校应当建立学生欺

---

① 七年已经是顶格处罚，按照《刑法》规定，交通肇事罪没有逃逸等情节的，量刑标准最高为七年。

凌防控工作制度，对教职员工、学生等开展防治学生欺凌的教育和培训；学校、幼儿园应当建立预防性侵害、性骚扰未成年人工作制度。

对于成年学生，民办学校也应当履行好与自身责任相符的安全保护职责。《民办高等学校办学管理若干规定》第二十四条就明确规定："……民办高校应当加强应急管理，建立健全安全稳定工作机制。推进学校安全保卫工作队伍建设，加强对学校教学、生活、活动设施的安全检查，落实各项安全防范措施，维护校园安全和教学秩序。"

324 民办学校如何做好校园安全保卫工作？

校园安全保卫工作是民办学校日常安全保障的重要环节，如果相关工作出现失职失察和疏忽大意，很容易导致校园安全问题。抓好安全保卫工作需要把握好以下方面：

第一，要建立治安保卫工作制度，明确相关责任人。

第二，要规范治安保卫机构的人员配备，根据《中小学、幼儿园安全防范要求》规定，学校非寄宿生总人数少于100人的学校至少配1名保安员；100人以上不足1000人的学校，至少配2名保安员；1000人以上的学校，至少配备3名保安员，且每增加500名学生增配1名保安员。学校寄宿生人数少于300人的，至少配备2名保安员；300人以上的至少配备3名保安员，且每增加300名寄宿生至少增配1名保安员。安全保卫人员对校内重点部位和区域进行每日不少于5次的巡查并进行记录。

第三，要为保卫机构和保卫人员配备开展工作所必需的安全防护等装备器材。包括对讲机、防暴头盔、橡胶棒、钢叉、防护盾牌、防刺背心、防割手套、强光手电等护卫器械，还可根据需要配备催泪喷射器，但要建立完善保管制度。

第四，要经常开展法治和治安防范宣传教育，增强教职工的法治观念和治安防范意识；开展学生的自我保护教育，加强学生的自我保护意识。

第五，按照《中小学、幼儿园安全防范要求》的有关规定，落实好实体防范、电子防范、安全防范系统技术等相关要求。

第六，参与社会治安综合治理工作，开展创建治安安全单位活动，开展与周边地区的共建文明社区活动。

第七，及时排查内部不安定因素，调解纠纷，化解矛盾，维护内部稳定。

第八，发生刑事案件、治安案件和学校难以处置的不安定事端，应当及时向公安机关和有关部门报告，不得隐瞒不报、谎报或者拖延报告。

325 民办学校安全保卫机构和保卫人员的职责主要有哪些？

学校安全保卫机构及其保卫人员的职责主要包括：

①配合学校有关部门，开展社会主义法治和安全保卫宣传教育，增强师生员工的法治观念和治安防范意识。

②组织落实防火、防盗窃、防抢夺、防爆炸、防破坏、防诈骗、防自然灾害事故等治安防范措施，消除安全隐患。

③加强对校区内部重点要害部位和人员集中的公共场所的安全保卫，落实安全防范措施。

④调解、疏导校区内部治安纠纷，协助学校有关部门预防和化解不安定事端，对于情况较为严重的不安定事端，应当及时向公安机关报告。

⑤及时向公安机关报告发生在本校区的刑事案件、治安案件和自然灾害事故并保护现场，协助公安机关开展相关查处工作。

⑥对于本单位有轻微违法犯罪行为但尚不需要追究刑事责任的人员，做好帮助教育工作。

⑦协助公安机关监督、考察、教育本校被判处管制、剥夺政治权利、宣告缓刑、假释、监外执行和保外就医的犯罪分子，以及被监视居住、取保候审的犯罪嫌疑人。

⑧协助公安机关管理本单位的暂住人口和其他外来人口。

⑨领导校区治保会等群防群治组织的治安保卫工作。

⑩执行学校理事会/董事会、校领导及公安机关布置的其他安全保卫任务。

326 民办学校如何抓好校园消防安全工作？

民办学校应当按照公安消防部门的指导落实消防安全责任，消除火灾隐患；并按照《消防法》《中小学幼儿园安全管理办法》《高等学校消防安全管理规定》的规定要求，落实消防安全制度和消防工作责任制，对消防设施和器材加强日常维护，保证其能够有效使用，并设置消防安全标志，保证疏散通道、安全出口和消防车通道畅通。

针对实践中一些民办学校管理者对消防安全重视不足的问题，特别提醒学校应当注意以下几个问题：

第一，租借房屋办学要着重考虑消防安全。民办学校向举办者或其他第三方租借房屋用于教学或师生住宿，要首先考虑房屋自身的安全性以及是否能够满足人员疏散要求，否则一旦发生火情或其他突发灾害，师生难以撤离，将酿成重大伤亡事故。

第二，不得破坏建筑物的消防布局。例如一些学校在教学楼、宿舍楼改建、扩建中，为了方便管理，人为将完整的一栋楼从中间隔开，分为左右两半，造成楼梯、消防栓、安全出口等消防设施布局被破坏，一旦发生火灾，将给灭火和人员疏散造成严重困难。

第三，要保证疏散通道畅通并搞好演练。对于多层的教学楼、宿舍楼，应当至少有两个疏散楼梯，楼道、楼梯要保持畅通，不得堆放杂物，也不得上锁或封堵；在人员疏散方面，学校也应当定期组织演练，保证在遇有紧急情况时师生能够迅速、安全撤离，防止出现挤压、踩踏等其他安全事故。

第四，要搞好消防安全常识教育与培训。开展消防安全教育，规范师生用火、用电行为管理，防范火灾事故发生，同时也要培训师生正确使用教学楼、宿舍楼配备的灭火器等消防设施，以防发生火灾时因处理不当造成火势蔓延和更大损失。

相关案例：

2015年8月，某文化培训学校因原有教室不够，其法定代表人尹某某承租未经审批备案、不符合消防安全管理规定的商店二楼，作为小学六年级培训班，供28名学生上课的教室使用。2016年5月21日，商店因在加工食品过程中违反消防安全管理规定，引发火灾事故，导致二楼培训学校正在该教室上课的三名小学生被烧伤致死。法院判决尹某某犯教育设施重大安全事故罪，判处有期徒刑六年六个月。

327 民办学校如何防范教学设施使用和水电气火使用等安全风险？

学校应当建立校内安全定期检查制度和危房报告制度，按照国家有关规定安排对学校建筑物、构筑物、设备、设施进行安全检查、检验；发现存在安全隐患的，应当停止使用，及时维修或者更换；维修、更换前应当采取必要的防护措施或者设置警示标志；学校无力解决或者无法排除的重大安全隐患，应当及时书面报告主管部门和其他相关部门；学校应当在校内高地、水池、楼梯等易发生危险的地方设置警示标志或者采取防护设施[①]。

民办学校应当建立用水、用电、用气、用火等相关设施设备的安全管理制度，定期进行检查或者按照规定接受有关主管部门的定期检查，发现老化或者损毁的，及时进行维修或者更换。对于有寄宿生的民办学校，还要突出抓好学生宿舍楼的用火、用电行为管理，抓好安全教育和安全检查，禁止学生携带易

---

① 《中小学幼儿园安全管理办法》第十八条。

燃易爆物品、大功率电器和伪劣电器进宿舍，防范学生在宿舍内抽烟、做饭、私拉乱接电线、焚烧物品等危险用火、用电行为。

328 民办学校使用存在安全隐患的教育设施办学可能承担什么责任？

学校未按规定使用或使用存在安全隐患的教育设施办学，一旦发生安全事故，相关责任人员将可能构成教育设施重大安全事故罪并刑事责任。

《刑法》第一百三十八条规定："明知校舍或者教育教学设施有危险，而不采取措施或者不及时报告，致使发生重大伤亡事故的，对直接责任人员，处三年以下有期徒刑或者拘役；后果特别严重的，处三年以上七年以下有期徒刑。"根据《最高人民法院、最高人民检察院关于办理危害生产安全刑事案件适用法律若干问题的解释》的规定，造成死亡一人以上，或者造成重伤三人以上的事故，就构成此处的重大伤亡事故。如果事故严重程度达不到这个标准，也要按一般教育设施安全事故论处，对事故责任人给予行政处罚。

教育设施重大安全事故罪（《刑法》第一百三十八条）

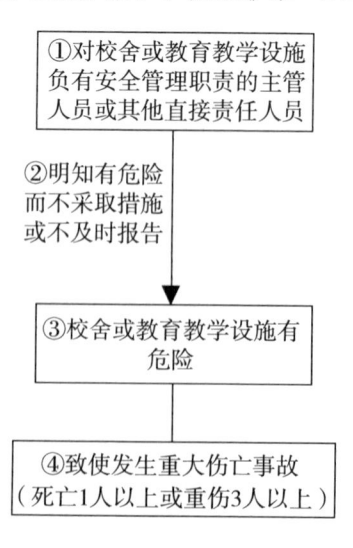

①对校舍或教育教学设施负有安全管理职责的主管人员或其他直接责任人员

↓

②明知有危险而不采取措施或不及时报告

↓

③校舍或教育教学设施有危险

↓

④致使发生重大伤亡事故（死亡1人以上或重伤3人以上）

相关案例：

某小学发生学生严重踩踏伤亡事故，造成 6 名小学生死亡，35 名小学生受伤，事故的起因是体育老师违反体育器材使用管理规定，将教学使用的海绵垫倚靠学生午休用房的楼道处，因海绵垫倾倒阻碍学生通行而发生事故。但由于存在学校使用教职工宿舍组织学生午休的违规情形，该校校长李某和副校长杨某均被认定为构成教育设施重大安全事故罪，分别被判处有期徒刑两年和有期徒刑一年半。

329 民办学校如何落实教育教学设施的安全管理工作？

确保学校校舍和其他教育教学设施安全，是民办学校安全工作非常重要的内容，在实际操作中，应重点把握以下方面：

①学校选址要符合安全要求。应在阳光充足、空气流动、场地干燥、排水通畅、地势较高的宜建地段，严禁设在地震、地质塌陷、暗河、洪涝等自然灾害及人为风险高的地段和污染超标的地段；要远离殡仪馆、医院太平间、传染病医院等建筑及易燃易爆场所。

②校园校舍符合安全要求。根据《教育法》的规定，设立学校及其他教育机构，必须有符合规定标准的教学场所及设施、设备等；《义务教育法》规定，学校建设，应当符合国家规定的办学标准，适应教育教学需求，确保学生和教职工安全；2022 年新修订的《职业教育法》也明确，设立职业学校及培训机构，必须有与所实施职业教育或培训任务相适应的、符合安全要求的场所、设施、设备。

③设施设备采购把好质量关。学校在采购、配备照明设施、课桌椅、体育器材、实验设备等设施设备时，应当认真审查供应商主体资格，从正规渠道进货，保证所购买的产品具有合格、安全证明，防止产品存在安全瑕疵而造成安全风险。对于一些大型的、可供长期使用的设施设备，还应当索取保修凭证，

267

确保由专门的技术人员进行安装、调试、维修和维护。

④定期对设施设备进行安全检查。无论是校舍场地还是其他设施设备,都有一定的使用期限,使用过程中不可避免会出现老化、磨损、变形、功能丧失等各种情形,使原来安全的设施变得不再安全。因此学校必须做好定期安全检查,并对发现问题的不同情形和严重程度,采取保养维护、停用维修、更换更新、封存隔离、设立警示标志、安排专人值班等措施,防止发生安全事故。校舍如果出现房屋整体险情的 D 级危房,必须立即封闭,按时予以拆除,对于局部出现险情的 C 级危房,需要经过维护加固后方可保留使用,在险情未排除前也应当停止使用。

⑤采取必要的警示和防护措施。对于校内高地、水池、楼梯等容易发生危险的地方,应当设立警示标志,张贴提醒字句,并采取必要的防护措施;对于摆放在室外的单双杠等体育设施,课间要专门安排教师进行看管,防止学生课间在缺少保护的情况下私自使用造成意外。

330 民办学校如何做好寄宿生的安全管理工作?

有寄宿生的民办学校应当建立住宿学生安全管理制度,配备专人负责住宿学生的生活管理和安全保卫工作,每栋宿舍楼应当至少设 1 名专职或兼职宿舍管理员(女生宿舍楼宿舍管理员须为女性)加强住宿学生管理,开展夜间巡查应不少于 2 次,学校放学后及夜间时段,应至少有 1 名保安员在岗值勤;学校应当对学生宿舍实行夜间巡查、值班制度,并针对女生宿舍安全工作的特点,加强对女生宿舍的安全管理;学校应当采取有效措施,保证学生宿舍的消防安全[1]。

---

① 《中小学幼儿园安全管理办法》第二十五条、《中小学、幼儿园安全防范要求》6.10。

331 民办学校组织安全检查应当着重检查哪些内容?

安全检查是民办学校开展安全管理工作的重要手段,是发现和消除危险因素,治理整顿,建立良好安全环境和内部秩序的必要措施。民办学校应当采取定期与不定期相结合的方式抓好安全检查工作,重点检查以下内容:

第一,学校建筑物及其附属设施。①检查校园围墙,围墙要达到成年人不借助其他工具难以攀爬的高度,墙体要牢固结实,墙面要无破损,如有缺口、倒塌应及时修复。②检查建筑物的门窗,查看办公室、财务室、教室、图书室、资料室、仪器室、学生宿舍等建筑物的门窗是否完好无损,发现损坏的、不牢固的或达不到防范盗窃要求的,应当及时安排专人尽快修理、加固。③检查楼梯及通道,一看有无其他物品挤占楼梯通道,如有此类情况应当立即予以清理;二看楼梯扶手是否牢固,如有损坏和不牢,应当立即修复和加固;三看照明设备是否正常,如有损坏应当安排专人及时维修。④检查学校危房,在一些经济欠发达地区,民办学校办学中使用危房的情况仍然存在,学校应当按照危房分类标准定期对学校房屋进行检查和分类,凡是达到 D 级的危房,要坚决予以拆除;对 B 级、C 级危房,必须在修缮之后才能继续作为教学使用;A 级危房可暂时继续使用,但必须经常检查,一旦有条件就要及时加固、修缮。

第二,学校消防安全设施。①检查学校的重要防火部位消防设施是否完备。②检查消防设施和设备有无损坏情况。③检查消防水源是否充足。④检查消防通道是否畅通。⑤检查消防安全门是否被堵塞。⑥检查灭火装置中的药剂是否需要更新。

第三,学生宿舍的安全管理情况。围绕学生宿舍安全管理制度进行逐项检查,如检查安全用电、门窗保险、物品保管存放、禁用明火、宿舍卫生等各个方面,发现问题应当责令有关管理人员对问题隐患进行整改,并针对存在问题适时进行复查。

第四，餐厅食堂的安全工作。①检查环境卫生，餐厅食堂应当保持清洁，定期消毒，防止虫害、细菌滋生，确保食品不受污染。②检查食品及原材料的采购、保管工作，确保按照有关规章制度落实安全管理工作。③检查食品烹制过程，查看是否符合卫生要求，如菜是否洗净，生、熟食品是否分别加工、存放，容器是否经过清洗消毒等。④检查食品容器、餐具清洗、消毒是否符合要求。

第五，实验室设备和材料保管情况。①检查实验室仪器设备是否有专人保管和维护。②检查实验室的实验环境和条件是否存在安全隐患。③检查指导老师是否认真负责，是否对安全防范工作做到了足够重视。

第六，学校安全保卫制度落实情况。①检查门卫出入管理制度的落实情况。②检查校园巡逻制度的落实情况，为保障校园重点安全防范部位的安全，学校应当建立一套校园巡逻制度，并以夜间巡逻为重点。

332 如何防范和降低实验课的安全风险？

学生实验课因为可能需要接触危险化学/生物/放射物质等实验材料和设备，具有引发烫伤、烧伤、灼伤、划伤、咬伤、腐蚀、中毒以及火灾等安全事故的较高风险，防范降低安全风险，需要学校在制度建设、能力提高和管理流程上多下功夫。

在制度建设上，应当重点建立健全：①防火、防爆制度；②防毒制度；③防触电制度；④防放射性沾染制度；⑤防创伤制度；⑥防盗制度等。实验课上的安全事故，大多是因为学生违规操作引发的，学校实验室还应当制定《学生实验守则》《实验室安全操作规程》，张贴在实验室墙壁上，反复搞好教育引导，养成遵守安全操作流程的良好习惯。

在能力提高上，学校需要不断强化教师的安全防范意识和防范能力，引导实验课教师重视安全，在备课时也有针对性地对安全防范工作做好充分准备，既要考虑到实验本身的特性和风险，还要考虑到学生出现操作失误应当如何应对，极端情况下如何组织学生安全撤离等。教师也需要着力强化学生的安全意识和防范能力，实验课应当首先进行安全教育，让学生了解实验仪器、相关实验材料的危险性，掌握安全操作规程，了解实验错误操作可能出现的危害性后果和自我防护的措施、手段。此外，教师在学生实际操作前，应当讲清实验的操作程序，进行直观和规范的演示，在学生实际操作中，也应当加强指导和监督，及时制止危险行为，并维持好课堂秩序。

在管理流程上，要加强对危险仪器设备、实验材料的全过程管理，建立危险品购买、保管、使用、登记、销毁等制度，从购买、保管、领用和销毁等各个环节加强安全管理，预防意外事故发生。

333 如何防范和降低体育课的安全风险？

根据《学校体育运动风险防控暂行办法》《国务院办公厅关于强化学校体育促进学生身心健康全面发展的意见》等有关规定，学校应当从以下方面着手抓好体育课的安全风险防范工作：①建立校内多部门协调配合、师生员工共同参与的学校体育运动风险防控机制，制订风险防控制度和体育运动伤害事故处理预案，明确教务、后勤、学生管理、体育教学、医疗保健等各职能部门的职责。②严格按照国家规定要求和行业质量标准采购体育器材设施，没有国家标准和行业标准的，应当要求供应商提供第三方专业机构的安全检测及评估报告，严禁使用不符合安全要求的器材设施。③对体育器材设施及场地进行定期安全检查巡查，及时维护保养和更新更换，消除因设施设备老化损坏可能造成的安全风险。④对体育器材设施及场地依据安全风险进行分类管理，对于需要在教师指导和保护下才可使用的器材，应当屏蔽保存或专门保管，不便于屏蔽保存的，应当设置安全提示。⑤体育课应当在校内实施，因体育场地欠缺确需到校外组织的，应当避开交通要道，选择适宜的行进路线和活动场所，并周密计划、确保学生安全。⑥在体育课教学及训练展开前，教师应当认真检查体育器材设施及场地，对学生进行针对性安全教育，对于难度强度较大的运动，应当详细分解、充分热身、全程监督和采取必要的保护措施。⑦学校应当利用开学教育、文化宣传等各种时机开展安全宣传教育，宣讲体育运动风险防控要求和措施，提高体育任课教师的运动风险管理意识和能力，提高学生运动风险防范意识和伤害应急处置、救护能力。⑧完善校方责任险，探索建立涵盖学生体育运动意外伤害的学生综合保险机制，完善学校体育运动风险管理和转移机制，试行学生体育活动安全事故第三方调解机制。

334 如何防范和降低劳动实践课的安全风险？

根据《未成年人保护法》《中共中央、国务院关于全面加强新时代大中小学劳动教育的意见》《大中小学劳动教育指导纲要（试行）》等有关规定，学校组织开展劳动课应当做到：①强度适宜。依据学生身心发育情况，适度安排劳动强度、时长，关注劳动任务及场所设施的适宜性，科学评估劳动实践活动的安全风险。②排查隐患。认真排查、清除学生劳动实践中的各种隐患特别是辐射、疾病传染等。③保障安全。建立健全安全教育与管理并重的劳动安全保障体系，在场所设施选择、材料选用、工具设备和防护用品使用、活动流程等方面制定安全、科学的操作规范，强化对劳动过程每个岗位的管理，明确各方责任。④落实责任。落实任课教师的安全教育管理责任，要把劳动安全教育与管理作为组织实施劳动实践课的必要内容，强化劳动安全风险意识和防范能力。⑤制订预案。制订劳动实践活动风险防控预案，完善应急与事故处理机制。⑥购买保险。学校还可以通过购买劳动教育相关保险来完善风险管理和转移机制。

335 民办学校如何做好学生的医疗保健工作?

根据《中小学幼儿园安全管理办法》的规定，学校应当按照国家有关规定配备具有从业资格的专职医务（保健）人员或者兼职卫生保健教师，购置必需的急救器材和药品，保障对学生常见病的治疗，并负责学校传染病疫情及其他突发公共卫生事件的报告；有条件的学校，应当设立卫生（保健）室。学校在新生入学时应当收集体检证明（托幼机构与小学在入托、入学时应当查验预防接种证），建立学生健康档案，并组织学生定期体检。

336 民办学校如何抓好自营食堂的食品安全工作?

民办学校自营食堂的，应当严格遵守《食品安全法》《食品安全法实施条例》《学校食品安全与营养健康管理规定》《营养与健康学校建设指南》等法律法规和部门规章的各项规定，全面落实主体责任，着重抓好以下三个大方面的安全工作落实：

①落实安全责任制。根据有关规定，学校校长（园长）是学校食品安全工作的第一责任人。校长（园长）应当切实履行好职责，将食品安全作为学校安全工作的重要内容，建立健全学校食品安全管理制度，定期召开会议研究部署食品安全工作，参加食品安全检查，研究解决食品安全存在的隐患和问题，协调解决学校在食品安全工作中遇到的矛盾难题。

②落实有关制度要求。例如在人员管理方面，要落实从业人员健康体检制度及卫生知识培训制度；在原材料采购和保管方面，要落实原材料采购索证登记制度和库房卫生管理制度；在食品加工方面，要落实粗加工及切配卫生制度、烹调加工卫生制度和食品留样制度；在用餐过程中，要落实集中用餐陪餐制度；在清洁卫生方面，要落实餐具清洗消毒制度和食堂、餐厅清洁卫生

制度。

③落实禁止性规定。例如采购使用方面的禁止性规定，不得采购使用超过保质期的食品及添加剂，不得采购使用腐败变质、油脂酸败、霉变生虫、污秽不洁、混有异物、掺假掺杂或者感官性状异常的食品及添加剂，不得采购使用未经检疫、检验或者检疫、检验不合格的肉类及其制品，不得采购使用不符合食品安全标准的食品原料、食品添加剂及消毒剂、洗涤剂等食品相关产品；制作销售方面的禁止性规定，中小学、幼儿园食堂不得制售冷荤类食品、生食类食品、裱花蛋糕，不得加工制作四季豆、鲜黄花菜、野生蘑菇、发芽土豆等高风险食品。

337 民办学校对外承包或委托经营食堂，如何防范食品安全风险？

按照国家规定，具备条件的中小学、幼儿园食堂原则上采用自营方式供餐，不再引入社会力量承包或者委托经营食堂，不再签订新的承包或者委托经营合同。因条件所限无法采取自营而采取引入社会力量承包或者委托经营食堂的学校，从防范食品安全风险的角度，应当把握好三个方面：

①学校应当以招投标等方式公开选择承包方、受托经营方。依法取得食品经营许可、能承担食品安全责任、社会信誉良好是经营学校食堂的必备条件，学校还应当从经营能力、管理水平、技术水平、服务质量、人员素质、制度建设、服务承诺等方面进行考察、比较，择优选取承包方、受托经营方。义务教育学校要避免关联交易，非义务教育学校选择关联方承包、经营食堂的，也应当符合公开、公平、公允的原则。

②学校应当与经营方签订承包经营或委托经营合同。合同内容应当依据《营养与健康学校建设指南》《学校食品安全与营养健康管理规定》等有关规定要求，详细约定经营方在食品安全与营养健康方面的责任与义务，对食品安

全管理制度的建立及落实、服务质量、接受学校监督检查、发生食品安全事故后的责任承担方式、合同的解除条件等方面内容作出明确约定。

③学校应当在经营方经营食堂过程中加强安全监管。对外承包和委托经营食堂，学校仍然应当履行相应的安全管理责任，通过加强检查、考评等方式，督促经营方依法、依约履行食品安全责任，确保学校食堂的食品安全。

338 民办学校从校外供餐单位订餐，如何防范食品安全风险？

不少民办学校因条件所限，采取的是从校外供餐单位订餐的方式来解决师生集体用餐的需求，对于此类学校，在食品安全风险防范上，学校应当把握以下几个方面：

①选择合格的供餐单位。按照国家规定，学校从供餐单位订餐的，应当建立健全校外供餐管理制度，选择取得食品经营许可、能承担食品安全责任、社会信誉良好的供餐单位。

②订立合同，清晰界定责任。学校应当与供餐单位签订供餐合同，明确约定双方在食品安全与营养健康方面的权利和义务，要求供餐单位严格落实法律法规和规章政策对于食品安全的标准要求，确保食品安全。

③抓好日常检查监督工作。校长（园长）应当履行好食品安全第一责任人的职责，成立学校食品安全领导小组，建立健全相关工作制度，加强对校外供餐的监督和管理，开展经常性的随机检查，确保供餐食品符合配送标准、质量、温度、安全卫生等各方面要求；学校还应当发挥好膳食委员会、家长委员会或学生代表大会的作用，参与供餐单位选定，餐费标准、配餐食谱的确定，以及对供餐服务和供餐质量的监督。

339 如果发生食品安全事故，应当如何进行应急处置？

民办学校在日常安全管理工作落实中，就应当结合学校实际情况制定食品安全事故应急处理预案，并组织有关人员进行学习、明确分工和处置方法。一旦发生食品安全事故，立即启动应急预案，有序做好以下工作：①迅速组织救助，尽快将食物中毒或疑似食物中毒的师生送往医疗机构救治，协助、配合医疗机构开展救治工作；②按照规定向所在地教育、食品安全监督管理、卫生健康等部门报告；③学校停止供餐和食品销售，封存导致或者可能导致食品安全事故的食品及其原料、工具、用具、设备设施和现场，并按照食品安全监督管理部门的要求采取控制措施；④配合食品安全监管部门及其他有关部门进行现场调查与处理；⑤配合相关部门对用餐师生进行调查，加强与师生、家长联系，通报情况，做好沟通、引导工作；⑥总结教训，搞好整改，完善制度，堵塞漏洞，并根据有关部门提出的意见建议抓好学校食品安全工作落实，避免事故的再次发生。

340 使用校车的民办学校，应当如何落实校车安全管理责任？

民办学校根据自身需要可以申请配备校车或由校车服务提供者提供校车服务，但在校车的使用和管理方面应当遵守好国务院颁布的《校车安全管理条例》，依法建立健全本校的校车安全管理制度，防止发生乘车安全事故。实务中，应突出把握好以下方面：

①依法获得校车使用许可。申请配备校车的学校或者校车服务提供者应当向地方教育部门提交书面申请和相关材料，申请取得校车使用许可，获得批准的校车由公安机关交通管理部门发给校车标牌，并配备统一的校车标志灯和停车指示标志；未取得校车使用许可的车辆，不得作为校车接送学生上下学。

②驾驶人员取得校车驾驶资格。校车驾驶人员应当按照规定取得校车驾驶资格，其机动车驾驶证上应当有本地区公安机关交通管理部门签注的"准许驾驶校车"字样；配备校车的学校或校车服务提供者不得让未取得校车驾驶资格的人员驾驶校车。

③按时缴纳校车相关保险。校车须缴纳的保险主要包括机动车交通事故强制保险、机动车承运人责任保险、机动车综合商业保险。购买保险不仅是相关法规的要求，也是出现意外情况时降低学校经济损失的重要手段。

④落实安全管理规定。根据《校车安全管理条例》的规定，配备校车的学校和校车服务提供者应当建立健全校车安全管理制度，配备安全管理人员，加强校车的安全维护，定期对校车驾驶人进行安全教育，组织校车驾驶人学习道路交通安全法律法规以及安全防范、应急处置和应急救援知识，保障学生乘坐校车安全；定期开展安全检查，每半年至少进行一次机动车安全技术检验，做好校车的安全维护；校车上还应当配备逃生锤、干粉灭火器、急救箱等安全设备，安全设备应当放置在便于取用的位置，并确保性能良好、有效适用。

⑤配备随车照管人员。对于中小学、幼儿园的学生，配备校车的学校、校车服务提供者应当针对学生自制能力较弱、安全意识较差等特点，建立专人跟车管理制度，主要负责指挥学生安全有序上、下车，维持乘车秩序，并提醒、督促校车驾驶人员安全驾驶。

⑥落实校车乘车申请。未成年学生乘坐校车，应当由其监护人向学校提出书面申请，经学校审核同意后，学生的监护人与学校签订协议，明确双方的安全管理义务和监督权利，共同保障好学生的乘车安全。学校应当对学生及其监护人进行交通安全教育，向学生讲解校车安全乘坐知识和校车安全事故应急处理技能，并定期组织校车安全事故应急处理演练。

⑦校车外包应明确责任。如果是由校车服务提供者为学校学生提供校车服务的，学校应当与校车服务提供者签订校车安全管理责任书，明确各自的安全管理责任，落实校车运行安全管理措施。依据规定，学校应当将校车安全管理

责任书报县级或者设区的市级人民政府教育行政部门备案。

341 违反校车安全管理规定可能引发哪些法律风险？

违反校车安全管理规定，既可能引发行政处罚风险，也可能涉及刑事责任风险。在行政处罚方面，依据《校车安全管理条例》的规定，对使用不符合规定的车辆从事校车服务、不具备条件的人员驾驶校车、违规驾驶和管理校车、未按规定指派照管人员等情形，可以处以罚款、吊销校车使用许可等处罚。

在刑事责任方面，违反交通运输管理法规，造成重大事故，致人重伤、死亡或者使公私财产遭受重大损失的，可能构成《刑法》第一百三十三条规定的"交通肇事罪"；从事校车业务，严重超过额定乘员载客，或者严重超过规定时速行驶的，可能构成《刑法》第一百三十三条之一规定的"危险驾驶罪"。需要注意的是，这两项罪名并不是只有驾驶人员才会成立，机动车的所有人、管理人负有直接责任的，同样会构成犯罪。

交通肇事罪（《刑法》第一百三十三条）

①具有刑事责任能力的自然人

↓

②违反交通运输管理法规

↓

③因而发生重大事故

↓

④致人重伤、死亡或者使公私财产遭受重大损失的

危险驾驶罪（《刑法》第一百三十三条之一）

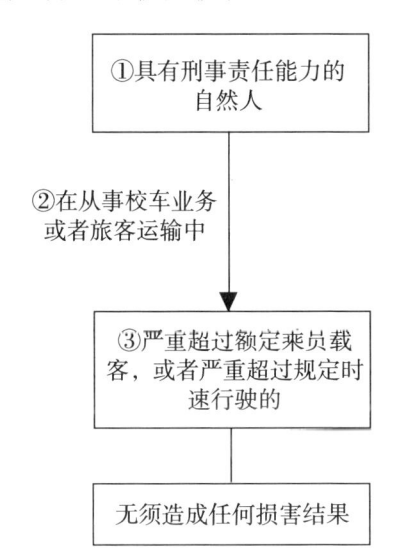

```
①具有刑事责任能力的
      自然人
         ↓
②在从事校车业务
或者旅客运输中
         ↓
③严重超过额定乘员载
客，或者严重超过规定时
     速行驶的
         ↓
无须造成任何损害结果
```

342 民办学校如何抓好对学生和教职工的安全教育培训工作？

根据《突发事件应对法》《中小学幼儿园安全管理办法》《国务院办公厅关于加强中小学幼儿园安全风险防控体系建设的意见》等有关规定，民办学校在安全教育培训上应当做到：

①按照国家课程标准和地方课程设置要求，将安全教育纳入教学内容，对学生开展安全教育，培养学生的安全意识，提高学生的自我防护能力。

②在开学初、放假前，有针对性地对学生集中开展安全教育，新生入校后，学校应当帮助学生及时了解相关的学校安全制度和安全规定。

③针对不同课程实验课的特点与要求，对学生进行实验用品的防毒、防爆、防辐射、防污染等的安全防护教育；对学生进行用水、用电的安全教育，对寄宿学生进行防火、防盗和人身防护等方面的安全教育。

④对学生开展安全防范教育，使学生掌握基本的自我保护技能，应对不法侵害；开展交通安全教育，使学生掌握基本的交通规则和行为规范；开展消防

安全教育，有条件的可以组织学生到当地消防站参观和体验，使学生掌握基本的消防安全知识，提高防火意识和逃生自救的能力；开展到江河湖海、水库等地方戏水、游泳的安全卫生教育。

⑤将安全教育与法治教育有机融合，把尊重生命、保障权利、尊重差异的意识和基本安全常识从小根植在学生心中，适当增加反欺凌、反暴力、反恐怖行为、防范针对未成年人的犯罪行为等内容，引导学生明确法律底线、强化规则意识。

⑥学校还应当制订教职工安全教育培训计划，通过多种途径和方法，使教职工熟悉安全规章制度、掌握安全救护常识，学会指导学生预防事故、自救、逃生、紧急避险的方法和手段。

⑦组织开展应急演练。按照学校制订的各类应急预案，针对不同情况组织全校师生开展相关应急演练。

343 对于特异体质学生，学校应当尽到哪些安全管理责任？

特异体质包括患先天性心脏病、癫痫、肺结核、高血压、胃溃疡、哮喘、肺炎、肾炎、精神病以及其他严重的疾病和伤残等。对于特异体质学生的安全管理，学校应当把握几点：

①及时掌握情况。学校要提醒学生的监护人及时将学生的特异体质告知学校，以便学校、老师在日常教育教学活动中对这些学生作出特别安排，给予特别照顾。

②建立个人档案。学校应当为特异体质学生，特别是不适合参加剧烈运动的学生建立个人档案，组织体育教学、劳动实践的教师应当掌握特异体质学生情况，在没有医生诊断证明其身体已经康复的情况下，不得要求或允许学生上体育课、具有一定运动强度的劳动实践课，也不能让这些学生参加体育测验、体育竞赛等活动。

③持续重点关注。对于特异体质学生，学校应当安排教师持续重点关注，对于生理、心理状况异常情况加重的，学校应当根据医疗机构的专业建议评估学生是否适宜继续在校学习，不宜继续在校学习的，应当安排休学，由监护人安排治疗、休养。

344 组织开展学生集体外出活动或大型集体活动，应当如何履行安全管理职责？

民办学校组织学生开展集体外出活动或大型集体活动，应当履行好安全管理职责，多措并举预防安全事故发生。

①谨慎选择组织活动。组织开展学生集体外出活动或大型集体活动，只能是出于教育的目的，且应当符合学生的心理、生理特点和身体健康状况，有利于学生的健康成长；学校不得组织学生参加超出学生承受能力、有害身心健康，或者与实现教育、教学目的无关的各种活动，也不能在大风、大雾、雨雪等恶劣天气情况下组织学生参加集体外出活动。

②履行活动报批程序。组织开展此类活动之前，学校应当按照规定向教育行政部门报批，并按照有关部门的要求采取相应的安全防范措施；开展大型体育活动及其他大型学生活动，必须经过主要街道和交通要道的，还应当事先与公安机关交通管理部门共同研究并落实安全措施。

③开展安全检查与评估。在活动开展前，学校应当安排有经验的干部和教师事先考察活动场所，对活动场地、行进路线、器材设备等情况进行安全检查，并根据安全检查情况组织相关人员开展安全风险评估，经评估确认活动存在明显安全隐患的，应当对活动方案进行调整完善，直至取消该活动。

④选择适当的交通工具。学生集体外出活动需要乘坐交通工具的，应当乘坐飞机、火车等安全系数高的交通工具，乘坐车辆应当选择租用公交公司或正规旅游公司的车辆，并与车辆的出租单位签订含有安全保障内容的正式合同和

安全责任书，明确各自的安全责任。出行中，应当安排教师作为学生随车照管人员，负责维护乘车秩序，保证乘车安全。

⑤安全宣传动员与教育。活动举办前，应当向教师、学生及其家长进行安全宣传和安全教育，通过动员活动，让教师认识学生安全的重大意义，强化安全责任意识；通过活动宣传，让学生家长了解活动计划安排，提请家长配合学校做好学生的安全教育工作；对学生进行纪律教育和安全教育，要求学生排好队列，遵守乘车秩序和交通规则，遵守活动场所规章制度，听从管理人员和教师指挥，不得擅自脱离团队自行活动，发生紧急情况及时报告。

⑥全程安全管理与保护。在活动开展的全过程，负责安全工作的教师应当对学生加强教育、约束、管理和保护；外出活动中，跟队教师应当关注每个学生的行踪，不让学生脱离团队自行活动，上车前、下车后、离开目的地前、返回学校后，均应当清点人数；活动过程中，对学生做出的危险或不合规行为应当及时纠正、制止和批评教育，防止出现安全问题。

⑦做好突发事件应急处置。活动开展前，学校就应当针对活动成立临时的安全工作领导小组，研究制订安全工作预案，完善突发事件应急处理程序与方法；活动过程中，一旦出现突发事件，包括学生受伤、中毒、休克、发生火灾及遇到交通事故、自然灾害等，应当按照程序应急处置，必要时应当安排专人向医疗、公安、交通、消防、卫生等部门紧急求助。

345 在防范传染病方面，学校应当履行哪些义务？

民办学校在预防和应对传染病方面，需要依照《传染病防治法》《学校卫生工作条例》《中小学校传染病预防控制工作管理规范》《普通高等学校传染病预防控制指南》《关于进一步加强学校传染病防控监督工作的通知》等法律法规和政策文件要求，履行好自身职责。概括而言主要是以下几个方面：

①抓好校园卫生工作。保持学校校园环境的卫生、整洁，定期对校园环

境、设施、设备进行消毒，消除传染病发生和流行的条件；明确校园各片区的保洁责任，并做好检查、评比等工作。建立健全食品卫生安全管理制度，抓好饮食安全落实，加强生活饮用水水源管理，防止饮用水污染事故和水源性传染病的发生。

②抓好日常管理教育。教师每天要统计学生缺勤情况，了解缺勤原因，对于请病假的要追查病因，做好登记和上报工作；在传染病高发季节，学校要建立晨检制度，一旦发现传染病病人或疑似病人，应当立即向教育、卫生部门上报，组织学生及时就医，并做好隔离和消毒工作。学校还要利用各种时机开展健康教育活动，向学生宣传常见传染病的危害及防治知识，提高学生的防病意识和自我防护能力。

③抓好预防接种落实。学校应当按照《疫苗流通和预防接种管理条例》《关于做好入托、入学儿童预防接种证查验工作的通知》的要求，将查验预防接种证纳入儿童入学的报名程序。学生在校期间，学校还应当依照有关规定协助防疫部门做好学生的预防接种工作，查验免疫接种情况，对于未完成国家规定疫苗接种的学生，要督促其完成接种。

④抓好应急预案制订。为了有效预防、及时控制和妥善处理包括传染病在内的各类校园突发公共卫生事件，学校应当按照《突发公共卫生事件应急条例》的规定制订本校的应急预案，建立突发公共卫生事件应急处理机制。学校常见的突发公共卫生事件主要包括重大食物中毒、传染病暴发流行、群体性预防接种和服药异常反应、学生集体癔症等。

⑤抓好校园疫情处置。一旦校园出现传染病疫情，学校应当严格落实《传染病防治法》等相关要求，做好控制传染源、切断传播途径、保护易感人群等方面的工作；同时学校也应当督促学生加强体育锻炼，保证充足睡眠，增强自身抵抗力。

346 民办学校如何防范和治理校园欺凌和暴力事件？

根据《教育部等九部门关于防治中小学生欺凌和暴力的指导意见》《加强中小学生欺凌综合治理方案》的规定，防范和治理校园欺凌和暴力事件，需要各有关部门与学校共同用力，就学校而言，需要着重做好以下工作：

①建立健全长效工作机制。学校根据实际成立由校长负责，教师、少先队大中队辅导员、教职工、社区工作者和家长代表、校外专家等人员组成的学生欺凌治理委员会（高中阶段学校还应吸纳学生代表）。将校园视频监控系统、紧急报警装置等接入公安机关、教育部门监控和报警平台，建立校园安全网上巡查机制。学校制定防治学生欺凌工作各项规章制度的工作要求，主要包括：相关岗位教职工防治学生欺凌的职责、学生欺凌事件应急处置预案、学生欺凌的早期预警和事中处理及事后干预的具体流程、校规校纪中对实施欺凌学生的处罚规定等。

②加强学生与家长的教育引导。学校要落实《中小学法制教育指导纲要》《青少年法治教育大纲》《中小学心理健康教育指导纲要》和校规校纪教育，通过课堂教学、网络德育课、专题讲座、班团队会、印发手册、参观实践等多种形式，切实抓好中小学生的思想道德教育、法治教育、心理健康教育和预防欺凌、暴力专题教育。同时还应通过家访、家长会、家长学校等途径，帮助家长了解防治学生欺凌和暴力知识，增强监护责任意识，提高防治能力。

③保护遭受欺凌和暴力的学生。一旦发现学生遭受欺凌和暴力，学校和家长要及时相互通知，对严重的欺凌和暴力事件，要向教育主管部门报告，并迅速联络公安机关介入处置。学校应当保护遭受欺凌和暴力学生以及知情学生的身心安全，严格保护学生隐私，防止泄露有关学生个人及其家庭的信息，特别要防止网络传播等因素导致事态蔓延，造成恶劣社会影响，使受害学生再次受到伤害。

④强化教育惩戒威慑作用。对实施欺凌和暴力的中小学生必须依法依规采取适当的矫治措施予以教育惩戒,既做到真情关爱、真诚帮助,力促学生内心感化、行为转化,又充分发挥教育惩戒措施的威慑作用。对实施欺凌和暴力的学生,学校和家长要进行严肃的批评教育和警示谈话,情节较重的,公安机关应参与警示教育;对屡教不改、多次实施欺凌和暴力的学生,应登记在案并将其表现记入学生综合素质评价,必要时转入专门学校就读;对构成违法犯罪的学生,根据《刑法》《治安管理处罚法》《预防未成年人犯罪法》等法律法规予以处置。

⑤实施科学有效的追踪辅导。欺凌和暴力事件妥善处置后,学校要持续对当事学生追踪观察和辅导教育。对实施欺凌和暴力的学生,要充分了解其行为动机和深层原因,有针对性地进行教育引导和帮扶,给予其改过机会,避免歧视性对待。对遭受欺凌和暴力的学生及其家人提供帮助,及时开展相应的心理辅导和家庭支持,帮助他们尽快走出心理阴影,树立自信,恢复正常学习生活。对确实难以回归本校本班学习的当事学生,学校要妥善做好班级调整和协调转学工作。

347 校内发生安全事故后学校应当如何履行救助义务?

为应对和处置校园内出现的安全事故,学校应当做到以下几点:

①按规定配备医疗人员物资。民办学校应当按照《学校卫生工作条例》的要求设立卫生室,按学生人数六百比一的比例配备专职卫生技术人员,并配备可以处理一般伤病的医疗用品;学生人数不足六百人的学校,可以配备专职或兼职保健教师,开展学校卫生工作。有条件的学校,还应当配备一些心肺复苏方面的仪器设备,用于紧急情况下对伤者实施及时救助。

②及时救治防止拖延贻误。安全事故发生后,要让校医或掌握专门保健知识的教职工在第一时间赶到现场,并根据需要采取相应的紧急救援措施,对需

要送医治疗的学生,应当立即拨打120电话急救,或者将学生直接送往附近医院进行治疗。对于安全事故,个别教职工可能会出现为掩盖问题而不及时送医的错误认识,对于学生突发疾病,也有的教职工可能会产生轻视忽视的错误认识,要特别注意消除这些拖延观望的思想认识,防止人为贻误学生的最佳救治时机。

③正确救治防止二次伤害。在学生突发疾病或遭受伤害后,如果不能妥当处置,可能会因为错误的救治方式和搬运移动造成学生的二次伤害,对此,学校应当在日常教育活动中对师生开展医学常识的教育培训,让师生懂得一些基本的救治常识和急救原则,例如对窒息或心跳、呼吸停止不久的伤员必须先复苏后搬运,对出血伤员必须先止血后搬运,对骨折伤员必须先固定后搬运,对伤者断离的肢体或器官予以妥善保管,为后续治疗奠定基础等。

第十章　纠纷处理合规

"要把法治作为解决校内矛盾和冲突的基本方式，建立并综合运用信访、调解、申诉、仲裁等各种争议解决机制，依法妥善、便捷地处理学校内部各种利益纠纷。"

"对难于在校内完全解决的纠纷，应当按照法定程序，提交有关行政机关、仲裁机构、社会调解组织或者司法机关依法解决。"

"学校管理者要带头增强学法尊法守法用法意识，牢固树立依法办学、依据章程自主管理、公平正义、服务大局、尊重师生合法权益的理念，自觉养成依法办事的习惯，切实提高运用法治思维和法治方式深化改革、推动发展、化解矛盾、维护稳定的能力，准确把握权利与义务、民主与法治、实体与程序、教育与惩戒的平衡，实现目的与手段的有机统一。"

——《全面推进依法治校实施纲要》

348 对于学生伤害事故，学校承担责任的原则是什么？

出现学生伤害事故时，学校承担责任的原则为过错责任原则，即对事故的发生，学校有过错的，需要承担民事责任，且应当承担与其过错相适应的责任；学校没有过错的，则不承担民事责任。

过错责任原则是学生伤害事故的一般归责原则，对于如何判断学校的法律责任，《民法典》作出了三个方面的具体规定：

①无民事行为能力人受到人身损害。《民法典》第一千一百九十九条规定："无民事行为能力人在幼儿园、学校或者其他教育机构学习、生活期间受到人身损害的，幼儿园、学校或者其他教育机构应当承担侵权责任；但是，能够证明尽到教育、管理职责的，不承担侵权责任。"也就是说，对于未满八周岁的未成年人，在校学习、生活期间发生伤害事故，首先推定学校、幼儿园存在过错；如果学校、幼儿园能拿出证据证明自己尽到了教育、管理职责，则不承担责任，如果不能证明，就要承担责任。这里采用的是"过错推定"原则，举证责任在于学校、幼儿园。

②限制民事行为能力人受到人身损害。《民法典》第一千二百条规定："限制民事行为能力人在学校或者其他教育机构学习、生活期间受到人身损害，学校或者其他教育机构未尽到教育、管理职责的，应当承担侵权责任。"也就是说，八周岁及以上的未成年人，在校学习、生活期间发生伤害事故，能够证明学校未尽到教育、管理职责的，学校应当承担责任；无法证明学校未尽到教育、管理职责的，则学校不承担责任。这里采用的是"谁主张，谁举证"的一般过错责任原则，由受到伤害的学生一方承担举证责任。

③第三人侵权导致人身损害。《民法典》第一千二百零一条规定："无民事行为能力人或者限制民事行为能力人在幼儿园、学校或者其他教育机构学习、生活期间，受到幼儿园、学校或者其他教育机构以外的第三人人身损害

的，由第三人承担侵权责任；幼儿园、学校或者其他教育机构未尽到管理职责的，承担相应的补充责任。幼儿园、学校或者其他教育机构承担补充责任后，可以向第三人追偿。"根据这一规定，未成年人在校学习、生活期间，由第三人造成人身损害的，由第三人承担责任，但如果幼儿园、学校存在过错，如门卫、宿管未尽到管理和防范职责等情形，则学校需要承担相应的补充责任，即在第三人财产不足以承担责任时，由学校承担与其过错相应的补充赔偿责任。学校承担补充赔偿责任后，可以依法向第三人追偿。

349 在学生伤害事故中，如何判断学校是否尽到了教育、管理职责？

未成年人在幼儿园、学校学习、生活期间发生伤害事故，判断学校是否应当承担责任的关键是学校是否尽到了教育、管理职责，而学校的教育、管理职责规定分散于《教育法》《教师法》《未成年人保护法》《突发事件应对法》《学生伤害事故处理办法》《中小学幼儿园安全管理办法》《中小学、幼儿园安全防范要求》《未成年人学校保护规定》《学校体育工作条例》等众多法律、法规和规章之中。概括而言，可归纳为几个方面：

①教育引导责任，建立健全学校的安全教育机制，针对学生的年龄特点及学校实际经常性地开展安全教育，培养学生的安全意识和自救与互救能力。

②安全防卫责任，按照《中小学、幼儿园安全防范要求》等有关规定，做好人防、物防、技防等相关安全防卫工作。

③设施安全责任，保证校园建筑、场地、设施、设备、器材等符合安全标准，按照要求使用，并按照规定进行检查、维护、保养、保管和废弃、更换。

④饮食安全责任，对于学校向学生提供的食品、饮用水及药品，应当符合安全标准。

⑤制度健全责任，建立健全学校各个方面的安全管理制度，由相应的责任

人来督促和落实有关制度,不存在管理混乱情形。

⑥安全管控责任,及时消除校园内存在的安全隐患,加强对学生行为的管理和人身安全保护,及时、有效制止学生做出的危险行为以及侵犯学生合法权益的行为。

⑦应急处置责任,对于火灾、常见自然灾害或突发公共卫生事件,学校应当有应急处置预案,并组织师生进行演练。

⑧紧急救助责任,对于突发疾病或受到伤害的学生,学校应当采取合理措施予以救助。

⑨依法惩处责任,对于实施欺凌、暴力的学生,对于向学生实施体罚、骚扰、性侵的教职员工,需要依法依规严肃惩处,不存在包庇纵容、隐瞒不报等情形。

350 在学生伤害事故中,哪些情形通常需要学校承担责任?

根据《学生伤害事故处理办法》的规定,出现下列情形之一造成学生伤害事故的,学校应当依法承担相应的责任:

①学校的校舍、场地、其他公共设施,以及学校提供给学生使用的学具、教育教学和生活设施、设备不符合国家规定的标准,或者有明显不安全因素的;

②学校的安全保卫、消防、设施设备管理等安全管理制度有明显疏漏,或者管理混乱,存在重大安全隐患,而未及时采取措施的;

③学校向学生提供的药品、食品、饮用水等不符合国家或者行业的有关标准、要求的;

④学校组织学生参加教育教学活动或者校外活动,未对学生进行相应的安全教育,并未在可预见的范围内采取必要的安全措施的;

⑤学校知道教师或者其他工作人员患有不适宜担任教育教学工作的疾病,

但未采取必要措施的;

⑥学校违反有关规定,组织或者安排未成年学生从事不宜未成年人参加的劳动、体育运动或者其他活动的;

⑦学生有特异体质或者特定疾病,不宜参加某种教育教学活动,学校知道或者应当知道,但未予以必要注意的;

⑧学生在校期间突发疾病或者受到伤害,学校发现,但未根据实际情况及时采取相应措施,导致不良后果加重的;

⑨学校教师或者其他工作人员体罚或者变相体罚学生,或者在履行职责过程中违反工作要求、操作规程、职业道德或者其他有关规定的;

⑩学校教师或者其他工作人员在负有组织、管理未成年学生的职责期间,发现学生行为具有危险性,但未进行必要的管理、告诫或者制止的;

⑪对未成年学生擅自离校等与学生人身安全直接相关的信息,学校发现或者知道,但未及时告知未成年学生的监护人,导致未成年学生因脱离监护人的保护而发生伤害的;

⑫学校有未依法履行职责的其他情形的。

351 在学生伤害事故中,哪些情形通常需要学生或未成年学生监护人承担责任?

根据《学生伤害事故处理办法》的规定,学生或者未成年学生监护人由于过错,有下列情形之一,造成学生伤害事故,应当依法承担相应的责任:

①学生违反法律法规的规定,违反社会公共行为准则、学校的规章制度或者纪律,实施按其年龄和认知能力应当知道具有危险或者可能危及他人的行为的;

②学生行为具有危险性,学校、教师已经告诫、纠正,但学生不听劝阻、拒不改正的;

③学生或者其监护人知道学生有特异体质，或者患有特定疾病，但未告知学校的；

④未成年学生的身体状况、行为、情绪等有异常情况，监护人知道或者已被学校告知，但未履行相应监护职责的；

⑤学生或者未成年学生监护人有其他过错的。

352 在学生伤害事故中，哪些情形通常无须学校承担责任？

在学校已经履行了相应职责，行为并无不当的前提下，因下列情形之一造成学生伤害事故的，学校无须承担法律责任[①]：

①地震、雷击、台风、洪水等不可抗的自然因素造成的；

②来自学校外部的突发性、偶发性侵害造成的；

③学生有特异体质、特定疾病或者异常心理状态，学校不知道或者难于知道的；

④学生自杀、自伤的；

⑤在对抗性或者具有风险性的体育竞赛活动中发生意外伤害的；

⑥其他意外因素造成的；

⑦在学生自行上学、放学、返校、离校途中发生的；

⑧在学生自行外出或者擅自离校期间发生的；

⑨放学后、节假日或者假期等学校工作时间以外，学生自行滞留学校或者自行到校发生的；

⑩其他在学校管理职责范围外发生的；

⑪因学校教师或者其他工作人员与其职务无关的个人行为，或者因学生、教师及其他个人故意实施的违法犯罪行为，造成学生人身损害的。

---

① 《学生伤害事故处理办法》第十二条、第十三条、第十四条。

需要特别注意的是，上述情形中，学校免责的前提条件是"学校已履行了相应职责，行为并无不当"，如果没有这个前提，学校仍需承担相应的过错责任，例如在自然灾害中学校应当组织学生疏散而未组织或组织不力增加人员伤亡的，又如校外人员进入学校对学生实施侵害中，学校未履行相应安全防范责任的，再如学生夜间从宿舍楼跳楼自杀或失足坠落受伤，宿管未进行夜间巡查或未落实值班制度导致救治不及时的，等等。

353 如何通过协商的方式解决学生伤害事故纠纷？

根据《教育部等五部门关于完善安全事故处理机制维护学校教育教学秩序的意见》要求，各地应当建立健全安全事故纠纷协商机制，对于学校安全事故责任明确、各方无重大分歧或异议的，可以协商解决。协商解决纠纷应当把握以下几个方面要点：

①关心慰问先行。发生学生伤害事故，对受伤害学生家庭而言是悲剧，学生承受着痛苦，家长也会陷入悲痛、焦虑；对此，一方面学校教职工应当感同身受，积极靠上去关心、慰问学生及其家庭，给予精神上的支持；另一方面学校也应当在责任和能力范围内提供经济上的帮助，在紧急送医治疗期间，先行垫付相关医疗费用并保留好票据，在后续治疗中，学校可根据事故责任、学校财力、学生家庭经济条件等因素，提供力所能及的帮助。也只有做好这些工作，才能取得学生家长的理解信任，为协商解决纠纷奠定基础。

②遵循原则要求。协商解决纠纷应当坚持自愿、合法、平等的原则，否则协商达成的协议也会在今后被否认、推翻、认定无效。自愿就是应当尊重双方的真实意愿，不能强迫；合法就是协商解决的方案内容不得违反法律和国家有关规定，不得损害国家利益、公共利益和第三人合法权益，不得违背公序良俗；平等就是当事人地位平等，享有同等权利，任何一方不得歧视、侮辱、胁迫另一方当事人。

③协商准备充分。在情况掌握上，应当开展详细的事故调查，掌握事故发生的原因、经过、损害结果，全面了解与事故有关的事实和细节。在和解准备上，应当通过查询法律法规相关规定、咨询法律专业人士，初步判断事故责任及赔偿金额，并在先行了解学生家长诉求的基础上，结合实际初步拟制事故处理协议。在场所选择上，应当选择配置录音、录像、安保等条件的场所进行，一般应当远离教室和学生活动场所，以免干扰正常的教学秩序。

④人员符合规定。参与协商的人员应该能够代表当事人作出决定，不是学校法定代表人及学生监护人参与协商的，应当持有授权委托书。学校一方通常由法治副校长或主管副校长、安保主任、法律顾问等人员组成；受伤害者一方通常由监护人、近亲属、委托代理人等人员组成，亲属人数较多的，应当推举代表进行协商，代表人数一般不超过5人，并相对固定。

⑤协商步骤恰当。协商应当有礼有节有序进行，特别是学校一方应当体谅家长的心情，不宜与家长进行过多辩论，否则容易激起双方的对抗情绪，使协商无法继续进行。协商可遵循以下步骤进行[①]：a. 校方代表简要陈述事故的发生过程；b. 学生的家长一方提出诉求（学校可要求家长对诉求中涉及的金额、依据做出解释）；c. 学校法律顾问解释法律相关规定，分析事故所涉及的法律责任；d. 双方进行进一步的协商、谈判；e. 经协商达成一致意见的，及时签订事故处理协议。经协商双方分歧较大、无法达成一致意见的，学校应当引导家长通过申请调解、向法院起诉等合法的方式解决纠纷。

354 如何通过申请调解的方式解决学生伤害事故纠纷？

对于学校与受伤害学生一方经协商无法达成一致意见，或者受伤害学生家长不信任学校而不愿意进行协商的，可以考虑申请调解来解决纠纷。主要包括

[①] 参见雷思明：《学校安全管理律师的建议清单》，中国人民大学出版社2022年版，第222页。

三种方式：

①申请人民调解。人民调解是在人民调解委员会的主持下，依照法律法规、相关政策及道德规范，对纠纷当事人进行说服规劝、促成双方达成协议、消除纠纷的一种调解方式。学校和学生家长无法通过协商达成一致的，可以共同向学校所在地的人民调解委员会申请人民调解。在组织调解时，学校可以介绍事故的有关情况，包括事故发生的起因、经过、结果及学校履行的义务等情况，陈述校方对事故责任的分析，提出调解意见。对人民调解委员会综合双方意见后提出的调解方案，学校认为合理合法、能够履行的，可予以接受，并在调解协议书上签字盖章。

②申请行政调解。根据《学生伤害事故处理办法》的规定，对于学生伤害事故，双方自愿的，可以书面向主管教育行政部门申请调解，教育行政部门收到调解申请，认为必要的，可以指定专门人员进行调解，并应当在受理申请之日起 60 日内完成调解。经教育行政部门调解，双方就事故处理达成一致意见的，应当在调解人员的见证下签订调解协议，结束调解；在调解期限内，双方不能达成一致意见，或者调解过程中一方提起诉讼，人民法院已经受理的，应当终止调解。调解结束或者终止，教育行政部门应当书面通知当事人。

③申请司法调解。司法调解是指当事人一方或双方提起诉讼后，人民法院组织双方当事人经过平等协商达成协议的一种调解方式。按照规定，在诉讼过程中，对于有可能通过调解解决的民事案件，人民法院应当依法进行调解，双方达成一致意见的，人民法院应当制作民事调解书，民事调解书经双方当事人签收后，即具有法律效力。任何一方不履行调解书所确定的义务，另一方可以向人民法院申请强制执行。

355 面临民事诉讼，民办学校应当如何有效应对？

在学校安全事故纠纷中，双方无法通过协商、调解达成一致，或者不愿意进行协商、调解的，可以直接向人民法院提起诉讼，以民事诉讼的方式来解决事故纠纷。作为在事故中受到伤害一方，学生及其家长往往是提起诉讼、主张诉求的原告，而学校则通常作为被告，对此，学校应当了解一些民事诉讼的基本常识，以便更好地维护自身的合法权益。主要是四个方面：

首先，正确对待起诉。对方采取起诉而不是校闹等极端方式来表达诉求，这是一件好事，对此，学校应当予以重视，不能一厢情愿认为自身并无过错而轻视怠慢。收到法院传票后，学校应当成立临时性的应诉工作组，做好开庭前的各项准备工作，对于案件事实清楚、法律关系简单、涉案金额不大，而且本校教职工可以胜任诉讼代理工作的，学校可以不用聘请律师，指派1—2名具有一定法律素养的教职工担任校方诉讼代理人；如果对方索赔金额很高，或者法律关系比较复杂，或者校方自身没有能力搜集证据、进行应诉，那么学校最好聘请专业律师作为代理人来参加诉讼活动，以便更好地维护学校的合法权益。

其次，做好应诉准备。在收到法院送达的原告起诉状后，学校及其代理人应当认真分析原告的诉讼请求、陈述事实和法律依据，查阅、检索与案件有关的法律规定，结合原告与被告之间的权利义务关系，分析案件所涉及的法律责任；涉及赔偿的，还应当依法计算赔偿金额，对原告的索赔项目、金额及依据进行法律分析。学校不能认可对方所陈述的事实及诉讼主张的，应当围绕自身诉讼主张搜集准备相关证据，如：①证明事故发生原因、过程、结果和损失情况的证据；②证明学校尽到教育、管理责任的证据；③证明学校救助学生、垫付费用的证据；④证明受害学生、施害学生或其他第三人存在过错的证据；⑤以及其他与案件有关、能证明自身诉讼主张的证据。在做好上述工作的基础上，学校及其诉讼代理人应当认真撰写答辩状，于收到起诉状后15日内向法庭提交。

再次，依法参加庭审。学校的诉讼代理人应当按照传票载明的开庭日期、时间、地点，到法院参加庭审活动，依法维护自身合法权益。庭审活动通常包括以下环节：①庭审准备，主要是核实当事人身份、查明代理人资格权限、告知诉讼权利义务、宣布法庭纪律、询问是否提出回避申请等。②法庭调查，这是庭审活动的重点环节，在当事人陈述中，先由原告陈述其诉讼请求及所依据的事实、理由，然后被告进行答辩、发表意见；在出示证据和质证中，先由原告进行举证、被告进行质证，然后再由被告进行举证、原告进行质证。③法庭辩论，这是庭审活动的核心环节，原告、被告分别围绕案件的争议焦点，从事实和法律两个方面进一步陈述本方的诉讼主张，反驳对方的诉讼主张，展开辩论。④最后陈述，辩论结束后，原告、被告分别陈述本方最终诉讼意见。⑤法庭调解，判决前，审判员将征询原、被告双方是否愿意调解，若双方均同意调解的，则由双方分别提出调解方案，也可以由审判员提出调解方案供当事人参考，达成一致则法庭做出民事调解书；若当事人不愿意调解或调解无法达成一致意见，则法庭调解终止。⑥作出判决，审判员可以当庭作出判决，也可择期作出判决，对于一审判决结果，如果双方未在法定上诉期限内提起上诉，则判决生效；如果原、被告中一方或双方不服判决，可以提起上诉，案件进入二审程序。二审判决一经作出即发生法律效力。

最后，履行生效判决。对于已经发生法律效力的判决，当事人应当履行各项义务，如果负有履行义务的一方不履行的，另一方可申请法院强制执行。

356 哪些行为属于"校闹"行为？

根据《教育部等五部门关于完善安全事故处理机制维护学校教育教学秩序的意见》的规定，下列行为均属于"校闹"行为，构成违反治安管理行为的，公安机关应当依照治安管理处罚法相关规定予以处罚，涉嫌违法犯罪的，应当对涉嫌违法犯罪人员依法查处：

①殴打他人、故意伤害他人或者故意损毁公私财物的；

②侵占、毁损学校房屋、设施设备的；

297

③在学校设置障碍、贴报喷字、拉挂横幅、燃放鞭炮、播放哀乐、摆放花圈、泼洒污物、断水断电、堵塞大门、围堵办公场所和道路的；

④在学校等公共场所停放尸体的；

⑤以不准离开工作场所等方式非法限制学校教职工、学生人身自由的；

⑥跟踪、纠缠学校相关负责人，侮辱、恐吓教职工、学生的；

⑦携带易燃易爆危险物品和管制器具进入学校的；

⑧其他扰乱学校教育教学秩序或侵害他人人身财产权益的行为。

357 面对"校闹"行为，学校如何维护自身合法权益？

针对"校闹"行为的具体情形、危害程度、损害结果等实际情况，学校可以采取不同的方式予以处理：

①交涉协商。对于情节轻微、危害性不大、校方自身有力量及时制止的"校闹"行为，学校可以自行安排人员与相关人员进行交涉，告知行为的法律后果，采取必要措施制止相关行为，并与之协商解决问题。对方不愿意协商的，可以告知其采取申请调解、提起诉讼等合法方式解决问题。

②报案处理。对于学校劝阻无效、无力制止、难以解决的"校闹"行为，应当及时向所在地公安机关报案，提供当事方人数、具体行为、有无人员受伤等现场情况，并保护好现场，配合公安机关做好调查取证等工作。公安机关到达前，学校保卫部门可依法采取必要的措施，阻止相关人员进入教育教学区域，防止其干扰教育教学活动。

③民事诉讼。在"校闹"行为中，对于学校遭受的财产损失、名誉损失，或者教师、学生受到人身伤害、财产损失的，学校或者其他被侵权人可以依法提起民事诉讼，要求相关责任人承担赔偿损失、恢复原状、停止侵害、排除妨碍、消除危险、赔礼道歉等民事责任。

④配合追责。"校闹"行为涉嫌构成寻衅滋事罪，聚众扰乱社会秩序罪，

故意毁坏财物罪、非法拘禁罪、故意伤害罪和聚众扰乱公共场所秩序、交通秩序罪等的，公安机关将依法立案侦查，学校应配合提供相关线索与证据，使相关责任人依法承担法律后果、受到法律制裁。

相关案例：

自 2011 年春季起，不满 2 岁的杨某甲开始在幼儿园托育。2013 年 7 月 12 日下午在幼儿园课间休息时，杨某甲摔伤了左腕关节，经送骨科医院诊断为左尺桡骨远端骨折，于 2013 年 7 月 12 日至 7 月 20 日在骨科医院住院治疗，共计住院治疗 9 天，幼儿园支付了 5000 余元医疗费用，并愿意继续协商处理相关赔偿。但幼儿园的赔偿标准不能达到杨某甲的家人的要求，双方未能达成赔偿协议。为此，杨某甲的父亲杨某乙、母亲田某多次到幼儿园门口进行吵骂，幼儿园先后三次报警处理：第一次报警内容为幼儿园有人闹事，警察到达现场后告知双方通过合法渠道解决；第二次报警内容为幼儿园有人堵门不让人员进出，警察到达现场后调解不成，告知双方通过法院解决；第三次报警内容为幼儿园家长闹事，家长围堵幼儿园大门。2013 年 9 月 9 日，幼儿园以杨某乙及田某侵害其名誉权为由向法院提起了诉讼，要求停止侵权，赔礼道歉，恢复名誉并赔偿损失，并提交了相关证据材料。

法院经审理后，最终判决杨某甲的父亲杨某乙、母亲田某以书面形式在幼儿园经营地向幼儿园赔礼道歉，为幼儿园恢复名誉，并赔偿幼儿园名誉损失费 10000 元。

358 民办学校与教职工发生劳动争议如何申请调解？

根据《劳动争议调解仲裁法》的规定，下列劳动争议可以申请调解或仲裁：

①因确认劳动关系发生的争议；

②因订立、履行、变更、解除和终止劳动合同发生的争议；

③因除名、辞退和辞职、离职发生的争议；

④因工作时间、休息休假、社会保险、福利、培训以及劳动保护发生的争议；

⑤因劳动报酬、工伤医疗费、经济补偿或者赔偿金等发生的争议；

⑥法律、法规规定的其他劳动争议。

发生劳动争议，劳动者可以与用人单位协商，也可以请工会或者第三方共同与用人单位协商，达成和解协议。当事人不愿协商、协商不成或者达成和解协议后不履行的，可以到下列组织申请调解：

①学校成立的劳动争议调解委员会（由学校负责人代表、工会成员或教职工代表组成）；

②依法设立的基层人民调解组织；

③在乡镇、街道设立的具有劳动争议调解职能的组织。

经调解达成协议的，应当制作调解协议书。调解协议书由双方当事人签名或者盖章，经调解员签名并加盖调解组织印章后生效，对双方当事人具有约束力，当事人应当履行。自劳动争议调解组织收到调解申请之日起十五日内未达成调解协议的，当事人可以依法申请仲裁。

359 民办学校与教职工发生劳动争议如何申请仲裁？

根据《劳动争议调解仲裁法》的规定，发生劳动争议，劳动者与用人单位不愿调解、调解不成或者达成调解协议后不履行的，可以向劳动争议仲裁委员会申请仲裁；对仲裁裁决不服的，可以向人民法院提起诉讼。

对于劳动争议申请仲裁，需要注意把握几个方面的问题：

第一，劳动争议必须仲裁前置，也就是只有在申请仲裁委员会仲裁后，如果对仲裁裁决不服，才可以向人民法院提起诉讼，未经仲裁而直接提起诉讼，人民法院不予受理。如果是劳务关系方面的纠纷，则不受此限制。

第二，劳动争议申请仲裁的时效期间为一年，仲裁时效期间从当事人知道或者应当知道其权利被侵害之日起计算。劳动关系存续期间因拖欠劳动报酬发生争议的，劳动者申请仲裁不受一年的仲裁时效期间限制；但是，劳动关系终止的，应当自劳动关系终止之日起一年内提出。

第三，对于下列劳动争议，仲裁裁决书自作出之日起发生法律效力：①追索劳动报酬、工伤医疗费、经济补偿或者赔偿金，不超过当地月最低工资标准的十二个月金额的争议；②因执行国家的劳动标准在工作时间、休息休假、社会保险等方面发生的争议。劳动者对裁决不服的，可以自收到仲裁裁决书之日起十五日内向人民法院提起诉讼；用人单位有证据证明上述裁决存在明显问题[①]的，可以自收到裁决书之日起三十日内向人民法院申请撤销裁决，人民法院裁定撤销裁决的，当事人可以自收到裁定书之日起十五日内就该劳动争议事项向人民法院提起诉讼。

第四，当事人对于上述劳动争议事项以外的其他劳动争议案件的仲裁裁决不服的，可以自收到仲裁裁决书之日起十五日内向人民法院提起诉讼，期满不起诉的，裁决书发生法律效力。当事人对发生法律效力的调解书、裁决书，应当依照规定的期限履行。一方当事人逾期不履行的，另一方当事人可以依照民事诉讼法的有关规定向人民法院申请执行。受理申请的人民法院应当依法执行。

360 民办学校如何运用民事诉讼维护自身权益？

民事诉讼是确认当事人民事权利义务关系，制裁民事违法行为的一种司法程序。民办学校如果与其他主体发生民事纠纷，在无法通过协商解决的情况

---

① 明显问题是指：a. 适用法律、法规确有错误的；b. 劳动争议仲裁委员会无管辖权的；c. 违反法定程序的；d. 裁决所根据的证据是伪造的；e. 对方当事人隐瞒了足以影响公正裁决的证据；f. 仲裁员在仲裁该案时有索贿受贿、徇私舞弊、枉法裁决行为的。

下，可以视情况考虑运用民事诉讼手段维护自身合法权益。

民办学校提起民事诉讼应当注意把握以下问题：

第一，要符合主体资格。民办学校要成为原告，必须是与拟提起诉讼的案件具有直接的利害关系。

第二，有明确的被告。被告应当有具体的姓名或名称、字号，必须有住所或经常居住地。

第三，有具体的诉讼请求和事实、理由。

第四，属于人民法院受理民事诉讼的范围，如果是属于其他行政机关处理的争议，应当由相应的行政机关进行处理或先行处理，如果是属于行政诉讼受案范围的，应当提起行政诉讼。

第五，属于受诉人民法院管辖。多数情况下，一审民事案件由被告住所地或经常居住地的基层人民法院管辖，但也存在很多例外情况，需要具体问题具体分析。

第六，要按规定提交起诉状。起诉状应当记载：①原告的姓名、性别、年龄、民族、职业、工作单位、住所、联系方式，法人或者其他组织的名称、住所和法定代表人或者主要负责人的姓名、职务、联系方式；②被告的姓名、性别、工作单位、住所等信息，法人或者其他组织的名称、住所等信息；③诉讼请求和所根据的事实与理由；④证据和证据来源，证人姓名和住所。

第七，应当根据诉讼请求提供相关证据。打官司就是打证据，没有证据支持的请求将无法获得人民法院支持。

第八，按规定向人民法院缴纳相应的诉讼费。

361 人民法院对于受理的民事案件是怎么处理的？

人民法院对受理的案件，分不同情形进行区别处理：

①当事人没有争议，符合督促程序规定条件的，可以转入督促程序。根据

《民事诉讼法》的规定,对于债权人与债务人权利义务清晰、没有其他纠纷的,支付令也能够送达债务人的,债权人可以向有管辖权的基层人民法院申请支付令;债务人应当自收到支付令之日起十五日内清偿债务,或者向人民法院提出书面异议。

②开庭前可以调解的,采取调解方式及时解决纠纷。根据《民事诉讼法》的规定,法院审理民事案件,根据当事人自愿的原则,在事实清楚的基础上,分清是非,进行调解,达成协议,人民法院应当制作调解书,调解书经双方当事人签收后,即具有法律效力。调解未达成协议或者调解书送达前一方反悔的,人民法院应当及时判决。

③根据案件情况,确定适用简易程序或者普通程序。根据《民事诉讼法》的规定,基层人民法院和它派出的法庭审理事实清楚、权利义务关系明确、争议不大的简单的民事案件,适用简易程序。简易程序由审判员一人独任审理,应当在立案之日起三个月内审结,有特殊情况的可以延长一个月。如果是按照普通程序审理的案件,则应当在立案之日起六个月内审结,有特殊情况的可延长六个月,还需延长的,报请上级人民法院批准。

④需要开庭审理的,通过要求当事人交换证据等方式,明确争议焦点。除涉及国家秘密、个人隐私或者法律另有规定的以外,开庭审理应当公开进行。人民法院应当在开庭三日前通知当事人和其他诉讼参与人。

362 相关企业营业执照已经被吊销,民办学校还可以起诉维权吗?

可以的。一方面,如个体工商户、个人独资企业等性质的企业,经营者、出资人需要对企业债务承担无限连带责任,不因企业不继续存续而免责。另一方面,吊销企业法人营业执照,是工商行政管理局根据国家工商行政法规对违法的企业法人作出的一种行政处罚,企业法人被吊销营业执照后并没有归于消灭，应当依法进行清算，清算程序结束并办理工商注销登记后，该企业法人才归于消灭，因此，企业法人被吊销营业执照后至被注销登记前，该企业法人仍应视为存续，可以自己的名义进行诉讼活动。

363 民办学校对于行政机关的哪些行政行为可以申请行政复议？

行政复议是指公民、法人或者其他组织认为行政机关具体行政行为侵犯其合法权益，而向行政机关提出复议申请，行政机关受理复议申请、作出行政复议决定的过程。

根据《行政复议法》的规定，下列情形属于行政复议的受理范围：

①对行政机关作出的行政处罚决定不服；

②对行政机关作出的行政强制措施、行政强制执行决定不服；

③申请行政许可，行政机关拒绝或者在法定期限内不予答复，或者对行政机关作出的有关行政许可的其他决定不服；

④对行政机关作出的确认自然资源的所有权或者使用权的决定不服；

⑤对行政机关作出的征收征用决定及其补偿决定不服；

⑥对行政机关作出的赔偿决定或者不予赔偿决定不服；

⑦对行政机关作出的不予受理工伤认定申请的决定或者工伤认定结论不服；

⑧认为行政机关侵犯其经营自主权或者农村土地承包经营权、农村土地经营权；

⑨认为行政机关滥用行政权力排除或者限制竞争；

⑩认为行政机关违法集资、摊派费用或者违法要求履行其他义务；

下列事项则依法不属于行政复议受理范围：

①国防、外交等国家行为；

②行政法规、规章或者行政机关制定、发布的具有普遍约束力的决定、命令等规范性文件；

③行政机关对行政机关工作人员的奖惩、任免等决定；

④行政机关对民事纠纷作出的调解。

364 民办学校如何申请行政复议？

申请人申请行政复议，可以书面申请；书面申请有困难的，也可以口头申请。口头申请的，行政复议机关应当当场记录申请人的基本情况、行政复议请求、申请行政复议的主要事实、理由和时间。

县级以上地方各级人民政府管辖的行政复议案件包括：①对本级人民政府工作部门作出的行政行为不服的；②对下一级人民政府作出的行政行为不服的；③对本级人民政府依法设立的派出机关作出的行政行为不服的；④对本级人民政府或者其工作部门管理的法律、法规、规章授权的组织作出的行政行为不服的；⑤省、自治区、直辖市人民政府同时管辖对本机关作出的行政行为不服的行政复议案件。对海关、金融、外汇管理等实行垂直领导的行政机关、税务和国家安全机关的行政行为不服的，向上一级主管部门申请行政复议。

但需要注意的是，申请行政复议有期限要求，超过期限的复议申请，行政机关不再受理。通常而言，民办学校如需提起行政复议，应当在知道该行政行为之日起六十日内提出；因不可抗力或者其他正当理由耽误法定申请期限的，申请期限自障碍消除之日起继续计算。行政机关作出行政行为时，未告知民办学校申请行政复议的权利、行政复议机关和申请期限的，申请期限自民办学校知道或者应当知道申请行政复议的权利、行政复议机关和申请期限之日起计算，但是自知道或者应当知道行政行为内容之日起最长不得超过一年。

365 行政复议机关对于受理的复议申请是如何处理的?

根据《行政复议法》的规定,行政复议机关收到行政复议申请后,应当在五日内进行审查,对不符合行政复议申请要求的,决定不予受理,并书面告知申请人;对符合规定的,但是不属于本机关受理的行政复议申请,应当告知申请人向有关行政复议机关提出。除此之外,行政复议机关在收到行政复议申请之日起即为受理。

行政复议机构认为事实清楚、权利义务关系明确、争议不大的,可以适用简易程序。简易程序可以采取书面审理,自受理申请之日起三十日内作出行政复议决定。

不适用简易程序的,则适用普通程序审理,行政机构应当当面或者通过互联网、电话等方式听取当事人的意见,对于重大、疑难、复杂案件,应当组织听证。行政机构应当自受理申请之日起六十日内作出行政复议决定,情况复杂的可以适当延长,但延长期间最多不得超过三十日。

行政复议机关根据案件审理的具体情况,依法作出驳回申请人的行政复议请求,或维持该行政行为,或责令被申请人在一定期限内重新作出行政行为,或确认该行政行为违法,或认定该行政行为无效,或决定被申请人依法履行职责、依法赔偿损失等行政复议决定。

366 认为行政行为侵犯自身合法权益,可以直接提起行政诉讼吗?

通常情况下,对于行政机关的具体行政行为,民办学校认为侵犯其合法权益的,可以选择申请行政复议,也可以直接提起行政诉讼。但法律、法规规定应当先向行政复议机关申请行政复议、对行政复议决定不服再向人民法院提起行政诉讼的，则应当按照程序进行。

例如，《税收征收管理法》第八十八条第一款规定："纳税人、扣缴义务人、纳税担保人同税务机关在纳税上发生争议时，必须先依照税务机关的纳税决定缴纳或者解缴税款及滞纳金或者提供相应的担保，然后可以依法申请行政复议；对行政复议决定不服的，可以依法向人民法院起诉。"

也就是说，对于"纳税争议"就必须先申请行政复议，对复议决定不服的才可以依法起诉。至于什么是"纳税争议"，《税收征收管理法实施细则》第一百条做出了进一步明确："税收征管法第八十八条规定的纳税争议，是指纳税人、扣缴义务人、纳税担保人对税务机关确定纳税主体、征税对象、征税范围、减税、免税及退税、适用税率、计税依据、纳税环节、纳税期限、纳税地点以及税款征收方式等具体行政行为有异议而发生的争议。"

相关案例：

税务局稽查局对T公司作出税务处理决定，认定公司取得的部分发票是票物不符发票，不得作为抵扣凭证。T公司收到处理决定书后，未缴清税款，也未提供担保，直接向稽查局的上级税务机关申请行政复议，复议机关作出《不予受理决定书》："你公司未按稽查局作出的《税务处理决定书》缴清税款，也未能按规定提供相应的担保，根据《税收征收管理法》第八十八条第一款的规定，你公司不符合申请行政复议的条件。根据《行政复议法》第十七条及《税务行政复议规则》第二十条的规定，本机关决定不予受理。"

T公司不服复议决定，以稽查局为被告向G市人民法院提起行政诉讼，请求撤销稽查局作出的《税务处理决定书》。G市人民法院根据《行政复议法》第十九条及《税收征收管理法实施细则》第一百条的规定，认为该案不属于纳税争议，受理了此案并开庭审理。但经过审理，法院作出《行政裁定书》：原告与被告之间的争议是纳税争议，原告未向税务机关缴纳税款、滞纳金或提供相应的担保，未由上级税务机关受理行政复议申请并作出行政复议决定，不符合起诉条件，裁定驳回原告的起诉。

367 认为行政机关不履行法定职责，民办学校可以起诉维权吗？

认为行政机关不依法履行法定职责的，符合提起行政诉讼的条件，根据《行政诉讼法》的规定，对于公民、法人或其他组织提起的下列诉讼，人民法院应当受理：

①对行政拘留、暂扣或者吊销许可证和执照、责令停产停业、没收违法所得、没收非法财物、罚款、警告等行政处罚不服的；

②对限制人身自由或者对财产的查封、扣押、冻结等行政强制措施和行政强制执行不服的；

③申请行政许可，行政机关拒绝或者在法定期限内不予答复，或者对行政机关作出的有关行政许可的其他决定不服的；

④对行政机关作出的关于确认土地、矿藏、水流、森林、山岭、草原、荒地、滩涂、海域等自然资源的所有权或者使用权的决定不服的；

⑤对征收、征用决定及其补偿决定不服的；

⑥申请行政机关履行保护人身权、财产权等合法权益的法定职责，行政机关拒绝履行或者不予答复的；

⑦认为行政机关侵犯其经营自主权或者农村土地承包经营权、农村土地经营权的；

⑧认为行政机关滥用行政权力排除或者限制竞争的；

⑨认为行政机关违法集资、摊派费用或者违法要求履行其他义务的；

⑩认为行政机关没有依法支付抚恤金、最低生活保障待遇或者社会保险待遇的；

⑪认为行政机关不依法履行、未按照约定履行或者违法变更、解除政府特许经营协议、土地房屋征收补偿协议等协议的；

⑫认为行政机关侵犯其他人身权、财产权等合法权益的。

但需要说明的是,起诉并不代表可以获得胜诉,很多时候是由于学校自身并不符合条件或有过错在先,行政机关对相关申请依职权不予受理。

相关案例:

1995年12月30日,原告某幼儿园取得被告某县教育局颁发的《幼儿园(班)注册证书》并开始办学。1997年10月1日,《社会力量办学条例》施行。2003年9月1日,《民办教育促进法》施行后,原《社会力量办学条例》废止。2004年3月5日,国务院颁布《民办教育促进法实施条例》并于2004年4月1日起施行。《民办教育促进法》及其条例分别对《民办学校办学许可证》的颁发作出相应规定。2004年3月31日,教育部办公厅颁布《关于启用〈民办学校办学许可证〉有关问题的通知》,其第五条规定:"此次启用的办学许可证正式启用前,原已领取了《社会力量办学许可证》的民办学校,县级以上教育行政部门要对其进行全面检查,符合《条例》规定条件的,换发新的办学许可证。"2004年7月16日,省教育厅出台《学前教育机构登记注册办法》第六条规定:"在本办法施行之前举办的学前教育机构,应按本办法规定,重新办理登记注册手续。……"第九条规定:"登记注册实行年审制。每年10—12月,举办学前教育机构的单位或个人必须持《学前教育机构登记注册证书》到发证机关办理年审手续。"2004年10月12日,省教育厅出台《关于颁发〈民办学校办学许可证〉有关问题的通知》,其第二条规定:"凡2004年10月1日前经县级以上教育行政部门按照规定权限审批设立的民办学校,均可向审批机关申请颁发《民办学校办学许可证》……《民办学校办学许可证》启用后,现行的《社会力量办学许可证》最迟至2005年4月1日停止使用。"2004年12月27日,被告某县教育局依据《民办教育促进法》及其条例和省教育厅的通知精神,制发《关于民办教育机构年检和换发〈民办学校办学许可证〉工作的通知》,就县民办教育机构2004年度年检及换发《民办学校办学许可证》工作作出安排并告知县民办教育机构,该通知第一部分"年检工作安排"规定：2004年度的年检工作自2005年元月起至2005年3月底结束，分三个阶段进行。该通知第二部分为"换发《民办学校办学许可证》工作"，其中载明：从事学历教育的民办学校在报送2004年度年检材料时，一并向主管机关提交换发办学许可证的有关申请材料。2020年6月12日，该县教育局收到该幼儿园提交的《换发办学许可证申请书》。2020年6月24日，县教育局作出《关于换证申请的回复》，认为该幼儿园未及时重新办理登记注册手续和参加年审，其举办者何某某以《江苏省幼儿园（班）注册证书》申请换发《民办学校办学许可证》没有法律法规及政策依据，故不予换发。幼儿园不服，向人民法院提起行政诉讼。

一审法院经审理认为，本案原告某幼儿园直至2020年6月才以其具备1995年取得的《江苏省幼儿园（班）注册证书》为由，向县教育局申请换发《民办学校办学许可证》，县教育局经审查后认为其申请没有法律、法规及政策依据而决定不予换证，并无明显不当。判决驳回某幼儿园的诉讼请求。某幼儿园提起上诉，二审法院判决驳回上诉、维持原判。

368 认为教育局招生计划不合理，民办学校可以起诉维权吗？

对于招生计划、招生指标等问题，法院通常认为不宜纳入司法审查范围。因为这是教育行政机关根据国民教育中长期规划、专项规划以及各地经济社会发展状况与行业需求而制订的，原则性多、政策性强、个性化浓，而为了便于各地制订、实施计划指标，具备立法权的国家机关也不会通过制定强制性、规范化较强的法律、行政法规或规章造成过多拘束。因此，对于招生计划、指标数额的审核、确定尚无具体的法律、法规、规章甚至规范性文件作为基础依据，法院如果对此进行实体审查，最终会因为欠缺可依照、可适用的依据而陷入纯粹合理性审查的困境。

此外，根据《最高人民法院关于适用〈中华人民共和国行政诉讼法〉的解释》规定，下列行为不属于人民法院行政诉讼的受案范围：

①公安、国家安全等机关依照刑事诉讼法的明确授权实施的行为；

②调解行为以及法律规定的仲裁行为；

③行政指导行为；

④驳回当事人对行政行为提起申诉的重复处理行为；

⑤行政机关作出的不产生外部法律效力的行为；

⑥行政机关为作出行政行为而实施的准备、论证、研究、层报、咨询等过程性行为；

⑦行政机关根据人民法院的生效裁判、协助执行通知书作出的执行行为，但行政机关扩大执行范围或者采取违法方式实施的除外；

⑧上级行政机关基于内部层级监督关系对下级行政机关作出的听取报告、执法检查、督促履责等行为；

⑨行政机关针对信访事项作出的登记、受理、交办、转送、复查、复核意见等行为；

⑩对公民、法人或者其他组织权利义务不产生实际影响的行为。

相关案例：

原告某高中对市教育局、市发展和改革委员会提起行政诉讼，诉称原告是一所自负盈亏的民办学校，2015年起已有新老两个校区共4.5万平方米建筑、400余亩面积的校园，但两被告在2015年没有给原告下达招生计划，导致原告明显不能生存，更谈不上发展；原告已初步建成特色高中教育，不仅让学生顺利完成高中学业考取大学，还解决了100多名教职员工的就业；2015年被告对原告的评估和处罚决定明显错误，被告不给予招生计划欠缺依据；与原告具有同等地位的民营、公办高中都有较多的招生计划，原告却无任何指标，法律地位明显不平等。鉴于上述招生计划明显不合情、不合理、不合法，请求法院确认两被告于2015年没有给原告下达招生计划的行政行为违法。

对于原告的诉请，两被告分别进行了答辩。法院经审理查明，原告是

1998年6月经批准设立的民办高中。2015年1月22日，被告市教育局接群众举报对该高中存在的问题进行核实，查明新校区违章建设、严重违规招生、财务管理混乱等问题。被告市教育局于2015年2月13日发函至原告所在地的县级市人民政府要求对上述问题予以核实。该县级人民政府建议市教育局取消该高中2015年的招生资格，不再下达招生计划。被告市教育局和市发改委于2015年5月5日发布《关于下达2015年普通高中和中等职业教育招生计划的通知》，未给予原告招生计划。2015年4月30日，被告市教育局发布《关于印发〈市民办高中阶段学校评估报告〉的通知》，原告的办学评估结果为不合格。被告市教育局于2015年5月16日向该高中送达了行政处理意见，决定给予原告2015年停止招生的行政处理。

法院经审理认为，《行政诉讼法》第四十九条第四项规定，提起诉讼应当属于行政诉讼的受案范围。第六条规定，人民法院审理行政案件，对行政行为是否合法进行审查。行政机关完全依据政策进行决策的行为，人民法院无法对其合法性进行审查，不属于行政诉讼的受案范围。一审法院驳回该高中诉讼请求后，该高中提起上诉。2018年8月，二审法院作出裁定：驳回上诉，维持原判。

369 认为行政机关的行政处罚违反程序，民办学校可以起诉维权吗？

可以。为规范行政处罚的设定和实施，保障和监督行政机关有效实施行政管理，保护公民、法人及其他组织的合法权益，《行政处罚法》对行政机关实施行政处罚进行了严格的程序规定。

例如，《行政处罚法》第五十八条第一款规定："有下列情形之一，在行政机关负责人作出行政处罚的决定之前，应当由从事行政处罚决定法制审核的人员进行法制审核；未经法制审核或者审核未通过的，不得作出决定：（一）涉及重大公共利益的；（二）直接关系当事人或者第三人重大权益，经过听证程序的；（三）案件情况疑难复杂、涉及多个法律关系的；（四）法律、法规规定应当进行法制审核的其他情形。"第六十三条第一款规定："行政机关拟作出下列行政处罚决定，应当告知当事人有要求听证的权利，当事人要求听证的，行政机关应当组织听证：（一）较大数额罚款；（二）没收较大数额违法所得、没收较大价值非法财物；（三）降低资质等级、吊销许可证件；（四）责令停产停业、责令关闭、限制从业；（五）其他较重的行政处罚；（六）法律、法规、规章规定的其他情形。"

而《行政诉讼法》第七十条规定："行政行为有下列情形之一的，人民法院判决撤销或者部分撤销，并可以判决被告重新作出行政行为：（一）主要证据不足的；（二）适用法律、法规错误的；（三）违反法定程序的；（四）超越职权的；（五）滥用职权的；（六）明显不当的。"

因此，如果行政机关违反法定程序对民办学校实施行政处罚，民办学校可以通过提起行政诉讼维护自身权益。

相关案例：

2015年1月19日，被告区教育局批准同意开办H幼儿园，该园办学地址与加油站毗邻，加油站在此之前就已存在。获批后，原告H幼儿园办理了《民办学校办学许可证》《民办非企业单位登记证书》等证照。2015年5月10日，区公安消防大队对原告申报的内部装修工程进行消防验收，评定结果为该工程消防验收合格。随后，原告进行招生办学。2019年9月29日，区安全生产委员会办公室给区教育局、应急局发出《安全生产委员会办公室关于H幼儿园与加油站之间安全距离不足隐患的交办整改的函》，12月14日，区安全生产委员会给区教育局、应急局发出《安全生产委员会办公室关于立即去除H幼儿园与加油站之间安全距离不足隐患的督办令》，认为H幼儿园与加油站安全距离不足的隐患仍未整改到位，责令相关单位督促整改。12月30日，被告区教育局经实地测量后向原告H幼儿园发出《限期整改通知书》，认为原告与加油站距离未达到安全标准，要求原告将办学规模控制在 200 人以内。2020 年 1 月 15 日，被告区教育局向原告 H 幼儿园发出《责令停止办园通知书》，认为原告毗邻加油站，不符合幼儿园选址要求，且与加油站的距离未达到国家安全标准，存在重大安全隐患，责令原告 5 日内停止办学。

原告不服教育局作出的《责令停止办园通知书》，于 2020 年 1 月 19 日向被告区政府申请行政复议。2020 年 5 月 9 日，被告区政府作出《行政复议决定书》，维持了教育局作出的行政处罚决定。原告仍不服，遂向法院提起行政诉讼。

法院经审理认为，本案原告 H 幼儿园与加油站毗邻，且加油站开办在前，原告办园选址与法律法规规定不符，被告区教育局认定 H 幼儿园毗邻加油站，不符合幼儿园选址要求的事实成立。被告区教育局发出《限期整改通知书》，责令原告在 5 日内将办学规模控制在 200 人以内。但之后被告未对原告整改的情况调查核实，未对加油站的等级、有无油气回收系统进行确认，径直认定原告与加油站的距离未达到国家安全标准，属认定事实的主要证据不足，其认定原告与加油站的距离未达到国家安全标准的事实不能成立。而被告区教育局未向原告发出行政处罚告知书，亦未向原告告知其有要求举行听证的权利，直接作出停止办园的行政处罚决定，违反法定程序。判决：撤销区教育局作出的《责令停止办园通知书》；撤销区人民政府作出的《行政复议决定书》。

370 民办学校如何处理个别教职工的敲诈勒索行为？

民办学校在运营建设中可能存在不规范问题，对于防范和治理此类问题，建议从以下方面着手：

第一，加强合规建设。打铁还需自身硬，民办学校自身建设存在严重问题，很难长时间掩盖，即使没有教职工举报，迟早也会在有关部门检查中或者日常运营管理中自行暴露出来，而且暴露得越晚，往往问题也就会越严重。因此，从民办学校自身长远、科学、健康发展的角度，也应当做到依法运营、合规建设。

第二，关爱师生员工。民办学校应当切实做好关心爱护教职工和学生的相关工作，在依法保障其合法权益不受侵犯的基础上，多关心他们的现实需求和遇到的矛盾困难，对于强者，应当多压担子、多给荣誉，对于弱者，则应当多给支持、多给温暖。从现实情况来看，教职工离职、学生毕业时往往最容易出现矛盾纠纷，一定要注重做好相关工作，真诚地给予关心爱护和指导帮助。

第三，依法进行规劝。对于个别教职工意图敲诈勒索的，应当先好言规劝，告知其敲诈勒索的严重后果，并积极协商处理有关争议事项。《刑法》第二百七十四条规定："敲诈勒索公私财物，数额较大或者多次敲诈勒索的，处三年以下有期徒刑、拘役或者管制，并处或者单处罚金；数额巨大或者有其他严重情节的，处三年以上十年以下有期徒刑，并处罚金；数额特别巨大或者有其他特别严重情节的，处十年以上有期徒刑，并处罚金。"

第四，报案维护权益。如果经规劝、协商无果，民办学校可以通过向司法机关报案来维护自身权益。《刑事诉讼法》第一百一十条第二款、第三款规定："被害人对侵犯其人身、财产权利的犯罪事实或者犯罪嫌疑人，有权向公安机关、人民检察院或者人民法院报案或者控告。公安机关、人民检察院或者人民法院对于报案、控告、举报，都应当接受。对于不属于自己管辖的，应当移送主管机关处理，并且通知报案人、控告人、举报人；对于不属于自己管辖而又必须采取紧急措施的，应当先采取紧急措施，然后移送主管机关。"

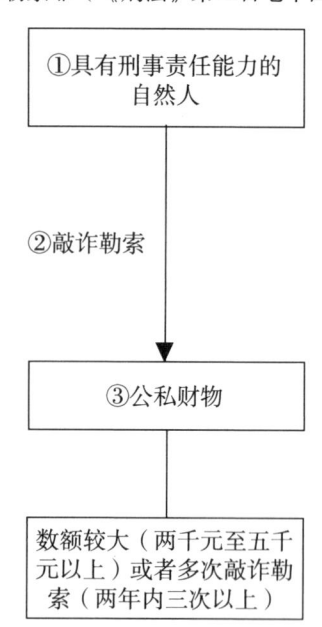

敲诈勒索罪（《刑法》第二百七十四条）

```
┌─────────────────┐
│ ①具有刑事责任能力的 │
│     自然人      │
└─────────────────┘
         │
      ②敲诈勒索
         ▼
┌─────────────────┐
│   ③公私财物     │
└─────────────────┘
         │
         ▼
┌─────────────────────┐
│ 数额较大（两千元至五千 │
│ 元以上）或者多次敲诈勒 │
│ 索（两年内三次以上）  │
└─────────────────────┘
```

相关案例：

经某省民政厅、教育厅批准，1993年章某设立了DY工商学院，2010年更名为N职业学院，2018年该学院被批准升格为本科层次职业学院，2019年更名为N职业大学。

2010年，张某某入读N职业学院自考助学班，2013年留校在就业办工作。张某某在校期间参加了16门自考必修课，因学分不够，未能取得国家承认的自考大学文凭。2017年12月下旬，张某某离开N职业学院后，谎称自己亲戚帮其介绍一公务员工作时，发现自己从N职业学院拿到的红本文凭是假文凭，要N职业学院理事长章某为其解决文凭，并到省教育厅和通过省教育厅信访平台实名举报N职业学院私发假文凭、违规收实习就业管理费、违规招生等违规问题，逼迫N职业学院主动来找自己解决问题，以此向N职业学院索取人民币50万元。

另外，2015年高考落榜的向某也入读N职业学院自考助学班，毕业后留校在就业办工作。2017年年底，向某班级实习时的带队老师曹某离开N职业学院，到 J 职业技术学院工作。2018 年 3 月，向某因多次请假，被 N 职业学院辞退后，经曹某介绍也到 J 职业技术学院工作。后向某向曹某诉苦没有拿到国家承认的文凭之事，曹某即生借机向 N 职业学院多要补偿之心。曹某即联系曾在 N 职业学院担任过副院长的吴某，通过吴某介绍联系到张某某，在明知向某不可能拿到统招专科文凭的情况下，经曹某授意，张某某在幕后参谋，由向某以未拿到统招专科文凭，N 职业学院存在招生欺诈和违规收费事由先后到省教育厅和教育部信访等方式，向 N 职业学院索要赔偿。2018 年 12 月 25 日上午，被告人向某在 N 职业学院向该院理事长章某对话，提出至少 40 万元赔偿的要求时，章某报警，并组织人员将向某扭送至公安机关。

公诉机关认为，被告人张某某利用原 N 职业学院正处升本考察的关键期，收集学院违规材料向有关单位上访，逼迫学院向其给付了人民币 50 万元，数额特别巨大；还伙同被告人曹某、向某使用同样的方式向学院索要人民币 40 万元（未遂），数额特别巨大，应以敲诈勒索罪追究其刑事责任。被告人曹某同张某某商议后，将张某某索要财物的方法告知被告人向某，并向其提供相关材料或者帮助，让向某通过信访等方式逼迫学院，向学院索要人民币 40 万元（未遂），数额特别巨大，应以敲诈勒索罪追究被告人曹某、向某的刑事责任。被告人向某具有自首情节，在与被告人曹某、向某的共同犯罪中起次要作用，是从犯。被告人张某某、曹某、向某共同敲诈勒索 40 万元属犯罪未遂，被告人曹某、向某具有坦白情节，认罪认罚。

法院经审理后判决：被告人张某某犯敲诈勒索罪，判处有期徒刑九年，并处罚金人民币十万元，追缴犯罪所得人民币五十万元发还 N 职业大学；被告人曹某犯敲诈勒索罪，判处有期徒刑三年六个月，并处罚金人民币五万元；被告人向某犯敲诈勒索罪，判处有期徒刑三年，并处罚金人民币五万元。

图书在版编目（CIP）数据

民办学校合规实务问答 / 何顺秋编著 . —北京：中国法制出版社, 2024.4

ISBN 978-7-5216-4386-2

Ⅰ. ①民… Ⅱ. ①何… Ⅲ. ①民办学校-学校管理-研究-中国 Ⅳ. ①G522.74

中国国家版本馆 CIP 数据核字（2024）第 058420 号

策划编辑：陈兴　　　　　责任编辑：孙静　　　　　封面设计：李宁

民办学校合规实务问答
MINBAN XUEXIAO HEGUI SHIWU WENDA

编著/何顺秋
经销/新华书店
印刷/三河市紫恒印装有限公司
开本/730 毫米×1030 毫米　16 开　　　　印张/ 22.5　字数/ 269 千
版次/2024 年 4 月第 1 版　　　　　　　　2024 年 4 月第 1 次印刷

中国法制出版社出版
书号 ISBN 978-7-5216-4386-2　　　　　　　　　　　　定价：86.00 元

北京市西城区西便门西里甲 16 号西便门办公区
邮政编码：100053　　　　　　　　　　　　　　　传真：010-63141600
网址：http：//www.zgfzs.com　　　　　　　　　编辑部电话：010-63141787
市场营销部电话：010-63141612　　　　　　　　印务部电话：010-63141606

（如有印装质量问题，请与本社印务部联系。）